臺灣歷史與文化 研究輯刊

五 編

第 2 冊

清代臺灣民族政策研究——
以《國立故宮博物院清代宮中檔奏摺臺灣原住民史料》爲中心

羅春寒 著

花木蘭文化出版社

國家圖書館出版品預行編目資料

清代臺灣民族政策研究——以《國立故宮博物院清代宮中檔奏
摺臺灣原住民史料》為中心／羅春寒 著 — 初版 — 新北市：
花木蘭文化出版社，2014〔民103〕
序4+ 目4+194 面；19×26 公分
（臺灣歷史與文化研究輯刊 五編：第2冊）
ISBN：978-986-322-634-5（精裝）
1. 臺灣原住民　2. 民族政策　3. 史料　4. 清代
733.08　　　　　　　　　　　　　　　　103001758

ISBN-978-986-322-634-5

9 789863 226345

臺灣歷史與文化研究輯刊
五 編 第 二 冊 　　　　　　　　ISBN：978-986-322-634-5

清代臺灣民族政策研究——
以《國立故宮博物院清代宮中檔奏摺臺灣原住民史料》爲中心

作 者　羅春寒
總 編 輯　杜潔祥
副總編輯　楊嘉樂
編 輯　許郁翎
出 版　花木蘭文化出版社
社 長　高小娟
聯絡地址　235 新北市中和區中安街七二號十三樓
　　　　　電話：02-2923-1455／傳眞：02-2923-1452
網 址　http://www.huamulan.tw 信箱 hml810518@gmail.com
印 刷　普羅文化出版廣告事業
初 版　2014 年 3 月
定 價　五編 24 冊（精裝）新台幣 48,000 元　　　版權所有‧請勿翻印

清代臺灣民族政策研究——
《國立故宮博物院清代宮中檔奏摺臺灣原住民史料》爲中心

羅春寒　著

作者簡介

羅春寒，男，水族，貴州省三都縣人。1967 年 12 月生。1985 ～ 1992 年在中央民族學院歷史系
民族學系就讀歷史學、民族學專業本科、碩士研究生，先後獲歷史學學士、碩士學位。1992 ～
1998 年在貴州省三都縣民委、旅遊局、水龍鄉任職。1999 ～ 2002 年在貴州民族學院歷史系
講師、副教授。2002 ～ 2005 年在中央民族大學語言學系就讀文學專業博士研究生，獲文學博
學位。2005 ～ 2007 年在廈門大學歷史學博士後流動站從事科研工作。2007 ～ 2008 年在韓國
陽大學任客座教授。2009 年在貴州凱里學院任學科帶頭人、教授。2010 年任黔東南州民族博
館館長，州管專家。2012 年當選貴州省文博學會副會長。公開發表論文 40 餘篇，出版專著
部，合著 4 部，主編 1 部。

提　　要

　　臺灣民族政策是清代治臺政策的重要組成部分。因爲漢族不斷移民臺灣，使得臺灣民族問
題越來越複雜尖銳。隨著民族矛盾的不斷激化，清政府基於維護在臺統治地位的需要，陸續出
臺一系列的民族政策以緩和民族矛盾，解決民族問題。總的來說，在 1874 年牡丹社事件發生
前，清政府臺灣民族政策受消極治政策的影響，這一階段的民族政策保守色彩十分明顯，政策
調整變化不大，即使有所變化，也是政策微調的結果。1874 年牡丹社事件發生後，清政府對其
臺灣民族作重大調整，轉而實施積極主動的「開山撫番」政策。「開山撫番」政策的實施，在加
強海防，維護國家領土安全，以及促進原始落後的「生番」社會的發展進步有積極意義。本書
論述的主要內容如下：

　　第一部分主要就清代臺灣複雜的民族關係的歷史成因作討論，並就清政府在這些民族關係
中所扮演的不同角色作論述；

　　第二部分主要就清代臺灣民族政策的演變過程作闡述。爲敘述方便，本書將清代第一階段
的臺灣民族政策演變過程分爲康熙時代、雍正時代、乾隆時代和後乾隆時代四個歷史階段分別
討論。

　　第三部分主要就牡丹社事件前後過程及其對清政府臺灣民族政策的重大調整所產生的影響
進行論述。牡丹社事件的發生，是清政府民族政策的重大轉變的標誌，也是全面施行「開山
撫番」政策重要原因。隨後進行的「開山撫番」工作中，沈葆楨、丁日昌、劉銘傳等人作出巨
大貢獻。

　　第四部分主要就民族政策的具體執行者——地方官、通事和土官（目）在執行具體的民族
政策過程中所起到的作用分別進行討論。

　　第五部分主要就臺灣民族政策相關內容的成敗得失進行分析討論。認爲不同的政策內容成
敗得失各不相同。在「番界」、「漢番隔離」、「生熟番」區別對待等政策方面，筆者認爲這些政
策的推行，只能增加民族隔閡，不利民族關係的友好發展，應當全面否定；在「護番保產」政
策方面，不管清政府的動機如何？這一政策客觀上是對處於弱勢的少數民族利益進行保護，當
然值得肯定。在土地政策方面，清政府的土地政策雖然不能有效遏制漢族對少數民族土地的侵
墾以及非法佔有，但在促進臺灣土地開發方面卻發揮積極的作用。臺灣土地的開發，對縮小臺
灣與大陸經濟文化發展水平的差距，維護國家統一有重大意義。因而對清政府土地政策的評價
應一分爲二，不可全盤否定；同理，在「開山撫番」政策的評價上，筆者認爲相對其所失而言
這一政策之所得卻是主要的，有其進步意義。

　　第六部分是對清代臺灣民族政策作宏觀的分析與全面的評價。

序 一

郭志超

　　清朝統治臺灣二百多年，其民族政策以同治十三年（1874）爲轉折。此後，實施「開山撫番」，使島內無化外之地，增強臺灣對外國列強的抵禦能力，成爲積極主動治臺的重要組成部分。此前，清政府則是長時期施行消極被動治臺，其民族政策也統攝其中，並在複雜多變的歷史進程中跌宕起伏，隨波逐流。

　　從康熙至同治年，清政府將爲平埔族「護番保產」作爲基本的民族政策。儘管最終未能取得良好的效果，但對漢民入墾番埔手續的監管和對違法墾殖的懲治，以及乾隆末期爲「番屯制」配套的「養贍埔地」、嘉慶中期在噶瑪蘭推行的「加留埔地」舉措，多少延緩了平埔族地產流失的速度。這種延緩，使平埔族在漢化過程中增加了經濟文化的生存力。事實說明，對於所向披靡的經濟潮流，雖不能挽狂瀾於既倒，卻可設堰緩流，既不逆勢又可紓難。後來喪失土地而遠徙他鄉的「流番」爲少數，多數在原地域逐步融入漢族。「漢番隔離」的「番」，既包括「生番」也包括「熟番」。從南到北沿山設番界，針對的是「生番」。有關漢族與「熟番」之隔，主要有禁止漢人混居「番社」、「牽手」番婦、侵墾或私墾番社土地。漢族墾殖推進速度與漢「番」矛盾加劇成因果關係。因此，減緩漢民墾殖，尤其是緩滯侵墾、私墾，創造漢「番」生存空間的一定疏離，就會有效緩解民族矛盾。因此，這種隔離政策不宜一概否定。我想，在歷史學的研究中，總是肯定大趨勢，肯定先進的生產力替代落後的生產力。然而，一旦這種替代涉及到民族關係，問題就複雜起來。經濟落差的兩個民族接觸時，經濟落後的民族對突乎其來的生態變遷、經濟變遷陷於窘境。如果這種接觸有所減速、過程有所延緩，將有利於經濟落後

的民族的逐步適應。我還想,歷史研究還應兼顧被捲入這一進程的民族的感受。科學性與人文關懷的兼具,不僅是歷史學也是社會科學的根本要求,也是社會科學與自然科學的差異所在。不同角度的燈光有助於讀者更清晰地閱讀,這是冒昧談議的希冀。

作者從本科到碩博皆治史學,深諳歷史的普遍性與多樣性。我的上述淺見,不見得與之契合,但我能在其歷史事實的準確描述中另有感悟,正緣於其著作的歷史恢弘度和思想包容力。我以爲,一部史學著作,最核心的價值在於全面而非片面地呈現歷史。並且,這種呈現具有再開採、再冶煉的價值。

我雖曾虛掛其博士後研究的指導教師之名,卻有教學相長之樂。看到他在當年博士後出站報告基礎上完善的書稿,亦即學術界第一部清代臺灣民族政策研究的專著即將出版,生命的初冬頓時被秋獲的金黃所沁染。

郭志超　於廈門大學
2014 年 1 月

序 二

許良國

　　青年學者羅春寒，早在 1989 年就畢業於中央民族學院歷史系，獲歷史學學士學位。隨後，他轉入民族學系，跟隨我和曾思奇先生攻讀「臺灣民族歷史與文化」專業碩士學位。在學期間，他敏而好學，頗受師生好評。步入社會後，他依然堅持不懈，對所學專業辛勤耕耘近二十年，取得一點成績，作爲老師頗感欣慰。尤其是，當我獲悉他到著名高等學府廈門大學歷史學博士後流動站繼續從事這一課題研究的時候，我更爲之感到由衷高興，深爲他的這種執著追求、孜孜不倦的治學精神所感動。如今，他的博士後研究工作報告《清代臺灣民族政策研究》正式由臺灣花木蘭文化出版社免費資助付梓出版，實屬難能可貴，可喜可賀。

　　清代臺灣民族政策研究這一課題，學術界雖有涉足，但仍頗顯薄弱。羅春寒這一博士後研究工作報告，可貴之處在於，他以豐富翔實的文獻資料，對清代臺灣民族政策的演變及有關內容進行了全面系統的描述、分析和概括，研究取得了新的進展，對這一領域的學術發展也起到了積極的推動作用。

　　政策確是統治階級意志的體現。清代臺灣民族政策的演變，無不與時局密切相關。不解決好民族問題，內憂外患均可能威脅到清政府在臺灣的統治地位。這裡尤其需要指出的是，爲什麼 1874 年的牡丹社事件，成爲清政府臺灣民族政策發生重大轉變的轉折點。對此，作者作了精準的論述。

　　1874 年牡丹社事件後，日本侵略者以山地少數民族居住地不歸清政府管轄爲口實，公然提出所謂「番地無主」論，引起了大清朝野一片震動。重新審視「番地」與中國版圖之關係以及「番民」、「番地」與中國主權之關係，迫使清朝政府不得不重新調整觀念，檢討其治臺政策其中包括民族政策在內

的利弊得失。鑒於牡丹社事件的深刻教訓，清朝政府此後開始著眼於維護與加強於海防安全，轉而實施積極主動的民族政策，對「生番」之地實施「開山撫番」。可以說，這不僅僅只是清代臺灣傳統的民族政策的重大轉變，而且應當視爲把「番地」納入近代國家體系的嘗試，乃是中國近代對「番地」、「番民」爲國家領土和國民的認同與確認。

顯然，清代臺灣民族政策與當今世界實施什麼樣的民族政策不可同日而語，但清代臺灣民族政策的調整與轉變、利弊與得失卻仍可給後人以某種啓迪。

中國是一個統一的多民族國家。民族工作是關係國家全局的重大事務。堅持民族平等，是制定和實施民族政策的根本原則。在當今現代化商品經濟時代，隨著經濟與社會的發展，民族政策也必須與時俱進地進行調整。只有堅持民族平等的原則，根據各民族文化及自然環境的特點，因地制宜，大力發展其富有特性的民族經濟，從而增強其自主成長與競爭能力，才能脫貧致富。在奔向小康共同富裕的征途上，只要全國各族同胞齊心團結奮鬥，我們堅信，中華民族偉大復興的中國夢，就一定能夠實現。

許良國
2013 年 12 月 10 於北京

目

次

緒　論

　　1683 年康熙統一臺灣至 1895 年臺灣割讓日本止，清朝統治臺灣長達 212
年。清朝統治臺灣，是臺灣史上最重要的一個歷史階段，也是有史以來海峽
兩岸關係最為密切的一個歷史階段。學者們研究清代臺灣歷史問題，向來把
漢族移民史、閩臺關係史、臺灣開發史、臺灣少數民族史等內容作為研究的
重點，論文專著成果也最為豐富。但在有關清代臺灣民族政策的研究專題上，
由於種種原因的制約，很少作全面的專題性的研究，即使有所涉足，大多也
是片斷性或附帶性論及。專題性的討論，以筆者目前收集到的資料看，主要
有：大陸學者季雲飛先生的《清代臺灣少數民族政策之歷史考察》（1998 年）、
李祖基先生的《論清政府對臺灣原住民的政策》（1999 年）、周翔鶴先生的《制
度、地方官、「漢番關係」——關於清代臺灣「番政」形成的一些歷史考察》
（2004 年）、魏春初《論清代臺灣的「開山撫番」政策》（2005 年）以及福建
師範大學王尊旺曾寫過碩士論文《清代臺灣理番政策初探（1683～1874）》
（2001 年）和臺灣政治大學楊熙的博士論文《清代前期治臺之撫民與理番政
策的研究——康熙二十二年到道光二十二年》（1982 年）、政治大學卓宏祺的
碩士論文《清代臺灣理番政策之研究》（1988 年）等文章。這些文章有的只是
概括性討論，有的則沒有對清代治臺二百餘年的民族政策作全面論述，使我
們很難從中看到有清一代臺灣民族政策演變的全貌，這不能不說是一種缺憾。

　　自二十世紀九十年代以降，臺灣島內有關臺灣少數民族問題研究因為臺
灣政治格局的變化而逐漸升溫。與此同時，有關少數民族的史料也得到大規
模的發掘、收集、整理和出版，這無疑有助於推動臺灣少數民族問題的深入
研究。具體在臺灣民族政策研究的史料發掘上，臺灣省文獻委員會於 1997 年
編輯整理出版的《國立故宮博物院清代宮中檔奏摺臺灣原住民史料》可以說

是最為重要的第一手史料。2005～2007 年本人在廈門大學歷史學博士後流動站從事研究工作期間，與臺灣學者取得聯繫〔註1〕，收集到這一重要史料。通過對這一史料的研讀，有助於我們對清代臺灣民族政策概貌有基本的瞭解，並因此萌生進一步把這一課題做好的想法。本書所分析闡釋的內容和結論，其依據也主要是來源於對這一重要史料的研判，故而特別在書名後添加以《國立故宮博物院清代宮中檔奏摺臺灣原住民史料》為中心這樣的附標題，藉此表示對臺灣省文獻委員會，特別梁志輝、鍾幼蘭兩位主編的敬佩和感謝。

2006 年初，本人在廈門大學以《清代臺灣民族政策研究》為題，向中國博士後科學基金會申請，獲第三十九批中國博士後科學基金二等資助金資助，這是有關部門對這一研究課題的支持和肯定。因此，本研究成果也是這一科研資助項目的成果形式之一。

臺灣與中國大陸的歷史淵源關係，有史可考的當數公元 230 年三國時代吳國孫權派遣衛溫、諸葛直率船隊經略臺灣的活動，距今已近一千八百年。此後有關臺灣的文獻史料不絕於歷代史乘典籍中。元朝，中國政府在澎湖設立巡檢司，對臺灣地區行使主權。明代，臺灣與中國大陸的關係更加密切，福建、廣東沿海已有不少漢族開始移民臺灣。萬曆年間，著名學者陳第隨沈有容將軍來到臺灣西南部臺南一帶進行實地考察，寫下臺灣史上著名的民族學田野調查報告《東番記》一文，使中國大陸對臺灣有了更深入的瞭解，《東番記》也被譽為「臺灣原住民研究的開山之作」。1624 年，荷蘭殖民者佔領臺灣。38 年後，鄭成功為建反清復明基地，揮師東渡驅逐了荷蘭殖民者，並在臺灣本島上建立南明流亡政權，臺灣又回到中國人手中。鄭氏政權在臺灣統治 22 年裏，首次將中國大陸封建主義政治制度和文化移植臺灣，設官職、建府縣、興屯墾、立學校、修寺廟，使臺灣一步跨入封建社會的大門，大大縮短了與大陸社會經濟發展水平的差距。1683 年，康熙統一臺灣，並於次年在臺灣設立一府三縣，將臺灣納入中央王朝政權的直接統治之下。清代統治臺灣的二百餘年間，臺灣社會經濟文化教育等各項事業有了巨大的發展，特別是 1885 年臺灣建省後，修鐵路、鋪電纜、架電燈、開礦山、建工廠、辦郵政，使臺灣西部平原地區社會經濟發展迅速近代化，臺灣因此一躍成為清代後期中國經濟最發達地區之一。

〔註 1〕在此特別感謝臺灣政治大學民族學系林修澈教授及助教何德隆先生的幫忙，於 2006 年 12 月給作者寄來該書。

　　清朝統治臺灣的二百多年間，清政府在把大陸統治方法移植臺灣同時，也根據臺灣實際情況，不時對治臺政策作一定的調整，如設巡臺御史就是一個典型的例子。同樣，在處理臺灣複雜的民族關係問題上，清政府一方面沿用在大陸少數民族地區相同的政策；另一方面則根據臺灣實際情況，作適當調整，從而緩和民族矛盾，達到鞏固在臺統治的政治目的。總的來說，清政府民族政策的重點是處理漢族移民與臺灣少數民族的關係問題。但不同時期，其政策的側重點和目的不同。

　　綜觀清代臺灣民族政策的演變發展史，可以將其劃分為兩個大的階段，而 1874 年日本出兵侵入臺灣則是兩大階段的分水嶺。第一階段從 1683 年至 1874 年止；第二階段從 1874 年至 1895 年止。第一階段，清政府政策的根本目的在於維護臺灣社會的穩定。這一階段清政府的民族政策重點是處理漢族移民與平埔族的關係，其最顯著的特點是「為防番而治番」，以「漢番隔離」、「護番保產」、「以番制番」、「以番制漢」「生熟番區別對待」為主要內容，這一階段清政府的政策總的來說是消極被動的。1871 年發生著名的「牡丹社事件」，1874 年日本出兵侵略臺灣，迫使清政府對臺灣國防戰略地位作重新認識，為鞏固海防以防止類似事件的再發生，清政府接受沈葆楨等人的建議，一改沿襲近兩個世紀消極被動的民族政策，決心實施積極主動的「開山撫番」政策，甚至不惜使用武力突破「生番界」，打開長期處於封閉狀態的山地族群聚居區，同時更多地採取強制同化政策，促使傳統文化保存較為完整的山地族群迅速走向漢化，以期將其納入中央政權的直接管轄之下。

　　第一階段，清代臺灣民族政策的演變過程與臺灣土地開發進程有著直接的關係，這是臺灣民族政策的一個重要特點。在臺灣土地開發過程中，漢族移民與少數民族之間的土地糾紛問題是當時臺灣社會重要的矛盾之一，清政府為處理這一矛盾，可謂煞費苦心，費盡心機，但終究擋不住漢族移民大軍的開墾步伐，「護番保產」無法落到實處。其中最根本的原因是，大陸封建地主制經濟在原始落後的臺灣有了比大陸更為廣闊的生存發展空間，臺灣少數民族原始落後的生產生活方式無法與漢族更為先進的封建地主經濟體制抗衡，土地的開發是歷史發展的必然，也是臺灣社會進步的必由之路。第二階段的民族政策則與國際形勢的發展變化密切相關，儘管清政府實行的是積極主動的「開山撫番」政策，但究其原因，「牡丹社事件」背後所隱含國際形勢的變化是促成清政府轉而實施「開山撫番」政策的主要推動力，就清政府本

身而言，其積極主動的「開山撫番」政策實質上仍是被動實施的，不得已而爲之。這一階段民族政策實施的目的已不再是過去單純地爲維護臺灣社會的穩定，更是爲鞏固臺灣在中國東南沿海的國防戰略地位而推行。這一點也是兩個階段臺灣民族政策的本質區別所在。簡言之，第一階段民族政策的目的在於防止內亂，第二階段民族政策的目的則在於防止外患。

清朝二百餘年間在臺灣推行的民族政策利弊得失如何？學者們歷來仁者見仁，智者見智。有不同的評判標準和觀點，這本來是學術的探討與爭論，無可厚非。但筆者注意到，近十餘年來，臺灣一些別有用心的文人學者，開始在這一問題上做起文章，大談歷史上漢族移民臺灣是「殖民侵略」，臺灣土地的開發史是「臺灣原住民史的血淚史」，臺灣少數民族人口增長滯緩是清政府及漢族移民屠殺所致，清政府民族政策本質上是強制同化政策甚至是種族滅絕政策等等。這些主觀色彩濃厚有失偏頗的論調出臺後，對臺灣日益緊張的族群關係起著推波助瀾的作用，其誤導後人的嚴重後果是不言而喻的。我們認爲，清代統治臺灣期間，民族政策的推行，有可取之處，在維護民族團結，促進民族隔合，移風易俗，革除陋習和保持臺灣社會穩定方面是起著積極的作用。相對其所失而言，是利大於弊，得多於失的。

近些年來，海峽兩岸學術交流越來越頻繁，比起過去老一輩的學者來說，年輕的大陸學者能夠有機會赴臺作調查和收集資料，對加強臺灣研究有著重要的作用。2005 年 5 月受臺灣原住民文教基金會的邀請，本人有機會與博士導師曾思奇先生等人一起赴臺灣考察，並收集到大量的資料。這些資料的掌握，對本報告的撰寫和順利完成大有裨益。再加上廈門大學圖書館以及臺灣研究院豐富的臺灣史料館藏，更是爲本人研究清代臺灣民族政策提供了大量翔實的資料支持，特別是可以方便地查閱上世紀中葉臺灣學者整理出版的臺灣文獻叢刊三百零九種，更讓本人切身體會到在廈門大學從事臺灣歷史文化研究的優越性所在。本書撰寫正是以上述史料爲主要依托而完成的。

還需要特別指出的是，本書中關於臺灣少數民族的稱謂比較複雜，既有沿用「生番」、「熟番」的舊稱，也有泛稱之爲「少數民族」或具體稱之爲「平埔族群」、「山地族群」，對屬於平埔族群中某一民族，則多以「某某人」稱之，如西拉雅人、巴則海人、貓霧捒人等等，以示區別。這些做法主要是爲行文方便，並非有貶低某個民族或某個族群的意涵。此外，在年代時間的使用上，爲避免混亂，本書在第一階段即康熙二十二年（1683 年）到同治十三年（1874

年）日本借牡丹社事件侵臺前，皆用皇帝年號；在第二階段即 1874 年後皆用
公元紀年，具體的日期也轉換成陽曆日期。敬請讀者注意。此外，本報告所
採用的圖片，除注明出處外，其餘均爲筆者在臺考察期間所攝，如有引用者，
請注明出處及攝影者。

　　本書寫作過程中，得到合作導師郭志超先生的大力支持，並提出不少意
見，在此表示感謝。當然，由於時間倉促，資料龐雜，加之學術水平所限，
書中存在各種遺漏與不足在所難免，也祈望各位讀者惠予教正。

第一章　清代臺灣民族情況

第一節　漢族移民

1. 臺灣漢族居民的由來

今天臺灣島上的居民以漢族爲主，大約占總人口的百分之九十八，少數民族人口僅占總人口的百分之二。臺灣的漢族又可分爲閩南人、客家人及外省人三部分，前二者有人統稱之爲「本省人」。本省人是相對外省人而言的，最根本的區別在於，本省人比外省人更早移民定居臺灣，其年代可以上溯到明末至清代以及日據時代。本書所討論的「漢番關係」中漢人，指的就是當下所稱的「本省人」。所謂外省人，主要是指 1945 年臺灣光復後，特別是 1949 年後，隨國民黨當局遷居來臺的軍隊、公教人員及他們的家屬等。因爲這部分人來自臺灣之外的大陸全國各地，因而被稱爲外省人。

據史料記載，明朝時候東南沿海漢族移民臺灣已漸成風氣，明朝末年，移民臺灣的閩南人更多，不少漁民、農民、商人和甚至海盜集團頻頻橫渡臺灣海峽到達臺、澎地區從事捕魚、貿易、農業生產、補給淡水等活動，有的人因爲躲避颱風或生產需要還在臺灣作短期停留或居住。其中最具代表性的是海盜顏思齊和鄭芝龍。他們以臺灣爲其活動基地，經常往來於大陸與臺灣之間從事海盜或海上貿易活動。「臺灣」這一名稱的由來，跟顏思齊還有密切關係。季麒光《蓉洲文稿》就曾記載「明萬曆間，海寇顏思齊踞有其地，始

稱臺灣。思齊剽掠海上，倚爲巢窟。臺灣有中國民，自思齊始。」〔註1〕有人因此稱顏思齊爲「開臺王」，連橫在其《臺灣通史》中將其列爲「列傳」之首，都是有所依據的。

1624 年荷蘭殖民者佔領臺灣後，他們發現當時已有相當數量的漢族移民定居臺灣西南部臺南（當時稱臺灣）、打狗（今稱高雄）一帶。這些漢族移民在臺灣主要從事與當地少數民族的貿易活動、土地開墾以及手工業生產活動。荷蘭殖民統治時期，爲殖民掠奪需要，荷蘭殖民者對漢族移民臺灣從事農業開墾及手工業生產活動持支持鼓勵態度，爲防止臺灣少數民族對漢族移民的掠殺，荷蘭殖民者甚至在使用武力征服當地少數民族後，讓其簽約承諾不得濫殺漢族移民。據陳孔立先生研究，荷據時代定居臺灣的漢族移民已達到 4.5 萬人到 5.7 萬人之多。〔註2〕

1661 年 4 月月鄭成功率領二萬五千官兵及戰船數百進軍臺灣，經過九個月的戰鬥，終於打敗荷蘭殖民者，於 1662 年 2 月正式收復臺灣，並在臺灣建立南明流亡政權──鄭氏政權。鄭氏政權時代，臺灣與大陸關係進入了一個嶄新的歷史階段。

爲封鎖臺灣鄭氏政權，清政府費盡心機，實施著名的「遷界」政策。所謂「遷界」將大陸北起江浙，南達閩粵，沿海居民悉數內遷幾十至數百里，立碑爲界，砌築圍牆，試圖以堅壁清野來阻隔臺灣與大陸經濟聯繫以困死臺灣。爲打破清政府的「遷界」封鎖，解決糧食短缺問題，站穩腳跟，穩定軍心，鄭氏政權一方面實行寓兵於農的政策，號召官兵從事土地開墾活動，發展農業生產，另一方面也積極鼓勵大陸沿海漢族移民臺灣從事土地墾殖活動，發展生產，衝破清政府的「遷界」封鎖。鄭氏時代，臺灣漢族人口有了大幅度增長，「其時航海而至者十數萬人。」〔註3〕以後因爲鄭經率領軍隊回大陸參加「三藩之亂」戰敗以及軍隊叛逃事件的不斷發生等原因，漢族人口數有所減少，但到鄭氏政權末期，在臺定居的漢族仍多達 10 到 12 萬人。〔註4〕這一數字比荷蘭時代多了近一倍，大批漢族移民臺灣加快了臺灣土地開發進程，漢族移民成爲推動臺灣社會經濟發展的主力軍。當時臺灣土地開墾面

〔註1〕 轉引自劉良璧：《重修福建臺灣府志》卷十九，《雜記》第 483 頁，臺灣文獻叢刊第 74 種。

〔註2〕 陳孔立：《清代臺灣移民社會研究》第 30 頁，九州出版社，2003 年。

〔註3〕 連橫：《臺灣通史》卷七，《戶役志》第 151 頁，臺灣文獻叢刊第 128 種。

〔註4〕 陳孔立：《簡明臺灣史》第 45 頁，九洲圖書出版社，1998 年。

積達到30054.734甲，〔註5〕比荷蘭時代墾地面積12252 morgen〔註6〕（1 morgen
相當於1甲）增加了兩倍多。

康熙二十二年（1683年）清政府軍隊在福建水師提督施琅的率領下，攻
打臺灣，鄭氏政權滅亡。在如何處置臺灣問題上，清廷出現兩種不同的觀點，
史稱「臺灣棄留之爭」。統一臺灣的有功之臣施琅力主留守臺灣，並得到大學
士李霨、王熙等人的支持，康熙最終也改變對臺灣「得之無所加，不得之無
所損」的錯誤認識，決定在臺灣設立一府三縣（臺灣府、臺灣縣、鳳山縣、
諸羅縣）等政權機構，將臺灣納入清中央王朝的直接統治之下。

在清朝統治臺灣的二百餘年中，總的來說漢族移民人數呈直線上昇態
勢，但具體在臺灣歸清初期，由於清政府的消極治臺理念的影響，臺灣漢族
人口曾一度消減。當時，清政府為防止臺灣再度成為反清「淵藪」，對鄭氏
政權官兵及部分漢族移民實行遣返大陸原籍的「遷臺」政策。以致當時臺灣
漢族人口一度減少到7萬～8萬人。〔註7〕人口銳減，造成土地的荒蕪，社
會經濟發展受到一定的影響。土地開墾面積減少到18454.236甲，較鄭氏政
權時代3萬餘甲減少了近一半。不過，這種局面並沒有維持多久，因為為穩
定地方統治，解決財政困難問題，招募勞動力開墾荒蕪的土地是根本出路所
在，所以臺灣初期的地方官員如蔣毓英、高拱乾、陳璸等都積極招募大陸移
民合法來臺從事開墾活動。早期的臺灣府志、縣志中有關記錄看，不少地方
每年都有田園報墾升科及賦稅增加的記載，這說明清初臺灣被荒蕪的土地又
陸續被開墾出來，這也間接說明臺灣漢族移民人數在不斷的增加。到康熙四
十一年，清政府採納臺灣縣知縣陳璸的建議，有條件開放大陸漢族移民臺
灣，即「渡臺者必須取得原籍地方官照票，無照者不許渡臺」。〔註8〕與此同
時，屢禁不絕的移民源源不斷偷渡臺灣，使得臺灣漢族人口數量很快出現反
彈，人口增長迅速，並很快超過荷蘭殖民時代和鄭氏政權時代。據統計，臺
灣人口到1762年為73萬，1782年為100萬，1811年為194萬，1840年達

〔註5〕 蔣毓英：《臺灣府志》卷之七，《田土》，載《臺灣府志》（三種本），中華書局，
　　　　1985年。
〔註6〕 中村孝志：《荷領時代之臺灣農業及其獎勵》，載《臺灣經濟史初集》。轉引自
　　　　楊彥傑：《荷據時代臺灣史》第173頁，江西人民出版社，1992年。
〔註7〕 陳孔立：《清代臺灣移民社會研究》第32頁，九州出版社，2003年。
〔註8〕 鄧孔昭：《清政府禁止沿海人民偷渡臺灣和禁止赴臺者攜眷的政策及其對臺灣
　　　　人口的影響》，載《臺灣研究十年》第250～268頁，廈門大學出版社，1990
　　　　年。

到 250 萬。〔註9〕這些人口數中雖然包含有所謂的「歸附」少數民族人口在內，但其人口只有十萬餘人，絕大多數仍是漢族。二百年間，臺灣漢族人口增長達三十多倍，顯然不是自然增長的結果，更多的是大量漢族移民臺灣所致。

　　大量漢族移民臺灣，使臺灣很快形成一個漢族移民占絕大多數的移民性社會。這種「漢多番少」的人口格局形成，對臺灣社會產生深遠的影響。首先是漢族社會反客爲主迅速發展成爲臺灣主流社會；其次隨漢族移民而來的漢文化迅速取代臺灣少數民族傳統文化成爲臺灣社會的主流文化；再次是漢族先進的生產方式給臺灣少數民族社會帶來巨大的衝擊，臺灣少數民族傳統的生產方式很快被淘汰，從而導致臺灣少數民族傳統文化生存空間的經濟基礎被徹底的動搖。這一切也成爲後來臺灣少數民族最終走向漢化的最根本原因。

2. 臺灣漢族的成分及其與少數民族的關係

　　從漢族移民的成分看，清代漢族移民主要由來自福建的閩南人和來自廣東東部沿海的客家人兩部分組成。閩南人主要是泉州人和漳州人，客家則主要是梅州人、惠州人和潮州人。從時間上看，閩南人移民臺灣的時間較客家人要早，從移民數量看，閩南人也比客家人多。這其中原因主要與臺灣歸清之初，清政府聽從施琅建議禁止客家人移民臺灣有直接關係。黃叔璥《臺海使槎錄》轉引《理臺末議》云：「終將軍施琅之世，嚴禁粵中惠、潮之民，不許渡臺。蓋惡惠、潮之地素爲海盜淵藪，而積習未忘也。」〔註10〕施琅死後，嚴禁客家人移民臺灣的政策逐漸廢弛，客家人才開始大規模移民臺灣。史學界對客家人移民人數少於閩南人的研究著墨較多，對其原因也有不同的看法。有人認爲，從地理位置上看，福建沿海特別是金、廈兩島更接近臺灣，便於更多的閩南人移民臺灣。也有認爲臺灣長期歸福建省管轄，閩南人移民臺灣屬省內人口流動，因而使得閩南人比客家人較容易移民臺灣。還有認爲是施琅出於憎恨客家人的一己之私，而提出禁止客家人移民臺灣的建議，而直接導致閩南人比客家人更多地移民臺灣。李祖基先生則認爲，雖然沒有直接證據表明這一政策的出臺就是施琅提出來的，但清初禁止大陸漢族移民臺

〔註 9〕陳孔立：《清代臺灣移民社會研究》第 117～120 頁，九州出版社，2003 年。
〔註10〕黃叔璥：《臺海使槎錄》卷四，第 92 頁，臺灣文獻叢刊第 4 種。

灣的政策的形成，確實與施琅有關係。施琅「從確保閩海治安的立場出發，做出規定，限制隔省的惠、潮人民渡海來臺完全屬於其職權範圍內的事，並非不可能」。〔註11〕

　　從歷史事實看，臺灣漢族移民中，客家人的比例確實少於閩南人。這一點至少也間接證明清初嚴禁客家人渡臺歧視性政策有存在的可能。關於閩南人與客家人的人口比例，臺灣學者尹章義根據1926年日本戶籍調查歸納出：「漢移民百分之九十八以上來自閩、粵兩省。將近百分之四十五來自泉州，百分之三十五來自漳州，百分之一來自汀州，百分之二來自福州、永春、龍岩、興化等福建省轄下其它府區，另外還有百分之十五點六來自廣東省的嘉應、惠州和潮州三府。」〔註12〕由此可見，移民臺灣的閩南人數達到全部移民人數的百分之八十，另外廣東的客家人也達到百分之十五點六之多。福建閩南人及廣東客家人是清代臺灣漢族移民的絕對主體。

　　漢族移民臺灣後，主要以同一祖籍地鄉親關係及宗族、家族血緣關係作為紐帶聚族而居。因為經濟利益所驅使，不僅閩南人與客家人之間常常發生衝突，閩南人內部的泉州人與漳州人也常常發生爭鬥，並發展成為影響臺灣社會穩定的一個嚴重的社會問題。歷史學者把臺灣漢族移民社會內部的衝突稱之為「封建械鬥」。因為大規模械鬥常常發生，嚴重影響當地百姓正常的生產生活秩序，並對社會穩定構成重大威脅，故封建械鬥成為臺灣地方官員重點防範和打擊的對象。當然，同樣也因為利益所驅使，漢族移民之間也有不問地域差異，聯合起來共同開發土地的互助協作，如嘉慶年間，吳沙就曾率領由泉州人、漳州人、客家人組成的千人開墾大軍進入宜蘭平原開墾土地。道光十四年冬，客家人姜秀鑾和閩南人周邦正召集粵閩之人，以「金廣福」為墾號，合作以開墾竹塹東南鄰近山區尚未拓墾的土地就是典型例子。所以，嚴格地說，漢族移民間的關係既有矛盾也有合作，既有衝突也有和平共處，他們的關係並非總是處於對抗狀態。

　　在清代臺灣民族關係中，漢族移民反客為主成為臺灣社會的主角，為生存發展，他們在臺灣主要從事土地開墾和農業生產活動。由於移民的不斷增加，漢族移民開墾土地的範圍不斷擴大，並危及到臺灣少數民族的生存空

〔註11〕 李祖基：《論清代移民臺灣之政策——兼評〈中國移民史〉之「臺灣的移民墾殖」》，載《歷史研究》2001年第三期。
〔註12〕 尹章義：《臺灣開發史研究》第12頁，聯經出版事業股份有限公司，1989年。

間，使得雙方矛盾不斷激化。如何緩和二者之間的矛盾，維護臺灣社會的穩定，這是清政府及臺灣地方官員必須要正視並認眞加以解決的問題。連橫也說過：「臺灣固土番之地，我先民入而拓之，以長育子姓，至於今是賴。故自開闢以來，官司之所經劃，人民之所籌謀，莫不以理番爲務。」〔註13〕的確，終清一代，清政府的民族政策中的很多的內容就是在處理「漢番」之間的矛盾與衝突過程中醞釀形成並施行的。可以說，限制和規範漢族移民的行爲，保障臺灣少數民族生存權利是清代臺灣民族政策的核心內容和根本目的。

不過，漢族移民與臺灣少數民族的關係，不同族群，不同地區表現也不一樣。而且也並非總是處於衝突對抗的狀態中。在土地開發過程中，「漢番」合作的情況也時而有之。如康熙五十五年，岸里社首領阿莫請墾貓霧捒時，也有不少漢族移民參與開墾活動。後來阿莫之孫潘敦仔更是與通事張達京合作，以「割地換水」方式，開發臺中一帶大片土地。這一合作也成爲漢族與少數民族優勢互補，利益均霑共同開發臺灣土地的經典案例。

由此可見，在臺灣錯綜複雜的民族關係中，漢族內部不同族群間有矛盾也有合作，漢族與少數民族間同樣也是有矛盾也有合作。甚至在清政府「以番制漢」、「以番制番」分化政策的影響下，平埔族群與山地族群間的民族關係也是矛盾與合作共存。這既是清代臺灣民族關係的多重特性的具體表現，也是我們分析瞭解清代臺灣民族政策之前所必須加以釐清的問題。總的來說，清政府對漢族移民是防範多於保護；對少數民族則是保護多於防範。這種「漢番有別」的做法，首先是歷史經驗的總結，其次是對處於相對弱勢的少數民族現實情況的理解與同情。鄭氏政權與清政府對抗幾十年，以及後來臺灣多次發生的漢族移民抗清的事件，如朱一貴起義等等，都使得清統治者不得不認爲，臺灣是五方雜處之地，漢族移民多爲無賴、奸宄之徒，他們才是清政府在臺統治的最大威脅，因而必須對其加強防範。而現實社會中的少數民族，因爲人口少，族別支系眾多，社會經濟發展水平非常落後，他們無力與清政府對抗。因此，他們不僅不會對清政府的統治構成威脅，相反，由於其傳統生產方式落後，生活水平低下，加之漢族移民不斷侵墾其原有的土地，使其生存環境不斷受到破壞，生活空間不斷被壓縮，而淪爲臺灣社會弱勢的群體，更值得同情，故清政府對他們的政策往往是保護多於防範。

〔註13〕連橫：《臺灣通史》卷十五，《撫墾志》第 415 頁，臺灣文獻叢刊第 128 種。

第二節　臺灣少數民族及其分類

1. 臺灣少數民族溯源

　　臺灣少數民族是臺灣最早的居民。連橫曾說：「臺灣固土番之地。」言下之意，臺灣最早的居民是少數民族而非漢族。其實從考古角度分析，這種說法未必準確。因爲在「土番」來臺之前，臺灣還有更早的居民生活在臺灣島上。考古材料證明早在三萬多年前，臺灣就已有古人類活動的蹤迹。1970 年夏，考古工作者在臺南左鎮菜寮溪發現距今三萬年前的「左鎮人」遺址。在這之前的 1968 年人們在臺灣中東部的臺東長濱鄉八仙洞發現著名的「長濱文化」遺址。出土各種古人類的遺物多達兩萬餘件，主要有打製石器六千多件、骨角器一百餘件、以及大量的動物骨骼化石和用火的痕迹等。長濱文化遺址年代最早距今有一萬五千年，考古學家雖未發現古人類的骨骼化石，但從發現的考古材料看，特別是遺址的上層還發現有屬於新石器時代的陶器等遺物推斷，長濱人曾經長期繁衍生息在八仙洞一帶。至於「左鎮人」與長濱人之間是否有種族綿續的親緣關係，考古學界很少有這種假設，相反，有人卻推測「左鎮人」和長濱人分別在不同時期，以不同方式，經過不同路線來到臺灣。如果這種推測成立的話，這爲學術界主張臺灣人的祖先來源多元的觀點提供了一個重要的證據。

　　同樣，由於時代太久遠，「左鎮人」和長濱文化的主人是否與今天的臺灣少數民族有淵源關係，考古學界也沒有找到肯定的令人信服的證據。所以說，「左鎮人」和「長濱人」才是臺灣最古老的居民。

　　關於臺灣少數民族的來源，學術界可以說是眾說紛紜。有「南來說」、「百越後裔說」、「土著說」等等。目前來看，更多的學者也傾向於臺灣少數民族不是眞正意義的土生土長的「土著」，而在不同時期，從不同地點遷居臺灣的。民族學、語言學的研究表明，儘管臺灣少數民族成分複雜，但其語言都屬於南島語系印度尼西亞語族，因而有人將其統稱爲「南島民族」。在學術界爲確定臺灣少數民族族稱問題爭論不休之際，這種做法不失爲一種權宜之計。〔註14〕

　　臺灣南島民族的起源，學術界最新的一種觀點認爲，南島民族的祖先起源於南亞大陸的緬甸北部。後經過中國西南，順長江而下，到達出海口後，

〔註14〕參見羅春寒：《臺灣平埔族群的分類及「番」稱謂的辨析》，載《黔南民族師範學院黨報》2007 年第五期。

沿浙江、福建，然後渡海到達臺灣。最後以臺灣爲中心，向南太平洋，乃至印度洋島嶼傳播。這一觀點的主要代表人物是美國夏威夷大學教授白樂思（Robert Blust）。

　　白樂思推測大約 8000 年前，古南島民族與南亞語系的祖先同源，其發源地是今天緬甸北部。後來南島民族的祖先從長江上游順江而下，到達長江出海口後，再沿海岸線南下，到達福建沿海，這個過程費時一千餘年。大約距今 6500 年前，南島民族的祖先再從中國大陸福建沿海遷徙到臺灣，臺灣因此成爲南島語民族的中心。南島民族在定居臺灣以後，一部分仍居住在臺灣，成爲今天部分臺灣少數民族的祖先，另一部分後來又向南太平洋、東太平洋、西太平洋乃至印度洋擴散。〔註 15〕白樂思這提出這一觀點後，得到許多學者的支持，不少學者又進一步推測臺灣南島民族後來擴散的方向、時間和具體路線。其中以澳大利亞考古學家貝爾伍德（Peter Bellwood）最具代表性，他於 1991 在《美國自然科學》發表一篇文章《南島語的起源及南島民族的擴散》，認爲南島民族在距今天 5000 千年前開始分七個階段向南擴散，經過菲律賓群島，最南端擴散到新西蘭、最東端擴散到復活節島，最西端到西印度洋的馬達加斯加島。〔註 16〕

　　南島民族的祖先來到臺灣後的發展歷史，臺灣語言學家李壬癸先生運用歷史比較語言學的方法作了許多的探討和論證，他認爲南島民族祖先最先登陸臺灣的地點大約在臺灣中西部的山地，也就是今天的南投縣及其附近。其理由是分佈在這一帶的臺灣少數民族如泰雅、鄒、布農、邵、巴則海、洪雅、貓霧捒等族的語言最爲古老，以後又有一些族群分批分期從不同地方來到臺灣，並先後在不同的地方登陸。他認爲最晚到達臺灣的應該是蘭嶼上的雅美族，其年代約距今只有 500 年，而且可以明確雅美族是從菲律賓巴丹島遷移過來的，因爲他們之間的語言非常接近，甚至可以相互通話。〔註 17〕

〔註 15〕Blust，Robert Beyond the Austronesian homeland：The Austric hypothesis and its implications for archaeology. In Ward H.Goodenough, ed., Prehistoric Settlement of the Pacific. Transactions of the American Philosophical Society 86.5：117～137.Philadelphia：American Philosophical Society.轉引自李壬癸：《臺灣原住民史——語言篇》第 27～28 頁，臺灣文獻委員會，1999 年。

〔註 16〕參見李壬癸：《臺灣原住民史——語言篇》第 30～31 頁，臺灣文獻委員會，1999 年。

〔註 17〕參見李壬癸：《臺灣原住民史——語言篇》第 32 頁，臺灣文獻委員會，1999 年。及李壬癸：《臺灣南島民族的遷移歷史》，《臺灣史田野研究通訊》22 期，1992 年。

2. 臺灣少數民族的複雜分類

　　一般而言，許多學者都把清代的臺灣少數民族大體分爲兩大類，一類是在清末日據時代基本漢化的平埔族群；另一類是傳統文化保存較好的山地族群。

　　平埔族群因爲大都居住在平原地區，與漢族移民最早發生接觸，故漢化程度很高。根據日本學者及當代臺灣學者的研究，平埔族群內部又分爲十餘個小族群或支系。1899 年伊能嘉矩在其《臺灣蕃人事情復命書》中，將平埔族群劃分十個部（族），分別是：道（馬卡道）、西拉雅、魯羅阿、貓霧捒、阿里坤、巴布蘭、巴則海、道卡斯、凱達格蘭、噶瑪蘭。〔註 18〕以後不少學者又對平埔族群作分類，但都是在此基礎上進行部分或個別的調整。可以說伊能嘉矩對平埔族群的分類具有開創性的意義。

　　山地族群的劃分也受日本學者的影響，曾在臺北帝國大學土俗人種學研究室（臺灣大學考古人類學系前身）從事研究工作的日本學者移川子之藏、宮本延人和馬淵東一等人均對山地族群進行過分類，他們的分類結果雖有差異，但長期以來「九族分類法」得到人們的認可，這個九個民族分別是泰雅族、阿美族、布農族、賽夏族、卑南族、排灣族、雅美（達悟）族、鄒族和魯凱族。過去人們曾將山地族群籠統稱爲「高山族」，二十世紀五十年代臺灣當局又改稱其爲「山胞」。二十世紀九十年代，臺灣當局改稱爲「原住民」。進入二十一世紀後，臺灣當局鑒於民意訴求，又先後認定噶瑪蘭族、太魯閣族、邵族、撒奇萊雅族和賽德克族，加上原有的九個民族，目前臺灣當局承認的少數民族已多達十四個。需要指出的是，由於平埔族群內的許多民族至今尚未得到臺灣當局的認可，如何確定他們的身份地位，成爲臺灣島內民族識別工作的重要課題之一。

　　自明代以後，人們對臺灣少數民族有了更多的認識瞭解。明末，陳第在其《東番記》將臺灣少數民族稱爲「東番」或「東番夷人」。荷蘭殖民時代稱之爲「土著」或依據不同族群所居住的地名分別稱之爲「新港人」、「麻豆人」等。鄭氏政權時代則稱之爲「土民」、「土番」等。歸清之後，由於地方政府官員對少數民族越來越瞭解，對其稱呼也有許多新的名目。除繼續稱之爲「土番」外，對不同的少數民族開始有了不同的稱法，歸納起來有：以居住地域

〔註18〕轉引自伊能嘉矩：《平埔族調查旅行——伊能嘉矩〈臺灣通信〉選集》第 251 ～252 頁（楊南郡譯），遠流出版公司，1996 年。

命名之，如「北路諸羅番」、「南路鳳山番」等；有以「番社」名稱呼的，如
「水沙連番」、「斗尾龍岸番」等；有以其文化特徵稱呼的，如有文身習俗的
稱之「王字番」（言其文面圖案如「王」字之意）。除此之外，更常見的是沿
用大陸區分西南地區少數民族為「生苗」「熟苗」的做法將臺灣少數民族稱為
「生番」「熟番」。這種稱謂法，實質是以少數民族與地方政府關係的親疏程
度為標準。對此，周鐘瑄在《諸羅縣志》中有明確的解釋，即：「內附輸餉者
曰熟番，未服教化者曰生番或野番。」〔註 19〕

有人說這裡所說的「熟番」指的就是平埔族群；「生番」則主要是指山地
族群。其實這種說法不准確。從清代文獻看，平埔族群屬「熟番」沒有問題，
但並非所有的「熟番」都是平埔族，也非所有的「生番」都不是平埔族。如
在清康熙三十四年（1695 年）歸附的崇爻社、芝舞蘭社、芝密社、貓丹社、
筠椰椰社、多難社、水輦社、薄薄社和竹腳宣社九社「生番」〔註 20〕，就不
是平埔族，而是屬於山地族群的阿美族。〔註 21〕相反，「生番」也有屬於平埔
族的。如康熙五十四年平埔族巴則海族群的岸里、掃捒、烏牛欄、阿里史、
樸仔籬五社歸附清政府，這幾個社當時就被稱為「生番」。〔註 22〕直到嘉慶四
年的時候，人們也把噶瑪蘭地區三十六社平埔族稱為「生番」。「淡水同知李
明心議，以蛤仔難遠在淡水、三貂以外，距淡城五百里，……人迹罕至，三
十六社生番性同梟獍，勿許便。」〔註 23〕可見「熟番」與「生番」的概念並
不是固定不變的，在清政府眼裏，入版圖，受教化，接受其統治，稱臣納貢，
並且「向化已久」的才是「熟番」。後來隨著臺灣土地的大量開發，特別是同
治十三年（1874 年）清政府實施所謂「促生變熟」的「開山撫番」政策之後，
許多山地「生番」紛紛內附，成為所謂「熟番」。顯而易見，這些「熟番」又
不是我們所說的平埔族。因此籠統地把「熟番」與平埔族等同起來是不準確
的。

儘管如此，本書為行文方面，還是大致將「熟番」與平埔族群、「生番」
與山地族群的概念等同起來，也請讀者注意。

〔註 19〕周鐘瑄：《諸羅縣志》卷八，《風俗志》第 154 頁，臺灣文獻叢刊第 141 種。
〔註 20〕周鐘瑄：《諸羅縣志》卷二，《規制志》第 31 頁，臺灣文獻叢刊第 141 種。
〔註 21〕參見阮昌銳：《大港口的阿美族》（上冊），第 9 頁，「中央研究院」民族學研
究所專刊之十八，1969 年。
〔註 22〕如覺羅滿保：《題報生番歸化疏》、周鐘瑄：《諸羅縣志》等文獻都稱岸里等五
社為「生番」。
〔註 23〕姚瑩：《東槎紀略》卷三，《噶瑪蘭入籍》第 72～73 頁，臺灣文獻叢刊第 7 種。

諸羅縣「熟番」捕魚

資料來源：乾隆六十七《番社采風圖》

　　此外，《諸羅縣志》所說「生番」即「野番」也未見得準確。因為在清代文獻中，以「生」和「熟」區分少數民族的做法很常見，如在西南地區，把貴州的少數民族一律統稱「苗」，內附輸餉者，稱「熟苗」，不入版圖不輸貢賦者稱「生苗」，但從未見有「野苗」的稱呼。由此可見，臺灣少數民族中，有「熟番」、「生番」乃至「野番」的稱謂，不是偶然，因為有可能還有比「生番」更原始落後的土著民族，這就是「野番」。我們在文獻中也找到這方面的線索。如高拱乾《臺灣府志》載：「再入深山中，人狀如猿猱，長不滿三尺。見人則升樹杪；人欲擒之，則張弩相向，緣樹遠遁。亦有鑿穴而居類太古之

民者，性好殺人……」〔註24〕另外還有一種被稱為「雞距番」的土著，其社會生活更為原始。「雞距番，足趾楂丫如雞距。性善緣木，樹上往來跳躑，捷同猴狖；食息皆在樹間，非種植不下平地。常深夜獨出，至海濱取水。遇土番，往往竊其首去；土番亦追殺不遺餘力。……其巢與雞籠山相近，無路可通；土人扳藤上下，與之交易，一月一次，雖生番亦懾焉。」〔註25〕顯然這裡所說的「雞距番」與一般的「生番」是有差別的，以至連「生番」也不敢與之打交道。在臺灣少數民族口碑傳說中，小矮人的傳說非常普遍，有的學者認為這種小矮人可能是臺灣最早的土著，他們屬於馬來人種。只是在最近一百年中才滅絕。不管是小矮人，還是雞距番，這都可以說明，在眾多清代臺灣土著民族中，彼此間社會經濟發展水平以及風俗習慣差異很大。因而歷史文獻記載中才會出現所謂的「熟番」、「化番」、「生番」和「野番」的區分。

在清代文獻中，除經常提到「熟番」和「生番」外，還有一種「化番」稱謂也經常提到。以其名釋之，所謂的「化番」就是「歸化生番」，但實際上「化番」既不同於「熟番」，也有別於穴居野處，未服教化的「生番」。「化番」是「生番」中的歸附政府者，而且歸附的時間一般較短。與歸化已久的「熟番」還有一定的差別。有人認為「化番」屬於由「生番」變「熟番」過程中的中間類型。

《苗栗縣志》在列舉所轄的番社名時，將歸附已久的番社稱為「久化之番。其飲食、衣服與齊民無異。」而將新歸附的番社稱為「初化之番。其茹毛、飲血之俗，尚未盡除。」〔註26〕由此可見，歸化已久，而且已漢化者才是真正的熟番，而雖已歸化，但漢化程度不深，還保留有不少固有習俗者，只能是所謂的「化番」。

嘉慶十五年（1810年）噶瑪蘭三十六社歸附清政府時，柯培元《噶瑪蘭志略》有這樣的記載：「噶瑪蘭番頭目包阿里等帶領加里遠等社番叩送戶口清冊，業已遵制剃髮，呈請收入版圖。……蘭地三十六社化番獨散處於港之左右，以漁海營生，故俗又謂之平埔番，實以其居於荒埔平曠之地，為土番而非野番也。但諸社解穿漢人衣服者，一社不過二三人，餘僅以番布作單褂如

〔註24〕 高拱乾：《臺灣府志》卷之七，《風土志》第189頁，臺灣文獻叢刊第65種。
〔註25〕 參見六十七《番社采風圖考・雞距》第18頁，臺灣文獻叢刊90種。本書稱其內容引自郁永河：《裨海紀遊・番境補遺》，但查該書（臺灣文獻叢刊第44種）卻未找到原文——作者注。
〔註26〕 沈茂蔭：《苗栗縣志》卷三，《建置志》第50～51頁，臺灣文獻叢刊第159種。

肩甲狀，下身則橫里番布一片，乍見之如赤身一般。其種田園，尚不知蓋藏，人每一田，僅資口食，刈獲連穗，懸之室中，以俟乾舂旋煮，仍以鏢魚打鹿為生。」〔註27〕陳淑均《噶瑪蘭廳志》更明確說到「故蘭之化番，或謂之平埔番，以其地皆處於平地也。」〔註28〕從以上文字記載更可見得，即便是入籍納貢者，由於歸化時間短，在清官員眼中，仍應是剛剛歸附的「化番」，而不能稱為「熟番」。「所謂歸化，特輸餉耳；而不剃髮、不衣冠，依然狉狉榛榛，閒或掩殺熟番而有司不能治」。〔註29〕說明「化番」跟「熟番」仍有一定的區別。

其實在臺灣民族分類問題上，關於「化番」的定義是最難確定的。就連日本學者伊能嘉矩、森丑之助等也曾經混淆不清。歷史上臺灣最有名的「化番」有兩個，一是水沙連「化番」；另一個是南莊「化番」。前者就是今天日月潭的邵族，後者是今天的賽夏族。邵族在很早的時候就歸附清政府，據《諸羅縣志》記載，康熙三十二年，邵族水沙連思麻丹社就已向清政府繳納「番餉」。〔註30〕關於邵族的地位，學術界不少人都將其歸入平埔族之中。但伊能嘉矩最初卻不把水沙連「化番」當作平埔族，相反卻把南莊「化番」歸入「熟番」行列。森丑之助也曾犯過類似有錯誤，他於1912年修訂《理番概要》一書時也把賽夏族劃歸平埔族中。他說「賽夏族在清代叫做南莊化蕃，被看成既不是生蕃，又不是熟蕃，是生、熟蕃之間的一種，叫做「化番」。我想清人把他們看成化蕃比較符合實際。我這次趁修訂《理番概要》的機會，把賽夏族從九族中剔除，歸類於熟蕃。」〔註31〕由此可見，準確定義「化番」是一件相當困難的事。

「流番」一詞在清代中期以後的文獻才出現。顧名思義，所謂的「流番」，就是因為其經常流動遷徙而得名。歷史上，平埔族的遷徙流動經常發生，具體原因在不同歷史時期也不一樣，總的來說，早期的遷徙既與臺灣少數民族「草地逐鹿」的遊獵經濟生活習習相關，也與瘟疫、水災等自然災害的破壞

〔註27〕柯培元：《噶瑪蘭志略》卷十二，《番市志》第122頁，臺灣文獻史料第92種。

〔註28〕陳淑均：《噶瑪蘭廳志》卷五（下），《風俗》（下），第226頁，臺灣文獻叢刊第160種。

〔註29〕鄧傳安：《蠡測彙鈔·臺灣番社紀略》第1頁，臺灣文獻叢刊第9種。

〔註30〕周鐘瑄：《諸羅縣志》卷六，《賦役志》第100頁，臺灣文獻史料叢刊141種。

〔註31〕森丑之助：《生蕃行腳——森丑之助的臺灣探險》第567～568頁（楊南郡譯注），遠流出版公司，2000年。

影響密切相關；不可否認，清代以後臺灣土地的大量開墾，又成為平埔族遷徙的另一大原因。因為土地的開墾，自然生態的改變，狩獵經濟受嚴重的破壞，為了拓展生存空間，模仿漢族尋求新的土地從事開墾也成為某些平埔族的選擇。在清朝統治臺灣二百多年間，曾發生過幾次平埔族大規模的遷居行動，其中最有名的一次是嘉慶九年西部彰化縣平埔族首領潘賢文帶領巴則海、巴布薩、洪雅、道卡斯、巴賽等族群遷徙到宜蘭平原。清代文獻把因為種種原因從一個地區遷移到另一個地區的這部分平埔族稱之為「流番」。他們在漢族眼裏似乎居無定所，漂流不定，故而這部分平埔族又有「流番」之名。〔註32〕

　　由上所述我們不難看出，隨著清政府對臺統治的加強，地方官員與少數民族接觸頻繁，人們對臺灣少數民族的認識瞭解超過了以往任何時代。但是，由於臺灣少數民族本身「種類甚藩，語言互異」以及清政府「漢番隔離」、「生熟番區別對待」政策的限制，再加上當時的地方官員、文人並不具備科學的民族識別知識和方法，因而對臺灣少數民族認識感性多於理性，對少數民族的稱呼或命名，仍屬過於籠統和含糊不清，故有「生番」、「熟番」、「化番」、「野番」、「流番」之類不同的稱呼。儘管如此，從清文獻中所記載的少數民族族稱中，人們對清代臺灣少數民族認識的脈絡比以往任何時代更清晰了。

　　為更好地理解清代臺灣民族政策，我們認為把清代臺灣少數民族劃分為三大類型比較恰當，這三種類型分別是：第一類是因居住平原丘陵地帶，自荷蘭時代起就開始與外來文化發生接觸，到清代時不斷歸附清政府，漢化程度較深的平埔族群，即所謂的「熟番」；第二類是居住地偏僻山區，與外來文化接觸不多，長期處於封閉隔絕狀態下，傳統文化保存較好的山地族群，即所謂的「生番」，也就是後來所說的「九族」；第三類則是介於「生熟番」之間過渡類型的「化番」，其特點是與政府關係並不十分密切，若即若離，雖稱歸附，但常不納餉。《閩政領要》對這三種情形有較詳細的表述：「臺屬番民有熟番、半生熟番、生番三種。熟番向化已久，與齊民無異，以耕種為生計，充鋪兵、走遞公文、應徭役、運送官米，頗為馴良；半生熟番則附山為居，亦知耕種，第不與民人交涉，往往有竄出搶奪殺害之事；生番則在深山之中，遍身刺繡，不穿衣服，不知耕作，惟以捕魚獵獸而食，語音不通。北路淡水、

_____

〔註32〕參見李壬癸：《宜蘭縣南島民族與語言》第三章，宜蘭縣政府，1996年。

彰化等處生番尤爲兇悍，性嗜殺人，往往潛出戕害莊民，輒行割去頭顱，以示勇力。」〔註33〕可見，熟番」、「生番」和「化番」是清代臺灣少數民族的三個基本類型。

第三節　土地的開發與清政府在民族關係中所扮演的角色

1. 臺灣土地的開發

　　如前所述，清代臺灣島上的居民可分爲漢族與少數民族兩大類。當地漢族都是從大陸東南沿海渡海過去的移民及其後裔。漢族移民臺灣最早可追溯到明朝中後期。到荷蘭殖民時代，已有不少漢族定居臺灣從事農業、漁業、貿易及手工業生產等活動。鄭氏政權時代，臺灣漢族移民繼續增加，達到十餘萬人。歸清之初，由於清政府實施「遷臺」政策，不少漢族移民被遣返大陸原籍，臺灣漢族人口一度減少。但這種情況沒有持續多久，不少漢族又通過合法（領照）或非法（偷渡）渠道移民臺灣，漢族人口迅猛增長，並超過以往任何時代。由於「漢多番少」的人口格局形成，漢族主流社會在臺灣確立。漢族成爲臺灣居民中人口最多的族群。從籍貫看，漢族移民內部主要分爲閩南人和客家人兩大類。閩南人內部又分爲泉州人和漳州人；客家人內部分爲梅州人、惠州人和潮州人等。從身份看，漢族移民基本上都是單身男性，即所謂的「羅漢腳」。從赴臺動機看，到臺灣開墾土地，從事農業生產，積累財富是漢族移民最主要的目的。

　　漢族不斷移民臺灣，使臺灣原有的單一的土著民族爲主體的土著社會格局被打破，民族關係也變得錯綜複雜。當時的民族關係主要表現在：1、來自不同地域的漢族移民之間的關係。其中又可分爲閩南人與客家人之間的關係以及閩南人中泉州人與漳州人之間的關係等；2、漢族與少數民族之間的關係。其中又可分爲漢族與平埔族群之間的關係以及漢族與山地族群之間的關係；3、少數民族之間的關係。其中又可分爲平埔族各族群之間的關係以及平埔族群與山地族群之間的關係。

　　清初的臺灣，由於人口稀少，荒蕪的土地很多，故漢族移民來到臺灣後，

〔註33〕德福等：《閩政領要》卷中，《臺郡情形》，福建師範大學抄本。

獲取土地開墾十分容易，民族矛盾相對緩和，社會相對穩定。隨著大批漢族移民來臺，土地開墾範圍的不斷擴大，人口與土地矛盾越來越突出，這種情況在康熙後期已經暴露，到雍正、乾隆、嘉慶時期表現得更爲突出。故而在臺灣土地所有權、經營權轉移過程中所表現出來的漢族與少數民族之間的矛盾，是清政府必須正視並認眞加以解決的問題，這正是清政府臺灣民族政策出臺的根本原因。爲說明這個問題，我們有必要對清代臺灣土地開發過程作瞭解，以便從中瞭解到漢族移民與臺灣少數民族在土地開發問題的矛盾與衝突。

　　荷蘭殖民時代，臺灣土地已開始得到開發。鄭氏政權時期，因爲生存及戰爭需要，土地開發的範圍更加擴大，鄭氏政權雖一再強調「不准混侵土民及百姓現耕田地」。〔註34〕但漢族與少數民族之間爲爭奪土地而發生衝突時有發生。歸清之後，大批漢族移民來臺開發土地，民族矛盾更加逐漸激化。

　　歸清之初，清政府接管了鄭氏政權遺留下來的大量土地。鄭氏政權時期，鼓勵土地的開墾，其開墾的土地有三種形態，一爲「官田」，係接管荷蘭殖民時代的「王田」而來；二爲「文武私田」，係鼓勵文武官員私人招募農民開墾的土地；三爲「營盤田」，即由軍隊在非戰爭期間寓兵於農開墾出來的土地。官田、文武私田及營盤田是鄭氏政權時代土地開墾所取得的最大成果，最多時候達到三萬餘甲。臺灣歸清前後，由於軍隊及漢族移民離開臺灣，其面積有所減少，只有一萬八千多甲。這些已開發的土地主要集中在臺灣西南部地區臺南一帶。嚴格地說，清初臺灣土地的開發，只能算是對鄭氏政權時代荒蕪遺棄的土地作復耕復墾，不能算是土地的新開發，所以，土地開發過程中的矛盾並不突出。再加上這一地區的少數民族主要是平埔族群中的西拉雅人。早在荷蘭時代西拉雅人就已開始受到外來文化的影響，其傳統文化在鄭氏政權時代已發生變遷，如著名的西拉雅人四大社，蕭壠、新港、麻豆和目加溜灣在清初之時，跟附近漢族村莊已無多大差別，其耕作水平、生活水平已接近周邊漢族。由於西拉雅人生產生活方式的改變，並開始融入漢族社會之中，他們與漢族移民之間的利益衝突已大不如從前那麼尖銳激烈。所以，清初臺南地區土地開墾所受阻礙並不大，土地開發比較順利。

　　但在康熙中後期，隨著大量漢族移民不斷來臺，人口壓力的增大，使人們對於新土地開墾的渴望隨之增加。土地開墾的區域也不僅僅局限於臺南一

〔註34〕楊英：《從征實錄》第189頁，臺灣文獻叢刊第32種。

帶。臺北、臺中、臺東北宜蘭平原也先後得到開發。據史料記載，康熙三十年同安人王世杰率領同鄉 100 餘人請墾新竹地區；康熙四十八年墾號爲陳賴章的開墾集團已涉足臺北平原地區的開墾。雍正元年，分諸羅縣爲二，以南仍爲諸羅縣，以北增設彰化縣，說明彰化地區漢族移民人口增加，土地已經得到開發，另置縣衙加強管理成爲必要。乾隆年間桃園地區得到開發。嘉慶元年（1796 年）漳州人吳沙率領閩南人及客家人開始入墾宜蘭平原。嘉慶後期，臺灣西部平埔族群開始入墾埔里盆地，使臺灣土地開發開始向中部和東北部的後山地帶拓展。

特別值得一提的是，由於長期的交流與接觸，臺灣西部平埔族群在受到漢族先進農業生產方式的影響之後，其對土地的依賴性明顯增加，並且對土地重要性有了更深刻的認識。最直接的表現就是平埔族群的土地意識大大增強，他們進而模仿漢族移民自發開墾土地，使原有的自然狀態下的土地「田園化」。康熙五十五年（1716 年）岸里社巴則海人土目阿莫向諸羅知縣周鐘瑄申請開墾臺中貓霧捒地區，成爲開發臺中第一人。道光三年（1823 年）臺灣中部平埔族群中的巴則海、巴布拉、巴布薩、洪雅、道卡斯五族部分村社集體進入臺灣中部山區埔里盆地進行開墾。特別有意思的是，這些平埔族群爲確保土地開墾之後利益不受漢族移民的侵佔，他們在開發合約之中還特別申明「毋許引誘漢人在彼開墾，毋許傭雇漢人在地經營。若有不遵，鳴眾革除。」〔註 35〕這種情況的出現，除說明平埔族群土地意識大大增強外，更說明在與漢族打交道的過程中，他們對漢族防範意識的增強，這也是清代臺灣漢族移民與少數民族之間複雜的民族矛盾真實反映。

清代臺灣土地的開發是一個漸進有序的過程，並非是人們所想像的那樣是一窩蜂似的無序開墾。根據臺灣各地開墾時間順序，我們大致可以推定臺灣土地開發過程是以臺南爲中心，分別向南北兩個方向漸次開發。最後越過臺灣中部大山，達到宜蘭平原、花蓮平原然後南下開發臺東縱谷平原最後至臺東三角洲平原一帶爲終點，最終完成臺灣全島的土地開發。但這種看法並不全面。實際上，不管是漢族移民，還是平埔族群對臺灣土地的開發，其中一個最大的特點就是「點面」結合，先進行「點」狀開發，然後各個「點」才連最終連成一片的。

〔註35〕轉引自衛惠林：《埔里巴宰七社志》第 33 頁，中央研究院民族學研究所專刊之二十七，1981 年。

鳳山縣「熟番」種芋

資料來源：乾隆六十七《番社采風圖》

　　爲什麼最先只能是進行「點狀」開發，這與開墾者對土地開發地點的選擇評估有直接關係，除此之外，當時臺灣土地的開墾還要受到政策、人文以及自然環境等客觀因素的制約。具體至少有以下幾個方面：一是必須向地方政府申請執（墾）照，即向官府「報墾」，取得許可之後才能開墾；否則將以「私墾」之罪嚴懲；二是只能在所謂的番界之內進行開墾，越界者要受到嚴厲的處罰；三是土地的開墾除需要人力之外，資金是重要的保障，所以墾荒者還要組成一個開墾集團，集眾人之財力或由某些有錢的人出資，作爲一定維持經費作鋪墊，方可進行；四是許多土地的開墾還要徵得土地原主人（所

有者）──平埔族群的同意，立下契約憑據方可進行；最後，水美土肥之地
是首選目標。因爲開墾土地實際上是一種投資，漫無目的的開墾，可能會因
自然災害（旱澇）的破壞，即水毀沙埋或無水灌漑影響農作物的生長而告血
本無歸。所以，康熙年間，雖然個別水美土肥之地，如臺中、臺北平原也有
漢族移民先期捷足進行呈點狀式的開墾，但總的情況還是，以臺南爲中心分
南北兩條線路，採取點面結合，以面爲主的開墾方式漸次進行的。至於宜蘭
平原和埔里盆地這些地區，則因爲地處偏僻，加之「番界」政策的限制，則
是更晚才得到開發。

2. 清政府在漢族和少數民族之間所扮演的角色

　　康熙中後期，臺灣土地開發過程中，漢族移民與當地少數民族（主要是
平埔族群）的矛盾開始暴露出來。爲緩和民族矛盾，維護社會穩定，清政府
實行嚴格的「漢番隔離」政策，規定漢族移民開墾土地時不得越過平埔族群
的傳統領地，這種劃定「番界」的做法，實際上是承襲鄭氏政權時期的「土
牛」政策而來的。據記載，鄭氏政權時期，由於大力提倡土地開墾，發展農
業生產解決糧食問題，不少地方土地開墾觸犯了當地平埔族群的利益而受到
抵制，甚至發生衝突對抗。爲此，鄭氏政權在雙方衝突激烈的地帶，壘起土
堆，狀如牛（故名），作爲分界標誌，禁止漢族越界開墾平埔族群的土地。康
熙六十一年，朱一貴事件發生後，爲防止漢族與少數民族聯合起來反清，也
爲了防止漢族移民侵墾少數民族土地而「滋生事端」，清政府也仿傚鄭氏政權
的做法，多次在漢族移民與平埔族群甚至是山地族群的交界處劃分界線，史
稱「番界」。禁止漢族移民入墾。這是「漢番隔離」政策重要的表現之一。

　　被動的「漢番隔離」政策，一定程度上緩和了漢族與少數民族在土地開
墾問題上的矛盾，但這種分而治之的消極政策並不能從根本上解決問題。隨
著移民臺灣的漢族不斷增加，漢族越界開墾的事件常有發生，並嚴重影響到
少數民族的正常生活。這種矛盾到康熙後期就已開始暴露出來，時任諸羅知
縣的周鐘瑄曾上書閩浙總督覺羅滿保云：「自比年以來，流亡日集，以有定之
疆土，處日益之流民，累月經年，日事侵削。向爲番民鹿場麻地，今爲業戶
請墾，或爲流寓占耕，番民世守之業，竟不能存什於千百。」〔註36〕可見上

〔註36〕 周鐘瑄：《上滿總制書》，轉引自黃叔璥：《臺海使槎錄》卷八，《番俗雜記》
　　　　 第 165 頁，臺灣文獻叢刊第 4 種。

此時在土地的開墾問題上，漢族與少數民族之間的矛盾已到非常嚴重的地步。

那麼在處理漢族移民與臺灣當地的少數民族矛盾問題的時候，清政府扮演什麼樣的角色呢？這是我們進一步研究清代臺灣民族政策的重要內容。只有搞清楚清政府對「漢番」二者關係的態度立場，我們才能從中窺視到清政府民族政策出臺的理論基礎。由於天高皇帝遠，清政府民族政策的建議只能由在臺的地方官員或直接管理臺灣的閩浙總督、福建巡撫之類的官員提出，最後得到皇帝的認可批准後方可執行。所以，在清代臺灣民族政策問題上，有不少負責任的官員也向中央提出過不少的建議，但有的並沒有得到採納。因而從嚴格意義上說，這種建議不能算是清代臺灣民族政策的內容，只能算是個別人的政策主張而已。這是研究清代臺灣民族政策所必須加以區分的。但是，也有不少官員在其職權許可的範圍內，在臺灣實施一些革除陋習，移風易俗做法，則應視爲清政府臺灣民族政策的補充或組成部分。

要分析清政府所扮演的角色？我們必須從清政府的對臺態度說起。如上文所述，臺灣歸清之初，清政府在臺灣去留問題上有很大的爭議，甚至康熙本人也認爲臺灣「得之無所加，不得之無所損」。最後，雖然在施琅的力爭之下留住了臺灣，但清政府對臺灣的重要性認識不足長期以來一直存在。這種情況直到 1874 年發生牡丹社事件後才發生根本改變。所以，在 1874 年以前的近兩個世紀時間裏，清政府的治臺政策總的來說是消極被動的，清政府的民族政策也不例外。具體在對待漢族移民和少數民族問題上，清政府也是區別對待的。對待漢族，因爲鄭氏政權割據臺灣，對抗中央王朝的教訓，清政府對待漢族移民長期抱有防範心理。故而出現長期禁止漢族移民偷渡臺灣的禁令，目的在於杜絕「奸宄之徒聚集，以滋生事端」。不僅如此，對領照合法來臺移民也有諸多限制，如不許搬眷、攜眷來臺，禁止客家人來臺，不准娶少數民族婦女爲妻，不得在臺募補兵員等。在土地開發問題上，一方面支持漢族開墾無主荒地，通過報墾升科，增加賦稅收入；一方面限制禁止侵墾平埔族群的土地，以免激化矛盾，威脅到臺灣社會的穩定。不過，清政府對待漢族的態度隨著時代變化，特別是康熙末年發生的朱一貴起義及乾隆末年發生的林爽文起義重大事件發生之後，有也有很大的轉變。因爲在這兩次事件發生之時，有不少的漢族積極參與清政府的鎮壓行動，得到了清政府的肯定，並稱之爲「義民」。所以說，在對待漢族問題上，清政府在防範的同時，也注意拉攏支持者爲自己所用，並非把漢族整體視爲敵對的「奸捍之民」。

對待少數民族清政府總體上是「生熟番」區別對待。對待漢化程度較高，接觸較多的表示「歸附」的平埔族群，即所謂「熟番」，以「天朝子民」對待，並針對其生產方式落後的現實，在採取保護性措施，維持其生活穩定的同時，還有目的地實施封建「教化」政策，促進其融入漢族社會之中。對地處深山，仍舊保持傳統生產生活方式的山地族群，清政府的政策則是聽之任之，人不犯我，我不犯人，力求相安無事。當漢族移民與少數民族發生衝突之時，清政府從維持自身統治的目的出發，多對處於弱勢地位的少數民族採取保護政策，即人們後來總結的「護番保產」，特別是對越界侵墾少數民族土地的漢族，一旦發生糾紛訴訟，往往都判令漢族歸還少數民族土地。同樣，對溢出界外獵殺（出草）漢人的山地族群（生番），也不手軟，往往會大軍壓境，堅決予以鎮壓。

為了更好地處理少數民族事務，清政府還在乾隆三十一年正式設置南、北兩路理番同知，專門處理少數民族事務。這表明清政府對臺灣少數民族的重視程度超過以往時代，也是時代發展的必然。不過，清政府對待「生番」的態度也並非一成不變，雍正時代，清政府實施主動的招撫政策，使大批「生番」社歸附，乾隆末年，清政府出於鎮壓林爽文起義的需要，主動派遣「熟番情」，「曉番語」的通事、「熟番」進山聯絡「生番」參與堵截林爽文隊伍，最終達到了目的。事後，乾隆還在北京接見了「生番」代表，以示褒獎。這都說明清政府根據統治的需要，對少數民族的態度往往也會發生改變。

以上是牡丹社事件發生前清政府在漢族移民和少數民族間所扮演的角色概貌，我們不難看出消極被動是其最大的特點。

歸根到底，前一階段清政府臺灣民族政策的實施，都是迫於臺灣島內形勢發展的需要不斷進行補充和調整，缺乏系統性。同治十三年（1874 年）牡丹社事件後，清政府的民族政策才有根本性的轉變，積極主動成為第二階段民族政策的最大特點。比起前一個階段的民族政策，可以說後一階段的民族政策都是在短時期內促成的，不僅是全方位地針對未開發的「生番」地區，而且其政策內容，措施也比前一階段全面系統得多。因為當時的官員為保證「開山撫番」工作順利開展，往往會制定指導性的文件，供各地官員遵照執行，如丁日昌擬定的「開山撫番善後章程二十一條」就是最突出的例子。

第二章　清代民族政策的演變

第一節　康熙時代

1. 歸清之初臺灣民族政策

從康熙二十二年（1683 年）清政府統一臺灣，到康熙六十一年（1722 年）康熙去世止，臺灣有近四十年的時間屬於康熙統治時期，我們將這一段時期稱之為「康熙時代」。這一時期的臺灣，從行政機構的設置看，歸清之初所設的一府三縣很長時間沒有發生改變，諸羅縣更是因為「置縣後，以民少番多，距郡遼遠，縣署、北路參將營皆在開化里佳里興，離縣治南八十里」〔註1〕的地方辦公，直到康熙四十三年縣衙才奉文搬到諸羅山新縣城。但「未幾仍寄寓如故，無非以府治稍近紛華，飲食宴會有資，遂置民瘼於度外，不幾徒有分土設縣之名，而無其實耶！」〔註2〕由此可以看出，在康熙時代近四十年的時間裡，臺灣社會面貌，與後來的雍正、乾隆時代相較而言，變化不是很大。根本原因在於，當時漢族移民臺灣的數量不多，土地開發範圍有限，仍主要集中在臺南一帶，漢族移民與少數民族之間的關係衝突矛盾並不突出，民族關係相對緩和。

臺灣歸清之初，在消極治臺指導思想的影響下，不少漢族被遷居回大陸，

〔註 1〕 周鐘瑄：《諸羅縣志》卷一，《封域志》第 5 頁，臺灣文獻叢刊第 141 種。
〔註 2〕 陳璸：《條陳經理海疆北路事宜》，載《陳清端公文選》第 17 頁，臺灣文獻叢刊第 116 種。

臺灣土地開發受到影響，人少地多現象十分突出，首任臺灣知府蔣毓英曾這樣描寫當時臺灣情況：「統臺郡三邑之人民計之共一萬六千餘丁，不及內地一小邑之戶口；又男多女少，匹夫猝難得婦，生齒奚能日繁？地廣人稀，蕭條滿眼，蕞爾郡治之外，南北兩路，一望盡綠草黃沙，緜邈無際。故郭外之鄉不曰：「鄉」，而總名之曰：「草地」。荒村煙火，於叢草中見之。」〔註3〕十餘年後，臺灣情況並未發生根本改變，尤其是臺灣中北部地區更是如此。這種狀況我們在《裨海紀遊》中都得到印證。該書的作者郁永河於康熙三十六年親臨臺灣，並把其所見所聞寫於書中，其史料的可信度自然很高。據他所見，當時臺灣的中部西北部地區，大多還是漢族移民罕至之地，許多地方更是「野番」出沒，雜草叢生的瘴癘之區，他甚至誇張地說連諸羅、鳳山兩縣也沒有漢族居民，其「所隸皆土著番人。」〔註4〕

郁永河到臺灣的目的是採購軍需物資硫磺。因硫磺出產在臺灣北部的雞籠、淡水一帶，故有機會親履其地作考察。在其出發前，不少臺灣地方官員如知府靳治揚等人均奉勸其不要親自前往，而在臺南府治遙控指揮即可。「君不聞雞籠、淡水水土之惡乎？人至即病，病輒死。凡隸役聞雞籠、淡水之遣，皆欷歔悲歎，如使絕域。水師例春秋更戍，以得生還爲幸」。〔註5〕這裡所說的「如使絕域」是當時北臺灣人文環境的眞實寫照。郁永河後來身歷其地也發現越過半線以後，這些地方確實是不折不扣的瘴癘之區，特別是「竹塹迄南嵌八九十里，不見一人一屋……途中遇麇、鹿、麕、麚逐隊行……。」〔註6〕隨從之人很多因爲水土不服而病倒，更有病死途中者。可見，當時漢族移民在臺灣中北部地區還沒有進行大規模的開發。不過，從郁永河在途中得到當地漢族通事張大等的幫助來看，當時臺灣北部並非完全沒有漢族移民居住或開墾，因爲事實上不僅有「水師例春秋更戍」，更有淡水社長張大、社棍之類的漢族定居於此。臺灣學者尹章義還進一步肯定郁永河在其書中所提到的擔任大雞籠通事的漢人賴科「實爲臺北平原開拓者的先驅。」〔註7〕到康熙末

〔註3〕蔣毓英：《臺灣府志》卷之五，《風俗》第99頁，載《臺灣府志》（三種本），中華書局，1985年。

〔註4〕郁永河：《裨海紀遊》卷下，第32頁，臺灣文獻叢刊第44種。

〔註5〕郁永河：《裨海紀遊》卷中，第16頁，臺灣文獻叢刊第44種。

〔註6〕郁永河：《裨海紀遊》卷中，第22頁，臺灣文獻叢刊第44種。

〔註7〕尹章義：《臺北平原拓墾史研究（1697～1772）》，載尹章義：《臺灣開發史研究》第47頁，聯經出版事業股份有限公司，2003年。

年，新竹地區土地荒蕪的現象沒有多大改觀，「竹塹埔寬長百里，行竟日無人煙。野番出沒，伏草莽以伺殺人，割首級，剝髑髏飾金，誇為奇貨，由來舊矣。行人將過此，必請熟番挾弓矢護衛，然後敢行；亦間有失事者。以此視為畏途」。〔註8〕這些只說明，康熙時代的四十多年間雖有漢族移民開始涉足臺灣中部、西北部的開發，但大多集中在半線以南地區，諸羅縣極北的竹塹地區，土地開墾規模仍是很小，影響甚微。

不過，臺灣中部西北部地區這種漢族移民罕至的情形，很快有了改變。一方面是大批移民不斷湧向臺灣，為進一步拓墾新地提供充足的勞動力。「自數十年以來，土著之生齒既繁，閩、廣之梯航日眾，綜稽簿籍，每歲以十數萬計。」〔註9〕另一方面是清政府加強了臺灣西北部地區的軍事駐防，又為漢族移民的開墾活動提供安全保障。康熙四十九年出任臺灣地方最高行政長官的臺灣廈門道陳璸向閩浙總督提出《條陳經理海疆北路事宜》，其建議計有六條，1、除濫派以安番民；2、給腳價以蘇番困；3、立社學以教番童；4、禁冒墾以保番產；5、添塘汛以防番社；6、歸縣署以馭番眾。陳璸所提上述六條建議，從後來的歷史事實看，許多建議得到了清政府的採納並實施。從其條陳事宜內容看，幾乎都與少數民族的切身利益相關，可以說這是康熙時代清政府臺灣民族政策的濃縮，意義重大。特別是添塘汛以防番社的建議得到閩浙總督覺羅滿保的支持，於康熙末年正式在淡水常駐軍隊。有了常駐軍隊的安全保障，大批漢族移民開始進入臺灣北部地區進行開墾。到康熙後期臺灣北部地區特別是半線以南的地區開墾已在如火如荼地進行。土地的大量開墾，民族矛盾也開始激化。這種情況也讓一些地方官員也為此感到憂心忡忡。諸羅知縣的周鐘瑄曾上書閩浙總督覺羅滿保云：「自比年以來，流亡日集，以有定之疆土，處日益之流民，累月經年，日事侵削。向為番民鹿場麻地，今為業戶請墾，或為流寓占耕，番民世守之業，竟不能存什於千百。」〔註10〕可見此時在土地的開墾問題上，漢族與少數民族之間的矛盾已開始暴露出來。移民的增加，大量土地的開墾，幾十年前的人煙稀少，雜草叢生的人文景觀發生了根本改變，使雍正元年清政府將諸羅縣一分為二，增設彰化縣成為可能。

〔註8〕　藍鼎元：《東征集》卷六，《紀竹塹埔》第87頁，臺灣文獻叢刊第12種。

〔註9〕　周元文：《重修臺灣府志》卷十，《藝文志》第323頁，臺灣文獻叢刊第66種。

〔註10〕周鐘瑄：《上滿總制書》，轉引自黃叔璥：《臺海使槎錄》卷八，《番俗雜記》第165頁，臺灣文獻叢刊第4種。

2.「番界」的劃定與「漢番隔離」政策的強化

不僅如此，因官府肆意攤派盤剝，當時臺灣漢族移民與政府官員間的階級矛盾也日益尖銳起來。到康熙六十年終於暴發生了臺灣歷史上第一次農民起義，其領導者是福建人朱一貴。這次起義參加者號稱三十萬之衆，並在不到十天的時間裏全部佔領當時臺灣的一府三縣。當地官員士兵紛紛乘船逃往大陸或澎湖避難。清政府從大陸調集大批軍隊，在閩浙總督覺羅滿保的指揮下，很快將起義鎮壓下去。

這次起義對清政府是不小的打擊，也使清政府及臺灣地方官員不得不重新檢討其在臺灣施政的得失，並對其治臺政策作了兩個方面的重大的調整。一是鑒於朱一貴起義之初知府王珍瞞報實情，而使事態擴大以致失控，康熙六十一年，清政府正式決定實行巡臺御史制度，加強對臺灣的控制。該制度就是每年定期派遣由滿漢各一員擔任的巡臺御史前往臺灣巡查，並隨時將所瞭解到的情況直接向清廷彙報。這一制度歷時六十六年之久，直到乾隆五十三年，乾隆帝以「向來祇派御史前往巡視，職分較小且不能備悉該處情形，殊屬有名無實。著將請派巡臺御史之例停止，令該督、撫及水師、陸路兩提督每年輪值一人前渡臺灣，嚴行稽察。〔註11〕巡臺御史制度才被徹底廢止。二是仿照鄭氏政權時代的做法，在臺灣南部劃定所謂「番界」，實施更爲嚴厲的「漢番隔離」政策。臺灣後山主要居住「生番」，是清政府政令不及之地，也可以說是清政府在臺統治最薄弱的地帶。因爲一向監管不力，以致在鎮壓朱一貴起義過程中，朱一貴的餘部有不少退走山後人迹罕至的大湖地方，成功逃避清軍的搜捕。爲堵塞這一管理漏洞，朱一貴起義被鎮壓下去後，閩浙總督覺羅滿保向清廷提出了遷民劃界的建議，即「以沿山一帶，易藏奸宄，命附山十里以內民居，勒令遷徙。自北路起至南路止，築長城以限之，深鑿濠塹，永以爲界，越界者以盜賊論。」〔註12〕對此，當時的臺灣總兵藍廷珍等以爲大行遷徙是勞民傷財之舉，上書反對。後清政府採取折中辦法，決定不遷徙沿山十里內的漢族，但在「番界」的許多重要的路口立石爲界，並重申漢族不得越界，違者重處。「漢番隔離」從此成爲清政府臺灣民族政策的重要內容。「番界」政策一直持續長達一個半世紀之久，到同治十三年（1874年）「開山撫番」政策實施後，才被徹底廢除。

〔註11〕《清高宗實錄選輯》（四），第571頁，臺灣文獻叢刊第186種。
〔註12〕連橫：《臺灣通史》卷三，《經營紀》第65頁，臺灣文獻叢刊第128種。

康熙時期「番界」圖

大山頂山前 石頭溪
斗罩山腳
合歡路頭
後堆山下 崙摺山下
吞霄山下
南日山腳
張犁庄
投揀溪墘 山前
大里善山
牛相觸山
小尖山腳
葉仔坑口 大武壟埔
埔姜林 白望埔
南仔仙溪墘
茄天社山後
諸羅縣
臺灣府城 九荊林
臺灣縣 逐水溪墘
鳳山縣 大澤機溪口
細仔林
四塊厝 力力
埔薑林 蒙根

資料來源：柯志明著：《番頭家：清代臺灣族群政治與熟番地權》，
臺北市：中央研究院，2001年。

　　儘管如此，綜觀康熙時代，臺灣民族關係較鄭氏政權時代要緩和得多，其原因如上所述，一方面是漢族移民人數相較而言不算太多，臺灣可墾之地尚多；另一方面是清政府較好地實行漢番隔離政策，對私自越界開墾的漢族移民多采取嚴禁態度；此外，不少地方官員如高拱乾、陳璸、周鐘瑄比較體察民情，瞭解少數民族疾苦，並為他們做了不少實事，因而深獲民心。高拱乾甚至專門發

佈「禁苦累土番等弊示」〔註13〕，明文禁止地方官員兵弁任意壓榨奴役少數民族。故康熙時代近四十年的時間裡，漢族與少數民族的大規模的直接對抗衝突，只發生過一次（吞霄社之亂）。這種情況不管是與以前的鄭氏政權時代相比，還是與後來的雍正、乾隆時代相比，都是算得上民族關係最爲融洽的一個時期。

這一時期，清政府的臺灣民族政策總的來說屬於探索初創階段。當時民族政策內容的主要來自三個方面：一是沿用大陸其它少數民族地區的民族政策；二是沿襲荷蘭殖民時代及鄭氏政權時代的傳統。三是當地官員在不違反中央王朝大政方針前提下，根據臺灣少數民族實際情況自主推行的一些政策。

在沿用大陸其它少數民族地區民族政策方面，清政府作爲一個由少數民族建立起來的全國政權，爲維護自己的統治地位，對民族政策的實施是十分重視的。在漢族地區，實行的是「滿漢一體」的政策，以籠絡漢族上層人士爲其服務。在民族地區，中央特別設置理蕃院機構處理少數民族事務。西藏、新疆、蒙古等少數民族地區是其施政的重點，在「邊疆內地一體」的前提下，其政策核心內容仍舊是「剿撫兼施，恩威並用」以及「以番治番」、「漢番隔離」。具體在臺灣，因爲臺灣是新辟之區，且當地少數民族不論是人口數，還是社會經濟發展水平，均不可能對中央政權構成威脅，故其政策從一開始就顯得消極被動。對請求歸附的少數民族，政府持歡迎態度，只要表示繳納貢賦，均被視爲政府的臣民赤子。

康熙五十五年閩浙總督覺羅滿保上奏臺灣南北路「生番」四千七百餘口歸化，康熙聞後即下旨表示肯定並要求地方官員加以撫恤，不得擾害。「生番遠居界外，從未投順；今慕義輸誠，請入版籍，著地方官加意撫恤。倘有侵派擾害者，該督、撫即行指名題參，從重治罪」。〔註14〕且對其內部管理，多不加以干預。因爲他們「有土官統攝，醇樸馴良；應循習俗，令其照舊居處，仍用本社土官管束，無庸另設滋擾。」「所報丁口，附入版圖，勿事編查，順其不識不知之性，使之共樂堯天。」〔註15〕而對我行我素尚未歸附的化外之民——「生番」則聽之任之，持井水不犯河水的態度。可見，清政府在臺灣施政的目標就是以保持社會穩定，不出大事爲原則。當然，對少數民族反抗官府的做法，清政府

〔註13〕高拱乾：《臺灣府志》卷十，《藝文志》第 249 頁，臺灣文獻叢刊第 65 種。

〔註14〕《清聖祖實錄選輯》第 162 頁，臺灣文獻叢刊第 165 種。

〔註15〕覺羅滿保：《題報生番歸化疏》，引自《諸羅縣志》卷十一，《藝文志》第 252頁，臺灣文獻叢刊第 141 種。

的政策就是堅決予以鎮壓。

康熙三十八年淡水吞霄社土官卓個、卓霧以通事黃申苛斂無已，殺申拒捕，史稱「吞霄社之亂」。事件發生後清政府決定派兵討伐，並以新港、蕭壟、麻豆、目加溜灣四社平埔族群西拉雅人為征討先鋒，入山征剿，然四社平埔族傷亡很大，出師無果。清軍一籌莫展之際，有人提議收買勇敢善戰的岸里社巴則海人前來協助，被清政府採納。果然，岸里社巴則海人勇猛異常，勢如破竹，很快將持續半年之久的「吞霄社之亂」鎮壓下去。這一事件之後，清政府開始認識到，臺灣少數民族內部並非鐵板一塊。在其看來，既有所謂「凶番」、「悍番」，更有所謂的「義番」、「良番」為己所用。這也成為其「以番治番」政策的理論基礎。歷史事實也是這樣，清政府後來也是經常利用所謂「義番」為其服務，並且不僅利用「義番」鎮壓少數民族，甚至還利用他們鎮壓漢族移民的抗清活動。利用巴則海人鎮壓「吞霄社之亂」是其「以番制番」、「以番制漢」政策經典事例之一。

在沿襲荷蘭殖民時代及鄭氏政權時代的傳統做法方面。主要表現在稅收徵收方式繼續採用荷蘭殖民時代以來的「贌社制」。所謂的「贌社制」實際上就是荷蘭殖民者每年以公開招標形式把平埔族納稅額向漢族發包，讓其到某一地區的平埔族村社「合法」征稅。這些取得「合法」征稅資格的漢族被稱為社商。他們擁有與平埔進行貿易的特權，「凡番耕獵之物悉與社商，而以布帛、鹽鐵、煙草、火藥易之。其令嚴密，番不敢私。社餉之入，大社數千金，小亦數百，是為雜稅之一。」〔註16〕這種征稅方法不僅鄭氏政權沿用，後來清政府在很長的一段時期內也繼續沿襲這種征稅方式。

在對歸附的少數民族管理上，清政府也沿用過去的通事和土官制度。通事起源於何時不得而知，據史料記載，荷蘭殖民時代即有通事存在，為鄭成功傳送進軍臺灣情報的何斌，就是荷蘭人在臺灣的通事。在清代，臺灣早期的通事都由漢族擔任（乾隆年間開始出現本民族擔任通事現象），他們最大的特點是通曉少數民族語言，熟悉民族地區情況，能夠和當地少數民族進行交流勾通，不少人還因為常辦實事、好事而深受少數民族的信任。通事在政府和少數民族之間扮演重要的角色，他們是地方政府與少數民族間信息勾通的「橋梁」。雍正年間，清政府大規模招撫「生番」，通事均參與其中，成為清政府民族政策的代言人或「傳聲筒」，很好地發揮了「橋梁」的作用。不僅如此，在漢族請墾少數民

〔註16〕連橫：《臺灣通史》卷十七，《關徵志》，臺灣文獻叢刊第 128 種。

族土地過程中,通事所起的作用也是巨大的。但不少人對通事制度持否定的觀點,認為通事欺上瞞下,奸詐貪財,是魚肉少數民族的罪魁禍首。有關通事制度的利弊得失,本書將結合清政府拒絕採納在臺建立土司制度的相關問題另闢專章一併加以討論。

土官制度,在臺灣也是由來已久,荷蘭殖民時代就開始注重培養少數民族上層作為其統治的代理人,並發給藤杖、頭冠、旗子之類的東西作為權利的象徵和憑證。清代也沿襲土官制度,不過當時的土官權利並不大,「社有小大,戶口有眾寡,皆推一二人為土官。其居室、飲食、力作、皆與眾等,無一毫加於眾番。不似滇廣土官,徵賦稅,操殺奪,擁兵自衛者比。」〔註17〕

在地方官員自主實施的政策方面。康熙時代就不少有責任心的官員針對臺灣實際提出了不少政策建議。如前面所提到陳璸《條陳經理海疆北路事宜》就是一例。在他的建議中除添兵設防、賦稅減免等重大事項必須得到中央批准方可實施外,其它事項則有一些臺灣地方官員在未違反中央大政方針的前提下自主權宜決定或實施。這些政策當然也是清代臺灣民族政策的組成部分。其中最有代表性的當數諸羅縣令周鐘瑄。他同意將位於將貓霧捒的土地授予巴則海族群開墾,是臺灣歷史開發史上的一件大事,因為賞賜少數民族以土地,這在臺灣歷史上尚屬首次。

此外,在開辦教育少數民族子弟的專門學校「土番社學」方面。臺灣地方官員的自主權更是得到充分發揮。據史料記載,早在康熙二十五年諸羅第二任知縣樊維屏就分別在諸羅縣的平埔族群聚居村社新港、目加溜灣、蕭壠和麻豆四社創辦專門教育平埔弟子的「土番社學」。〔註18〕這是文獻記載的清代在少數民族地區創辦的最早的學校。康熙三十四年臺灣知府靳治揚又增設不少「土番社學」,此後,諸羅縣知縣周鐘瑄又於康熙五十四年在縣內諸羅山、打貓、哆囉嘓、大武壠四社創辦「土番社學」四所。〔註19〕開辦學校,「教化」少數民族子弟,是清政府「促生變熟」,同化少數民族的重要手段,自然得到中央王朝的認可支持,因而一些有遠見的地方官員在其職權範圍內,自主開辦「土番社學」是很正常的事。

〔註17〕 郁永河:《裨海紀遊》卷下,第36頁,臺灣文獻叢刊第44種。
〔註18〕 高拱乾:《臺灣府志》卷之二,《規制志‧學校》,載《臺灣府志》三種本,中華書局,1985年。
〔註19〕 周鐘瑄:《諸羅縣志》卷五,《學校志》,臺灣文獻叢刊141種。

　　總之，到康熙時代，清政府臺灣民族政策已經初見端倪，其政策總體上看，是傳統政策的沿襲與歸清之後臺灣新形勢下所形成的新政策相結合的產物。這些新政策的形成，既與當時的歷史事件直接相關；也與地方官員執政水平、策略有關。在歷史事件方面，如鎮壓吞霄社之亂的過程中，實施了「以番制番」政策。鎮壓朱一貴起義之後，爲防止「漢番」接壤之地成爲奸宄藏匿之所，同時也爲避免漢族移民侵墾少數民族土地而滋生事端，決定在漢族與少數民族交界處，劃定「番界」，禁止雙方相互越界，而形成了「漢番隔離」的政策模式，這種政策模式後來一值得到嚴格執行，直至清末「開山撫番」後才廢除。在地方官員執政水平和策略方面，我們看到一些地方官員針對臺灣少數民族社會實際而實施的一些政策措施。如授予土地、開辦「土番社學」等。

　　我們還特別要強調的一點，康熙中後期曾先後任臺灣道員及福建巡撫的陳璸，提出「番民即吾民」，「設社學以教番童」，「給腳價以蘇番困」等主張，後來的歷史事實證明，這些意見都得到不少官員的認同並執行。如雍正年間，擔任臺灣道的張嗣昌，在其出巡之時，均依照舊例，發給爲其服務的少數民族一定的補助。「所有應撥車輛民夫，本道仍照舊例，每輛十里給錢五十文，民夫每名十里給錢三十文。……至一切日用薪米蔬菜等項及隨帶書役飯食概係自行給錢銀買備應用，亦並無擾累民番一草一木。」〔註20〕所謂依照舊例，說明這一主張在陳璸提出之後，得到執行，並形成慣例。這些被採納執行的主張既是康熙時代臺灣民族政策的內容之一，也是清代臺灣民族政策的重要組成部分。

第二節　雍正時代

1. 臺灣土地的進一步開發與民族矛盾的進一步加劇

　　雍正時代時間只有十三年，時間雖短，但在臺灣歷史上卻是十分重要的一個歷史階段。具體在民族政策上，雍正時代是清政府臺灣民族政策由康熙時代的草創階段走向乾隆中後期成熟階段的中間過渡期。這一時期，漢族移民臺灣人數繼續增加，臺灣土地開發規模速度均大大超過康熙時代，民族矛盾也比較康熙時代有所激化。特別是雍正朝以後，清政府實行了嚴格的奏摺回收制度，使我們有幸看到當時皇帝與總督、巡撫、巡臺御史、總兵等封疆

〔註20〕張嗣昌：《巡臺錄》卷上，載《巡臺錄・臺灣志略》（合訂本），第5～6頁，李祖基點校，香港人民出版，2005年。

大吏奏摺往來情況，爲我們全面認識瞭解雍正時代臺灣民族政策實施的情況提供了可靠的第一手史料。

臺灣歸清後，所設一府三縣中的諸羅縣，位於臺灣中西部，但其地理位置相對於在臺灣西南部的府治而言則是在其北部，故史書稱臺灣府治及臺灣縣爲「中路」，南部鳳山縣一帶爲「南路」，諸羅縣以及後來的彰化縣等建置爲「北路」。當時諸羅縣管轄範圍相當遼闊，曾有「諸羅一縣內地一省」之說，言其範圍之廣。康熙後期，隨著漢族移民不斷入墾臺灣中北部，爲加強對臺灣北部的管理，避免鞭長莫及，在首任巡臺御史吳達禮等人的建議下，清政府遂於雍正元年在臺灣中北部增設彰化縣和淡水廳。「乃分諸羅中間百餘里之地，南截虎尾，北抵大甲，設彰化縣治。」〔註21〕「並設淡水廳，稽查北路兼督彰化捕務，仍附彰化治。」〔註22〕雍正九年淡水廳與彰化縣分治，廳治後移駐新竹塹。這是臺灣中北部地區得到進一步開發的必然結果。過去人迹罕至之地，「今則南盡郎嬌，北窮淡水、雞籠以上千五百里，人民趨之若鶩矣。前此大山之麓，人莫敢近，以爲野番嗜殺。今則群入深山，雜耕番地，雖殺不畏，甚至傀儡內山、臺灣山後、蛤仔難、崇爻、卑南覓等社，亦有漢人敢至其地，與之貿易，生聚日繁，漸廓漸遠，雖屬禁不能使止也。」郁永河時代這裡荒無人煙「八、九十里，不見一人一屋」的景象一去不復返。大量漢族移民「群入深山，雜耕番地」給清政府提出了新的挑戰，添兵設官加強管理是唯一的選擇。「欲爲謀善後之策，非添兵設官，經營措置不可也。」〔註23〕彰化縣、淡水廳的設置後，清政府在臺灣的統治範圍擴大到臺灣中北部地區，過去鞭長莫及，政令不通的狀況得到改善。雍正五年，清政府對臺灣地位重要性有了更深的認識，又將過去的臺灣廈門道改爲臺灣道，以澎湖地區爲臺灣海防重要前哨，增設澎湖廳。至此，臺灣行政機構設置又得到了進一步的完善。彰化縣、淡水廳以及澎湖廳的增設，相較於康熙時代，臺灣建置有了變化，由原來的一府三縣變成了雍正初年的一府四縣二廳（臺灣府、鳳山縣、臺灣縣、諸羅縣、彰化縣、淡水廳、澎湖廳）。

雍正時代臺灣的土地開拓主要集中在臺灣中部及北部一帶。中心在淡水廳，其區域大致包括今天的新竹、桃園及臺北市等大片地區。上文提到，康熙

〔註21〕周璽：《彰化縣志》卷一，《封域志‧建置沿革》，臺灣文獻叢刊第156種。
〔註22〕《新竹縣志初稿》卷一，《封域志‧沿革》，臺灣文獻叢刊第61種。
〔註23〕藍鼎元：《平臺紀略》，臺灣文獻叢刊第14種。

末年，岸里社巴則海族群頭目阿莫曾徵得諸羅縣令周鐘瑄許可，開墾臺中貓霧捒，這是最早開墾臺灣中部的歷史記載。雍正三年，清政府更是明確表明鼓勵漢族開墾少數民族土地的態度。「再查各番鹿場頗多閒曠，應聽各番租與民人墾種，陸續升科；則番民均邀利賴，而正賦亦復無虧」。〔註24〕這無疑是對康熙末年諸羅縣令周鐘瑄同意岸里社頭人阿莫開墾臺中貓霧捒土地做法的肯定。同時也為更多的漢族移民「報墾」新的土地大開方便之門。此後，臺中開墾範圍擴大。阿莫之後，在客家人通事張達京主持下，臺中開發有了新的進展。特別是通事張達京為首的「張振萬」墾號與阿莫之孫潘敦仔通過簽訂協議，採取「割地換水」的方式把臺中大片土地變成良田美土。他們合作開鑿的貓霧捒圳，是公認的臺灣開發史上的一大傑作。據臺灣學者洪麗完考證，這一水利工程總共耗資一萬九千七百兩以上白銀，到乾隆末年灌溉面積達三千餘甲。〔註25〕歷經後世的修繕改造，今天的貓霧捒圳主幹渠全長四十餘公里，支渠二百餘公里，仍在灌溉臺中地區廣大土地中發揮巨大的作用。

　　除此而外，由於清政府也鼓勵政府官員招募農民開墾土地，雍正年間，臺中地區還出現大片由政府官員招募開墾的「官莊」。其中最有名的是「藍張興莊」，該莊位於今天臺中市及臺中縣一帶廣大區域。「藍張興莊」是鎮壓朱一貴起義之後，擔任臺灣總兵的藍鼎元的後人藍天秀及總兵張國之後張嗣徽二人合作招募開墾的，在雍正年間已初具規模，到乾隆年間發展成為臺灣中部最大的墾區，其規模之大，當時在臺灣可謂首屈一指。雍正末年，在福建總督郝玉麟的支持下，臺灣道張嗣昌等人更是在臺灣募捐資金「特行勸墾」。規定無主荒埔之地，只要「勘明定界，立可招耕。」無資金者甚至可以「許其赴該承給衙門具領（資金），買備牛隻、農具、籽種及時開墾。」或「借給牛種籽粒，收成之後，照數還項。」至於「熟番」之地，也可在徵得土地主人同意的前提下，購買土地開墾然後上報升科。「可向該社通事、土官會同番眾，指定界址，或銀或物，議定若干，務使番眾心願，立契成交，貼與番粟，然後會通事、土官齎契赴縣投稅，立界請照開墾，照同安則例升科之後，除去社餉」。〔註26〕此後，臺灣中北部地區土地開墾範圍迅速擴大。

〔註24〕《清世宗實錄選輯》第 12 頁，臺灣文獻叢刊第 167 種。
〔註25〕洪麗完：《臺灣中部平埔族：沙轆社與岸里社之研究》第 259～260 頁，稻香出版社，1997 年。
〔註26〕張嗣昌：《巡臺錄》，載《巡臺錄・臺灣志略》（合訂本），第 55、57 頁，李祖

臺灣縣「熟番」建房圖

資料來源：乾隆六十七《番社采風圖》

由此可見，雍正年間，臺灣土地開發的重點已從原來臺灣中西部的諸羅縣南部地區延伸到了諸羅縣北部的彰化、淡水一帶。土地的開發，民族關係更加複雜，民族矛盾開始激化，同時，清政府對待少數民族的態度也有了新的變化。具體表在以下幾個方面：

基點校，香港人民出版社，2005年。

一、雍正本人對臺灣少數民族重視程度超過康熙時代，可以說雍正對待少數民族比康熙更為積極主動

　　據臺灣總兵林亮奏摺透露，雍正元年他本人進京觀見雍正時，雍正曾問「有無撫輯番黎？」〔註27〕這足說明雍正對招撫臺灣少數民族的關切。揣摩領會到雍正的意圖之後，林亮回臺即與巡臺御史禪濟布、丁士一，臺廈道員吳昌祚等臺灣地方官員會商招撫事宜，並責成水師守備吳昆帶領翻譯及卑南覓社土官遍歷山後各社進行招撫，其結果是僅在雍正二年十一月就有南路65社「生番」5799口人表示歸附清政府。此事上報朝廷之後，雍正大為高興，並御批「林亮等招徠諸社生番甚屬可嘉，著從優議敘。著福建司庫賞林亮銀一萬兩以備賞勞之用。」〔註28〕此後，臺灣地方官員又在招撫「生番」方面傾注大量心力。有不少「生番社」接二連三要求歸附。在如此短的時間內，有如此多的「生番」表示歸附，這在臺灣歷史上實屬罕見。但其歸清行動是否屬心悅臣服，真心實意？對此，雍正保持較為清醒的頭腦，他在雍正三年三月初一日巡撫黃國材的奏摺上即明確表達了他的顧慮。「今日之接踵歸化，固可喜。又在地方文武官弁緝安得法也。不然，亦當防異日背叛逃亡之可愧方好。爾等封疆大吏不可不預為籌劃，嚴飭屬員施仁布德。令野人心悅誠服，永永向慕而無更變，方可謂久安長治之道也。總之，勉勵屬員以實心任事，無有不能辦理者也。」〔註29〕在對待「生番」問題上，既要積極主動招撫，更要重視施仁布德，以確保已歸附的少數民族傾心向化，是雍正時代積極主動的臺灣少數民族政策的具體體現。

二、是在「番害」事件的處理上，雍正也較康熙時代表現出少有的關注

　　有清一代，臺灣「生番」常越界殺人或漢人私入「番地」被殺，被稱為「番害」。這是清代臺灣民族關係中比較獨特的歷史現象之一。「生番」殺人事件的發生，主要由兩個原因引起：一是南島民族傳統「獵首」習俗所致。

〔註27〕林亮：《奏報招徠生番歸化情形折》，載《國立故宮博物院清代宮中檔奏摺臺灣原住民史料》第 7 頁，臺灣省文獻委員會 1998 年。
〔註28〕林亮：《奏報招徠生番歸化情形折》，載《國立故宮博物院清代宮中檔奏摺臺灣原住民史料》第 7 頁，臺灣省文獻委員會 1998 年。
〔註29〕黃國材：《奏報彰化縣生番歸化折》，載《國立故宮博物院清代宮中檔奏摺臺灣原住民史料》第 13 頁，臺灣省文獻委員會 1998 年。

「獵首」是南島民族古老的習俗之一，早期的歷史文獻都記載有臺灣少數民族有獵首習俗存在。「性好殺人，取頭剔骨飾金，懸於家門以示英雄。」〔註30〕「番子風俗，凡殺人者則稱好漢。若殺一漢人即於手背上身刺壹人形，殺壹番子即於腳腿下身刺壹人形並花樣。」〔註31〕二是漢族移民私自越界開墾或進山抽藤伐木而招致殺身之禍。康熙時代已有「番害」事件的發生，但地方官員均未作爲重大事項上報中央王朝，且發生「番害」事件也不太多。雍正繼位之後，將「番害」的發生視爲重大事件，要求臺灣地方官員隨時上報稟明。從雍正年間臺灣地方官員所上報的「生番殺人折」看，雍正年間，除南路鳳山縣有傀儡番殺人外，北路諸羅、彰化縣「生番」殺人事件也常常發生，而且每年均有好幾起殺人事件發生。這說明，雍正年間，由於臺灣中部西北開墾進程的加快，漢族移民與山區的少數民族有了更多的接觸機會，「漢番」矛盾開始有所激化。在地方官員在看來，臺灣「番害」是「全然不知人性」的「野蠻人」所爲；而在雍正看來，「番害」的發生，可能會導致民族關係的激化而影響到清政府在臺灣的長治久安。故要求地方官員及時上報「番害」事件，並採取措施加以防範。清政府所採取的措施也主要包括兩個方面：

第一是重申嚴格執行自康熙末年實施的「番界」政策。雍正三年巡撫毛文銓向雍正提出「爲今之計，惟有清其域限，嚴禁諸色人等總不許輒入生番界內，方得無事……。在於逼近生番交界之間各立大碑，杜其撤擅入」的建議，雍正頗爲賞識，並表示「此論甚當。先前嚴時甚平靜，後因藍廷珍爲小利而棄此風也。」〔註32〕這說明雍正在「番界」政策的實施上，更傾向於支持康熙末年閩浙總督覺羅滿保加強「漢番隔離」的強硬立場。雍正五年七月福建總督高其倬在分析防止「番害」發生的對策時，強調加強「番界」管理的重要性，「治番之法最先宜查清民界、番界、樹立石碑，則界址清楚。如有焚殺之事，即往勘查，若係民人侵入番界耕種及抽藤弔鹿致被殺死，則懲處田主及縱令擾入番界之保甲鄉長莊主，如漢民並未過界而番人肆殺，則應

〔註30〕 高拱乾：《臺灣府志》卷七《風土志》，載《臺灣府志》（三種本），中華書局，1985年。

〔註31〕 王郡：《奏報剿挈鳳山縣殺人生番折》，載《國立故宮博物院清代宮中檔奏摺臺灣原住民史料》第81頁，臺灣省文獻委員會1998年。

〔註32〕 毛文銓：《奏報鳳山縣生番殺傷人情形折》，載《國立故宮博物院清代宮中檔奏摺臺灣原住民史料》第24頁，臺灣省文獻委員會，1998年。

嚴懲番人」。雍正朱批表示認可：「此事只分百姓、熟番，生番總若務生理，不容混雜爲上策，分不清則諸事生矣。」〔註33〕兩年後，山豬毛事件發生促使劃界工作付諸實施。由臺灣總兵王郡負責重新踏勘確定臺灣南部鳳山縣的「番界」界線。此次勘查從縣南枋僚口起至縣北卓佳莊止一百五十餘里，「查照原立石碣，督令栽插莿桐莿竹，照品字形植種三株，隨其彎曲壹貳拾步接連栽種，劃清界址，並飭令界外之零星散屋遷入大莊，使汎防鄉保嚴巡察務，使內地人民不得侵擾欺凌（生番）」。〔註34〕這是繼康熙六十一年鑒於朱一貴起義教訓，清政府首次劃定「生番界」後，清政府又一次對「生番界」進行全面的清查劃界，此舉說明清政府「漢番隔離」政策得到進一步加強。

　　第二是對殺人「生番」採取武力彈壓，以示兵威。雍正四年冬，經過精心周密的籌劃，清政府開展了有史以來最大規模的武力征討「生番」行動。這次行動的重點是埔里盆地的水沙連諸社。行動中，清政府繼續實施「以番攻番」策略，以歸附的平埔族群爲先頭部隊進攻埔里盆地的水沙連番社。大軍壓境，二十多個「生番」社聞風歸附，表示臣服政府，並願意加入討伐大軍隨同征討水里社「殺人凶番」。此次行動，在水里社搜得人頭八十五顆，葫蘆外包人頭皮四個，人手一隻，並將水里社頭人骨宗父子等二十一名「凶番」抓獲，後解至省城處決或關押。爾後，清政府又對南路傀儡番採取同樣行動加以討伐。雍正六年十二月及次年二月鳳山縣接連發生山豬毛社「生番」兩次殺害私自越界開圳放水的漢族及居住在「番界」附近的「熟番」多達21人，掠走「番童」1人，並放火焚燒莊屋牛隻。釀成臺灣歷史上有名的「山豬毛事件」。此事發生後，清政府立即於雍正七年二月十六日入山進剿。對這次剿撫行動，雍正認爲事件的禍首在於漢族的私自越界而非「生番」，剿殺山豬毛社實屬可憐。「此皆內地頑民越界生事之所致。如此剿殺無知，朕實爲憫惻。」〔註35〕

　　對「生番」的討伐行動，是清政府「人不犯我，我不犯人，人若犯我，我必犯人」的「生番」政策的具體體現。征討「生番」，其用意是讓殺人「生番」明白，濫殺他人性命是「犯我」行爲，是國法所不容許的，必須受到政府的懲

〔註33〕高其倬：《奏報臺灣地方政務（番人焚殺）折》，載《國立故宮博物院清代宮中檔奏摺臺灣原住民史料》第 63 頁，臺灣省文獻委員會，1998 年。

〔註34〕王郡：《奏報稽查臺灣番界折》，載《國立故宮博物院清代宮中檔奏摺臺灣原住民史料》第 97 頁，臺灣省文獻委員會，1998 年。

〔註35〕石雲倬：《奏報臺灣南路番民殺人折》，載《國立故宮博物院清代宮中檔奏摺臺灣原住民史料》第 80 頁，臺灣省文獻委員會，1998 年。

治。最終的目的則在於杜絕殺人，以保地方社會穩定。所以在使用武力問題上，雍正一再強調這不是長久之計，不宜使用過多。他曾說到，「此番剿撫甚屬可嘉，今此一振作，自然安靜數時，終非久長之策。全在文武官弁撫恤有方。必令漢人總不與生番交接，各安生理，彼此不相干，自然無事。若文官圖利，武官懈殆，漢人欺侵戲弄熟番，凌虐生番，激成有事……。雖如此，加以兵威未免殺及無知。今既平定之後，當務之感恩，徐徐開導，令知人理，方長久之策，如全賴以兵威，朕不取也。」〔註36〕在雍正看來，臺灣少數民族不可能對清政府的統治構成威脅，相反漢族移民才是防範的重點，因爲他們不僅經常越界引發事端，而且從康熙末年朱一貴起義的前車之鑒看，漢族移民才是清政府在臺統治的眞正威脅。因而雍正一再強調必須加強「漢番隔離」的政策。山豬毛事件後，他認爲治臺之策在於「劃清疆界，令各安業，不令內地人侵援欺凌，可保無此等事也。在臺責任番民之殺劫小事，而防察內地奸民匪類乃要，特將朕諭亦密令在臺大小文武官弁悉知之。」〔註37〕由此足見清政府在處理漢族與少數民族關係問題上其策略就是「重漢輕番」，「漢番有別」。

　　當然，清政府實行「漢番有別」的政策，還有一個頗奈人尋味的動機，那就是防範「漢番合謀」，團結起來共同對抗政府。清政府的這種擔心，在雍正七年（1729年），巡臺御史赫碩色、夏之芳的奏摺中表露出來。他們認爲，從前內山「生番」所使用的武器十分粗劣，而今「搜出槍刀木牌頗覺堅利，更有火藥鳥槍等物鞏係漢人在內爲之教習，若及今不爲嚴禁，將來番民合一，潛匿深山，關係地方不淺。」故有必要加強「番界」管理，不許漢族出入，以防「漢番」合作。這一建議得到清政府的重視並採納，雍正更是大加讚賞，稱其爲「第一妙策。」〔註38〕

三、在移風易俗方面，臺灣地方官員也可以說是不遺餘力

　　臺灣少數民族屬南島語民族，其風俗習慣與漢族迥異，著名學者凌純聲曾援引美國人類學家克婁伯的說法，認爲南島民族的文化特質主要有「刀耕

〔註36〕　索琳：《奏報剿撫生番以保民命事》，載《國立故宮博物院清代宮中檔奏摺臺灣原住民史料》第48～49頁，臺灣省文獻委員會，1998年。

〔註37〕　王郡：《奏報剿擊鳳山縣殺人生番折》，載《國立故宮博物院清代宮中檔奏摺臺灣原住民史料》第82～83頁，臺灣省文獻委員會1998年。

〔註38〕　赫碩色、夏之芳：《奏陳臺灣地方事宜（嚴定番民界限折）》，載《國立故宮博物院清代宮中檔奏摺臺灣原住民史料》第76頁，臺灣省文獻委員會1998年。

火種梯田、祭獻用犧牲、嚼檳榔、高頂草屋、巢居、樹皮衣、種棉、織彩線布、無邊帽、戴梳、鑿齒、文身、火繩、取火管、獨柄風箱、貴重銅鑼、竹弓、吹箭、少女房、重祭祀、獵頭、人祭、竹祭壇、祖先崇拜、多靈魂」。〔註39〕這些文化特質絕大部分與臺灣少數民族文化特質相同或相近。不可否認，獵首、鑿齒等這樣的原始習俗，不僅與今天文明社會的倫理道德標準格格不入，即使在二百多年前清地方官員的眼裡，這些風俗習慣大多也被視為「陋習」而被嚴加禁止，故積極推行移風易俗、革除陋習，成為臺灣地方官員責無旁貸的工作重點之一。

其中最具代表性的人物就是雍正十年任臺灣道員的張嗣昌。他在任期間，力倡移風易俗，不遺餘力。張嗣昌所推行的移風易俗內容大多涉及婚姻、衣著、文身、貫耳、禮儀等方面。為讓地方官員及少數民族土官方便執行，他甚至還將移風易俗的內容編成通俗易懂的短歌刊刻下發各縣「番社」遵照執行，可謂用心良苦。他的主張及刊刻的短歌在其所寫的《巡臺錄》中有詳細記載。現摘錄如下：

> 將圈耳紋身、繡面被髮之舊習，盡行禁絕，教以衣帽之儀。其各社土官尤必先行穿戴，以為一社之表率，其餘男女均不許裹布赤身。至於番婦尤當示以廉恥，男娶女嫁，務聽父母之命，更憑媒妁之言，毋許野合，致乖風化。其婚姻喪祭，宴飲酒禮，俱照漢民而行，不得濫飲生事。再弓箭鏢刀等械，毋論老壯幼番，不准攜帶隨身。將來再立社師，教化番童，俾其讀書識字，風俗丕變，一道同風，皆各縣奉行之效。仍將勸番短歌刻發，每戶給與一張。每社再發通事、社丁各一張，著其不時讀聽。該府、廳、縣其實力董率，毋視具文，本道所厚望也。

> 諭爾番黎，沐化已久，如何陋習，至今尚有？
> 繡面紋身，裸體露醜，環耳披髮，又加酗酒。
> 種種頑風，斷不宜狃，開墾田園，子弟耕耨。
> 何必捕鹿，弓矢棄手，著衫穿褲，不類禽獸。
> 孝順父母，分別長幼，要識廉恥，男女勿苟。

〔註39〕參見淩純聲：《東南亞古代文化研究發凡》，引自淩純聲：《中國邊疆民族與環太平洋文化》（上冊），第330頁，聯經出版公司，1979年。

再毋妄爲，自取其咎，三尺具在，法所不宥。〔註40〕

彰化縣「熟番」迎親圖

資料來源：清乾隆六十七《番社采風圖》

移風易俗是清政府教化少數民族的重要手段之一。移風易俗的內容通過

〔註40〕張嗣昌：《巡臺錄》卷上，載《巡臺錄‧臺灣志略》（合訂本），第 17 頁，李
祖基點校。香港人民出版社，2005 年。

各地方官員通事帶有強制性的實施後，起到一定的作用。即使以現代人們所推崇的文化相對主義的觀點來看，革除陋習也是社會進步的一種表現，無可厚非。移風易俗的推行，爲後來臺灣少數民族迅速濡染強勢的漢文化，並最終融合到漢族之中創造了條件。

四、在開辦針對少數民族子弟的「土番社學」方面，臺灣地方官員也作了不懈的努力

如前所述，早在康熙時代，不少地方官員樊維屏、周鐘瑄等人就在當地開辦過「土番社學」讓少數民族子弟入學接受教育。文獻記載樊維屏於康熙二十五年在新港、目加溜灣、蕭壠和麻豆四社設置過「土番社學」。〔註41〕周鐘瑄又於康熙五十四年在縣內諸羅山、打貓、哆囉嘓、大武壠四社創辦「土番社學」四所。〔註42〕雍正時代，隨著大批「番社」招撫歸附，少數民族子弟的教育問題重新引起重視。雍正十一年，福建總督郝玉麟向清政府提出開辦社學建議，「設立社學，延請行優生員教導，以化愚蒙舊習」。〔註43〕雍正十二年在巡道張嗣昌在郝玉麟的支持下，在臺灣各地普遍設置「土番社學」，並置社師一人，教育番童，同時責成各縣學訓導加強「土番社學」的管理。當時所設置的「土番社學」具體如下：

臺灣縣5所：新港社口、新港社內、隙仔口、卓猴社、大傑巓社；

鳳山縣8所：力力社、茄藤社、放索社、阿猴社、上淡水社、下淡水社、搭樓社、武洛社；

諸羅縣11所：打貓後莊、斗六門莊、目加溜灣、蕭壠社、麻豆社、諸羅山社、打貓社、哆囉嘓社、大武壠頭社、大武壠二社、他里霧社；

彰化縣17所：半線社、馬芝遴社、東螺社、西螺社、貓兒幹社、大肚社、大突社、二林社、眉里社、大武郡社、南社、阿束社、感恩社、南北投社、柴坑仔、岸里社、貓羅社；

淡水廳6所：淡水社、南崁社、竹塹社、後壠社、蓬山社、大甲東社。〔註44〕

〔註41〕高拱乾：《臺灣府志》卷之二，《規制志‧學校》，載《臺灣府志》三種本，中華書局，1985年。

〔註42〕周鐘瑄：《諸羅縣志》卷五，《學校志》，臺灣文獻叢刊141種。

〔註43〕《清高宗實錄選輯》第44頁，臺灣文獻叢刊第176種。

〔註44〕范咸等：《重修臺灣府志》卷八，《學校》第290～291頁，臺灣文獻叢刊第105種。

以上「土番社學」總計達到 47 所。扣除康熙年間已有的 8 所，淨增 39 所。康熙末年新設置的彰化縣和淡水廳，也有 23 所。可見，到雍正年間，在臺灣行政建置範圍之內，幾乎所有已歸附的平埔族村社都已普及「土番社學」。

對「土番社學」的管理，清政府於雍正十一年福建巡撫趙國麟在全臺原有教授一員、教諭四員的基礎上，提請增加訓導五員，充實教學力量。分巡臺灣道張嗣昌明確規定，訓導和教諭不僅要管理本地漢族子弟的教育事務，也要兼管「番社學」，取得成效者，老師給以花紅，訓導給予紀功，學生賞以銀牌、筆墨，以示鼓勵。〔註45〕給予表彰。在考試選拔上也制定了一整套的政策措施，「師悉內地人，以各學訓導督其事。每歲仲春，巡行所屬番社，吧課番童勤惰。凡歲科試，番童亦與試。自縣、府、及道試，止令錄聖諭廣訓二條，擇其嫻儀則、安畫端楷者，充舞生。……道試只取一名，給與頂帶，與五學新進童生一體簪掛。」〔註46〕清政府開辦的「土番社學」收效頗豐。

據尹士俍《臺灣志略》記載，雍正後期臺灣的「土番社學」教育成績斐然。淡水廳、臺灣縣、鳳山縣、諸羅縣、彰化縣共有肄業「番童」167 名，其受漢文化教育程度「幾同凡民之俊秀」，「每至一社，番童各執所讀經書文章，背誦以邀賞，且有出應試者。」並且，漢文字已取代原來的「紅毛字」成為平埔族日常書寫文字，「從前各社中有習紅毛字者，以鵝毛管蘸墨橫書，謂之『教冊仔』，出入簿籍，皆經其手，今則簿籍皆用漢字」。文化教育活動的開展有力地促進了民族的融合，不少平埔族群開始融合到漢族之中，特別是靠近漢族聚居區的平埔族群村社漢化現象更為顯著，並引起當地官員的注意。「凡近邑之社，亦有知用媒妁聯姻，行聘用達戈紋及紬布……，女外嫁，大改往日陋習。且多剃頭留髮，講官話及漳泉鄉語，與漢民相等。」〔註47〕

五、少數民族抗官事件發生較過去頻繁。說明臺灣社會矛盾特別是漢族移民與少數民族之間的矛盾較康熙時代有所激化

雍正時代土地的進一步開發，少數民族原來的生存空間、生活環境被破壞，所帶來的直接後果主要表現在兩個方面。其一是與康熙時代相比，歸附

〔註45〕 張嗣昌：《巡臺錄》卷下，載《巡臺錄·臺灣志略》（合訂本），第 73 頁，李祖基點校，香港人民出版社，2005 年。

〔註46〕 朱仕玠：《小琉球漫志》卷八，《海東勝語》（下），第 80 頁，臺灣文獻叢刊第 3 種。

〔註47〕 尹士俍：《臺灣志略》中卷，載《巡臺錄·臺灣志略》（合訂本），第 153 頁，李祖基點校，香港人民出版社，2005 年。

的少數民族人口、村落數大大增加，遠遠超過康熙時代。僅據巡臺御史禪濟布、丁士一奏報，雍正二年一年內臺灣各地宣佈歸附的「生番」累計多達 84 社。〔註 48〕其二是臺灣民族矛盾有所激化。突出的表現在所謂的「番害」層出不窮。每年各地靠近「生番界」的地方，有因漢族越界進入「生番界」開墾或砍伐竹木而被殺者，也有因「生番」主動越界偷襲殺死漢族或「熟番」者。此外，一向被視爲「熟番」、「良番」的平埔族群與地方官員的矛盾也開始激化進而演變成爲抗官事件的現象時有發生。雍正九年至十年發生的大甲西社抗官事件更是堪稱史無前例。

2. 大甲西事件及清政府民族政策的新變化

　　大甲西是「番社」名稱，歷史上曾被稱爲「崩（奔、蓬）山社」，大甲西事件後改稱「德化社」，位於今天臺中縣大甲西鎮。其族屬據後來學者研究，屬於平埔族群的道卡斯人。大甲西事件與以往的「番亂」事件有兩個很大的不同點：一是以往「番亂」事件發生，大都與「生番」殺人有關，即大多是因漢族私自違禁進入「生番界」而引發。大甲西事件則是與當地官員的重苛盤剝有關，具有相當濃厚的「官逼民反」色彩。二是以往的「番亂」事件，大多針對的是未歸附的「生番」社，而大甲西事件的參與者大多都是早已歸附的所謂「熟番」，也即被政府視爲「良番」的平埔族群。這次事件先後有十四個「番社」參與，除道卡斯人外，還有洪雅、巴布拉、巴則海、巴布薩、凱達格蘭等平埔族群參與，人數多達數千人。影響之廣，規模之大，持續時間之長，在臺灣都是史無前例的。

　　雍正九年底，淡水同知張弘章爲新建衙署而濫派民力，攤派大甲西社「熟番」搬運木料，因勞力不足又役使大甲西社婦女駕馭牛車協助運載，稍有不從則遭到監工通事的鞭撻，一時怨聲載道。十二月二十四日大甲西社「番人」埋伏攻擊路過該社的清兵，並乘勢追殺清兵至沙轆社，隨後放火焚燒淡水同知衙門，同知張弘章隻身逃到彰化縣。其家人、廚子、書役等死傷不少。大甲西事件由此拉開序幕。大甲西事件持續近一年的時間，可分爲兩個階段。第一階段從雍正九年底到十年四月止；第二階段從十年的五月到十一月止。

〔註48〕 禪濟布、丁士一：《奏報生番歸化日眾折》，載《國立故宮博物院清代宮中檔奏摺臺灣原住民史料》第 9 頁，臺灣省文獻委員會 1998 年。

事件發生後，清軍隨即前往鎮壓，但大甲西社「熟番」利用山高林密的有利地形與官兵周旋抗衡，清軍進剿收效不大。不久，附近的阿里史社、樸仔籬社、大甲東社、獅頭獅尾社、巴荖宛社、沙連仔社等也加入反清行列。在多次征剿未果的情況下，清政府從福建調來三千軍隊參與鎮壓，在新任臺灣總兵呂瑞麟及卸任總兵王郡的指揮下，清軍一邊繼續使用武力進山追剿；一邊利用通事土官入山招撫，將參與的阿里史、大甲東等社招撫投降，分化瓦解。到次年四月底，由於糧食缺乏，婦女兒童數十人被餓死，大甲西社土官只得率眾出山投降。此事暫時平息。

大甲西「熟番」織布圖

資料來源：乾隆六十七《番社采風圖》

五月十一日，奇崙社（龜崙社）「番」因醉酒與當地漢族村民發生衝突，遂殺死「民番」多人，並焚燒莊民房屋多間，次日又截獲公文十七件。彰化縣「番亂」事件死灰復燃，閏五月初一，大肚社因請求臺灣道倪象愷嚴懲其濫殺「良番」五名的表親未果，遂於次日聯合水里、沙轆、牛罵等社數百人放火燒毀倪象愷在彰化縣的住屋及縣治衙署並民房百餘間。隨後又有大甲西、雙僚、貓盂、宛里、柴坑仔、阿束等社相繼加入抗官行列，官「番」大規模的衝突再次爆發，大甲西事件進入第二階段。隨著事態擴大，新任福建總督郝玉麟親自坐鎮廈門指揮，同時作了人事調整，臺灣總兵呂瑞麟因馭兵乏術，不能勝任本職，調回府治駐防（後調任金門總兵），由原臺灣總兵現升任福建陸路提督王郡接替並進駐彰化以便相機進剿；臺灣道倪象愷因縱親濫殺無辜，以及曾經濫以令旗、鹿槍、箭簇等物資賞給「社番」釀成後患等因，被革職查辦，其主管事務由新任談水同知尹士俍接手料理（其臺灣道一職後由漳州知府張嗣昌接任）。與此同時，還同意王郡請求再從福建增兵三千以作後援。聞大軍將至，眾社並未退卻，而是或砍樹擋道，或架設瞭望臺觀察清軍動靜，或建築柵欄憑險加以阻擊等，擬作長期抵抗。七月中旬，王郡開始組織清軍進剿，先擊敗素稱強梁的阿束社，後於八月下旬越過大肚溪，進攻南大肚社，貓羅、大武、南北投各社望風而降。繼而於九月進攻躲藏在大（太）坪山上的沙轆、牛罵、雙僚，貓盂等社部分「社番」，計繳獲牛千餘隻，馬八匹，車數百輛，焚毀糧食四百餘堆，〔註49〕吞霄、房里、貓盂、雙僚、宛里五社土官率眾投降。惟有大甲西、牛罵、沙轆三社逃往深山繼續抗拒官兵。後清軍利用通事張芳楷、張達京率領後壟、岸里、樸仔籬等社「眾番」引官兵進山搜捕，在九月底至十一月初的一個多月時間內，一共擒獲牛罵、沙轆、大甲西三社男婦共982名。除有30餘名「或被殺傷或係潛逃生番界內，遍經搜山無蹤」外，其餘均已歸案。〔註50〕至此，大甲西事件基本平息。

　　整個事件中清政府一共動用兵力多達八千名，「義民」二百五十名，再加上後壟、岸里、樸仔籬等社「義番」的支持配合，前後歷時差不多一年時間才最終將這次抗官事件鎮壓下去。為防止類似事件重演，清政府將抗官最堅

〔註49〕郝玉麟：《奏報蕩平臺灣北路凶番折》，載《國立故宮博物院清代宮中檔奏摺臺灣原住民史料》第179～180頁，臺灣省文獻委員會1998年。

〔註50〕王郡：《奏報剿平逆番安撫凱捷情形折》，載《國立故宮博物院清代宮中檔奏摺臺灣原住民史料》第189～190頁，臺灣省文獻委員會1998年。

決的大甲西社更名爲「德化社」、牛罵社更名爲「感恩社」、沙轆社更名爲「遷
善社」、貓盂社更名爲「興隆社」。

　　大甲溪事件是清政府統治臺灣二百多年間，臺灣少數民族最大的一次抗官
事件。這一事件發生的最主要原因，是臺灣地方官員的壓榨盤剝。第一階段由
淡水同知張弘章引起；第二階段主要由臺灣道倪象愷引起，二人事後均被題參
革職。以大甲西、牛罵、沙轆和貓盂爲首的四社受到沉重打擊，不僅人員傷亡
慘重，而且糧食、房屋、牲畜等財產均被燒毀殆盡，他們成爲整個事件的最大
受害者。在衝突中，所謂的「凶番」肆意殺人放火，傷及無辜，致使周邊漢莊
及「番社」深受其害，無數百姓及「良番」無家可歸，流離失所，紛紛逃亡彰
化、諸羅甚至是府治避難。雍正十年十二月初二日接替倪象愷擔任臺灣道的張
嗣昌來到彰化縣巡視，據其親眼目睹，「縣治以南，居民房屋，十去七八；縣
治以北，自大肚、貓霧揀直抵竹塹等處，幾成灰燼。百姓寄聚於縣治內外者，
十之六七；散於府市各處者，十之三四。」「查被焚房屋約有八千餘間；被殺
百姓約有二百餘人；義民、衙役約三十餘人。」〔註51〕這些平民百姓成爲這一
事件另一大受害者。有鑒於此，不少人認爲大甲西事件並不具有農民起義的性
質，而是一場毫無政治目的可言的盲目的抗官事件，這是有一定道理的。

　　我們爲什麼對這一事件進行詳細的敘述？主要是因爲這一事件濃縮了雍
正時代臺灣地方複雜的民族關係。從大的方面來講這次嚴重的少數民族抗官
事件，是對清政府「番即吾民」的「護番」政策的莫大諷刺。康熙時代初期，
臺廈兵備道高拱乾就曾經發佈命令，嚴加禁止地方官弁過分奴役盤剝平埔族
群，後來陳璸等人又提出了「番即吾民」的思想主張。雍正繼位之後，也一
再強調地方官員要「實心任事，緝安得法」，避免「文官圖利，武官懈弛，漢
人欺侵戲弄熟番，凌虐生番，激成有事」，確保臺灣地方社會穩定。然而，臺
灣一些地方官員並沒有遵照執行雍正的旨意，陽奉陰違，以致釀成大甲西事
件。這件事也正好說明清代臺灣民族政策能否得到順利的實施，有時候臺灣
地方官員所起的作用是十分關鍵的。好在大甲西事件發生後，清政府及時對
相關責任人作了處理，有效地避免了類似事件再次發生。

　　具體在平埔族群內部關係方面，這一事件的發生，反映了當時平埔族群
內部民族關係十分複雜，而且對待政府的態度不一樣。我們可以將其歸納爲

〔註51〕　張嗣昌：《巡臺錄》卷上，載《巡臺錄·臺灣志略》（合訂本），第8頁，李祖
　　　　　基點校，香港人民出版社，2005年。

三種類型：一是抗官型；二是從官型；三是中間型。所謂的抗官型，指的是聯合起來一起反抗官府，如上述的大甲西社（道卡斯人）、牛罵社（巴布拉人）、沙轆社（巴布拉人）、阿束社（巴布薩人）等就屬於這種類型。他們雖然都屬平埔族群，但在支系上仍是差別很大，能夠聯合起來一致抗清，說明在反對清政府官員的壓榨剝削方面有共同的利益。所謂的從官型，指的是順從官府甚至主動巴結官府積極出力參與鎮壓抗官型的其它族群，如岸里社（巴則海人）、後壟社（道卡斯人）、樸仔籬社（巴則海人）等就屬於這種類型。他們之所以能夠積極參與政府的剿撫行動，有兩個重要的原因，第一是有利可圖，第二是漢族通事從中教唆。第三種類型是中間型，即既不參與抗官，也不配合官府的鎮壓行動。這部分平埔族群，也是事件的受害者，他們的村社大多也在這次事件中被焚毀，以致流離失所，無家可歸。由此不難得出一個結論，那就是平埔族群內部並不團結，他們對待官府的態度並不一樣。在官府看來，所謂的「熟番」並非全部都是「良番」，他們也有好壞之分，故而也採取區別對待的政策對待不同類型的「熟番」。大甲西事件結束後，清政府對協助鎮壓行動的所謂「義番」多有獎賞，除發給布匹、煙葉、服飾、牌扁之外，更是沒收抗官型村社的土地加以賞賜。岸里社的頭人阿莫之孫潘敦仔和通事張達京等人還在提督王郡的帶領下來赴京面君，受到雍正的親自召見，賞以蟒袍等物，並敘封七品官銜。潘敦仔不僅成為臺灣歷史上第一位進京面君的少數民族，同時也是第一位受封的少數民族。岸里社在康熙時代未歸附清政府之前，即參與鎮壓吞霄社之亂，雍正時代，岸里社的巴則海人與清政府的關係更為密切，大甲西事件中他們再次支持政府參與鎮壓行動。從此之後，以岸里社為代表的巴則海人一直在清政府眼裏扮演著「義番」的角色而為清政府所利用。到乾隆時代，他們又積極參與鎮壓林爽文起義，清政府後來實行「番屯」，他們又成為這一政策的最大受益者。可以說，岸里社巴則海人是清政府成功分化臺灣少數民族政策的典型代表。

　　具體在漢族內部方面，其情況也跟平埔族群十分相似。有積極支持政府的「義民」，也有暗中為「凶番」出謀劃策，甚至幫助製造武器的所謂「漢奸」，當然更多的則是屬於中間型的普通百姓。清政府在對待漢族政策上，亦如對待平埔族群一樣，對當「義民」者，賞；做「漢奸」者，格殺勿論。大甲西事件之後，清政府強化對漢族的控制，雍正十一年清政府採納福建總督郝玉麟的建議，在幾個方面加強對漢族的監管。一是在臺灣進一步推行在大陸通

潘敦仔像

資料來源：國立臺灣博物館

行數百年之久的「保甲制」；二是對表現突出的「義民」之類的漢族，「請給外委加箚付，即委為社長，約束居民。三年無過，准與內地兵丁以把總相間補用」；三是照山陝沿邊之例。將臺灣總兵改為掛印總兵官，以加強對臺灣「民番」的管理。〔註52〕四是增加駐防臺灣軍隊的數量。「添設城守參將一員、兵一千名。設南路下淡水都司一營，兵五百名。北路參將改為副將，分設三營，添兵一千二百八十名。」〔註53〕臺灣駐軍力量大大增強。特別需要指出的是，上述第二條對三年「無過」的漢人社長，准與把總補用的規定，是康熙時代以來，不許在臺漢族就地補充兵員歧視性規定的重大突破。這說明到雍正末年，清政府對過去一直視為「奸民」的臺灣漢族的態度發生了改變。

綜觀雍正時代，隨著臺灣中北部地區土地開發步伐的加快，「漢番」間特別是漢族與平埔族群間的民族關係有了新的發展、變化。較之康熙時代，清政府

〔註52〕《清世宗實錄選輯》第43頁，臺灣文獻叢刊第167種。
〔註53〕尹士俍：《臺灣志略》上卷，載《巡臺錄‧臺灣志略》（合訂本），第113頁，李祖基點校，香港人民出版社，2005年。

因應變動的民族關係，其民族政策也必然有了一些新的變化或調整。主要表現在：一方面除繼續加強康熙時代的「漢番有別」、「漢番隔離」，以及「生熟番有別」的政策外，具體在「熟番」和漢族內部，也採取區別對待的政策，並以此達到分化族群，利於自身統治的目的。在很長的歷史時期內，這些政策一直是清政府臺灣民族政策的核心內容。另一方面在「護番保產」及實施封建主義文化「教化」方面大做文章，這也是雍正時代民族政策的重要特色內容。這些政策到乾隆時代均得到繼承和發展。故我們認為雍正時代是清代臺灣民族政策從康熙時代的草創時期最終發展到乾隆時代成熟期的過渡階段。

雍正時代，清政府實行更為積極的土地開墾政策，大量土地的開墾，難免會損傷少數民族的利益。因此，清政府一方面強調加強「番界」政策，即界外「生番」之地，無論如何不得越界開墾，並責令當地官兵嚴加巡查，如有違犯，依律論處。對界內的屬於平埔族群的土地，一方面鼓勵平埔族群自己開墾種植，另一方面准許將土地典賣漢族開墾。前提條件是徵得土地主人（熟番）的同意，再「以錢以物」合法購買，同時還要代納「番大租」及「番餉」並立契簽約報官備案方可進行。諸多前提條件約束，其根本目的就是為了更好的保護平埔族群的利益，以確保其能夠「各安生理，不至生事」。但由於種種原因，清政府「護番保產」政策，特別的保護平埔族群土地方面，並沒有得到有效的執行。歷史事實證明，平埔族群大量的土地還是在不斷的流失。這種情況實際上早在康熙末年到雍正初期，就已暴露出來，並引起一些官員的注意，如雍正五年（1727 年），巡臺御史索琳就向清廷建議，劃定「民番」的界域，大社給水旱地五百甲，中社四百甲，小社三百甲，作為「土番」耕種、狩獵之處，防止「熟番」因漢族侵入而失去產業，退到山地，變成「生番」。〔註54〕惜雍正對此建議並不十分在意，只以「此初創之事，或可為之」敷衍搪塞了之，最終未得執行。總之，在雍正時代，在大量漢族移民的不斷湧入，以及清政府鼓勵開墾政策的雙重因素的作用下，平埔族群的土地通過售賣、出租等形式，逐漸轉移到漢族移民手中，使得清政府的「護番保產」政策面臨著巨大的挑戰。這也成為後來乾隆時代通過實施「番屯」制，劃定「屯番」養贍埔地明確平埔族群土地所有權的又一個重原因。

雍正時代的民族政策還有一個重要的內容是，加強對歸附的平埔族群「教

〔註54〕索琳等：《奏陳田糧（番社地）利弊折》，載《國立故宮博物院清代宮中檔奏摺臺灣原住民史料》第 66 頁，臺灣省文獻委員會 1998 年。

化」，具體表現在漢文化的輸入以及革除陋習兩個方面。封建統治者對少數民族實施「教化」政策的目的何在？早在康熙時代，就有郁永河作了精闢的論述。他說對臺灣少數民族如能施以教化，幾十百年之後，必與中國之人無異。「苟能化以禮義，風以詩書，教以蓄有備無之道，制以衣服、飲食、冠婚、喪祭之禮，使咸知愛親、敬長、尊君、親上，啓發樂生之心，潛消頑憨之性，遠則百年，近則三十年，將見風俗改觀，率循禮教，寧與中國之民有以異乎？」〔註55〕雍正時代，隨著大量「番社」的歸附，清政府也認識到對歸附少數民族實施「教化」政策顯得十分必要。於是大量開辦「土番社學」向平埔族群的子弟，灌輸所謂的廉恥、禮義、孝節等封建主義文化價值觀，其結果更是使這些平埔族群子弟的思想意識形態越來越靠近漢文化而疏遠本民族的傳統文化。

　　清政府在平埔族群中實施的「教化」政策，其表面是爲改變南島民族傳統文化與漢文化格格不入的現狀，消弭「漢番」間文化差異，以達到「漢番一體」「一道同風之美」的目的，更深層的目的則是讓少數民族逐漸認同漢文化，摒棄其與漢文化迥異的傳統文化，更有利於自己在臺灣的政治統治。對於清政府的漢文化「教化」政策，今天不少臺灣學者頗有微詞，認爲這是清政府強制同化政策的重要內容之一。

　　我們認爲，漢文化教育事業的開展以及革除陋習政策的實施，在客觀上不僅有利於民族矛盾的緩和，也有利於提高平埔族文化素質，推動平埔族群社會的發展進步。雍正時代以後，臺灣平埔族群逐漸隔合到漢族之中，其文化的變遷遵循的是平和以及理性的變遷模式。平埔族群之所以會形成這種文化變遷模式，很重要的一個原因就是與其接受封建主義漢文化的「教化」而形成的文化認同心理密不可分。這種文化變遷模式，與晚清時代實施「開山撫番」，通過武力實行強制同化還是有明顯不同，值得肯定。

第三節　乾隆時代

1. 乾隆初期「漢番隔離」政策的調整

　　乾隆時代是臺灣歷史上一個非常重要的歷史時期。乾隆在位長達60年，其間所實施的民族政策相對於康熙、雍正兩個時代來說顯得更爲成熟，即所

〔註55〕郁永河：《裨海紀遊》卷下，第36～37頁，臺灣文獻叢刊第44種。

謂的「番政」日漸系統化、規範化，一些內容甚至被列入國家法律條款之中。乾隆時代臺灣民族政策有三大亮點，一是繼續實施「漢番隔離」政策，更加強化自康熙以來實行的「番界」政策；二是在乾隆中期根據臺灣民族關係發展變化的實際，設立南北路理番同知機構，專門處理少數民族事務。這是清代臺灣民族政策史上的一件大事，也是乾隆時代清政府更加重視對少數民族事務管理的結果；三是建立「番屯」制，通過劃定「屯丁」養贍埔地的形式，保障了平埔族群的土地所有權，從而使長期以來流於形式的「護番保產」政策落到實處，進一步緩和日益緊張的「漢番」矛盾。

　　乾隆時代臺灣拓墾事業有了更大的發展。雍正時代所倡行的土地開墾政策，經過十餘年的發展後，拓墾成果在乾隆時代顯現出來。整個乾隆時代，臺灣土地開發主要集中在中央山脈以西的廣大西部平原山地區域。隨著漢族移民的增多以及清政府對搬眷、攜眷來臺政府的時張時弛，一向被清政府視為游民的漢族移民，已開始「土著化」，臺灣漢族移民社會完全確立。雖然清政府一再重申保護平埔族群（熟番）的土地，嚴格禁止越界開墾山地族群（生番）的土地，但土地開墾的勢頭並沒有因此減弱，許多漢族更是利用各種名目合法或變相取得平埔族群土地的開墾權，進而獲得所有權。再加上許多漢族墾戶利用集資入股興修水利的方式，成功地將更多的荒埔水田化，即使是無水可資灌溉之高阜地，也被開墾成所謂的旱地——「園」，並種上芝麻、大豆、小米、落花生等旱地作物。土地的大量開發，使平埔族群的土地不斷流失，其生存空間進一步被壓縮，傳統遊耕捕鹿的生產方式開始發生改變。這種情況在雍正末年乾隆初年就已經開始顯現出來，正如當時曾任臺灣道的尹士俍所說：「臺地當年有社無莊，南北千餘里，草木茂盛，各番以世相承，用資捕鹿，名曰：『草地』，此疆彼界，社番自定。迨後地入版圖，閩、粵之人以次鱗集，或向番贌墾（贌，即典也），年貼社餉、社租；或向番價買。昔日荒蕪之地，今為沃壤矣。」「『出草』先開火路，以防燎原。諸番圍立如堵，火起焰烈，鹿獐驚逸，張弓縱矢，或用鏢槍刺之。近日荒埔漸少，『出草』之事亦稀，惟近山者，遇冬春仍有數次。」〔註56〕由於清政府無法妥善解決平埔族群的土地問題，到乾隆時代，漢族與少數民族，特別是與平埔族群的關係仍舊相當緊張。

〔註56〕尹士俍：《臺灣志略》上卷、中卷，載《巡臺錄·臺灣志略》（合訂本），第121、146頁，李祖基點校，香港人民出版社，2005年。

竹塹等地「熟番」捕鹿（出草）圖

資料來源：乾隆六十七《番社采風圖》

　　面對與漢族移民開墾土地的衝突，作爲弱勢群體的平埔族群可供選擇的
出路有幾條，一是訴諸官府，尋求政府主持公道要求漢族歸還被侵佔的土地；
二是放棄傳統生產方式，積極與漢族移民合作，採用不對等的交換方式，如
「割地換水」等，共同開發土地，努力適應精耕細作的定居農業生方式；三
是採取抗爭的方式，直接與漢族移民發生對抗衝突；四是遷居迴避，逐步退
入山區，試圖繼續保護傳統的生產生活方式。從乾隆時代的情況看，儘管「漢
番」關係十分緊張，但當時的平埔族群更多的還是選擇第一、第二種方式加

以應對。平埔族群與漢族或官府正面的衝突或採取退讓迴避方式遷居山區現象並不經常發生。換言之，乾隆時代土地開墾範圍的擴大，使「漢番」民族矛盾仍舊相當緊張，隨著平埔族群土地意識的加強，「漢番」間為爭奪土地開墾權而發生衝突時有發生。但總的來說，「漢番」間或少數民族與官府間大規模的對抗衝突，較之康熙、雍正時代反而平和得多。這種情況的出現不是偶然，而是與乾隆時代民族政策的調整、變通，較為成功地保護了少數民族的利益有直接的因果關係。乾隆時期的臺灣民族政策所發揮的「減壓閥」作用相當明顯。茲就乾隆時代臺灣民族政策內容分述如下：

一、輕繇薄賦，大大減輕臺灣少數民族的經濟負擔

在安撫歸附的少數民族方面，清政府歷來具有「漢番一體」，「番民即吾民」的思想。這種思想認識是清代臺灣民族政策出臺理論基礎。〔註57〕早在康熙年間，陳璸等有遠見的官員即認識到臺灣少數民族社會經濟發展水平遠遠落後於當地漢族事實，提倡區別對待少數民族以示體恤照顧，清政府在臺一系列「護番」政策措施都是基於這種思想認識而出臺的。康熙年間，南路平埔族群因從事稻作農業生產，其賦稅負擔頗重，且男女均納丁口稅。當時鳳山八社男女丁口舊額應徵米約 4645 石，約折粟 9290 石。〔註58〕而在北路諸羅縣邊遠落後地區，對歸附的少數民族則實行的是象徵性的以納鹿皮代繳賦稅的方式征稅。如康熙五十四年即對新附的南路山豬毛及北路岸里社十五社規定每社只繳鹿皮五十張代作「番餉」。「聽其按年輸納，載入額編就臺充餉，此外，並不得絲毫派擾，以彰柔遠深仁。」〔註59〕這與南路鳳山八社男婦均納米充餉相比，負擔要輕鬆得多，針對南北兩路少數民族賦稅負擔不一的不合理的現象，雍正四年清政府決定減免鳳山八社「番婦」1844 口的丁餉3688 石。〔註60〕南路鳳山八社平埔族群的負擔大大減輕。乾隆登基之始，即在臺灣少數民族地區實行輕繇薄賦政策，「凡內地百姓與海外番民皆一視同仁，輕繇薄賦，使之各得其所。……著將臺灣四縣丁銀，悉照內地之例酌中

〔註57〕 尹章義：《臺灣開發史研究》第 60 頁，聯經出版公司，1989 年。

〔註58〕 王瑛曾：《重修鳳山縣志》卷四，《田賦志》第 111 頁，臺灣文獻叢刊第 146
　　　　種。

〔註59〕 覺羅滿保：《題報生番歸化疏》，引自《諸羅縣志》卷十一，《藝文志》第 252
　　　　頁，臺灣文獻叢刊第 141 種。

〔註60〕 王瑛曾：《重修鳳山縣志》卷四，《田賦志》第 111 頁，臺灣文獻叢刊第 146
　　　　種。

減則，第丁徵銀二錢，以紓民力。從乾隆元年爲始，永著爲例。」乾隆二年，針對臺灣少數民族的「番餉」問題乾隆專門下諭旨給予減免：「今聞臺地番黎大小計九十六社，有每年輸納之項，名曰『番餉』；按丁徵收，有多至二兩、一兩有餘及五、六錢不等者。朕思民番皆吾赤子，原無歧視；所輸番餉，即百姓之丁銀也。著照民丁之例，每丁徵銀二錢；其餘悉行裁減。該督、撫可轉飭地方官出示曉諭，實力奉行；務令番民均霑實惠。」〔註61〕

「熟番」製糖圖

資料來源：乾隆六十七《番社采風圖》

〔註61〕《清高宗實錄選輯》第 6 頁，臺灣文獻叢刊第 186 種。

臺灣少數民族的賦稅負擔過重由來以久，荷蘭殖民時代和鄭氏政權時期就以其賦稅沉重頗受後人非議。臺灣歸清之初，清政府沿襲鄭氏政權做法，繼續對少數民族特別是南路鳳山八社的平埔族群課以重稅，直到雍正初年才有所改變。乾隆時代，清政府對臺灣少數民族的賦稅政策作了調整，做到「漢番」一視同仁，不僅丁稅減輕至二錢，而且還免除更爲沉重的「番餉」負擔。這對改善平埔族生活狀況，緩和與官府的矛盾，所起的作用十分巨大。康熙時代發生過「吞霄社之亂」、雍正時代發生更大規模的「大甲西事件」，均與少數民族賦稅徭役過重有直接關係。乾隆時代的六十年間，臺灣再沒有發生過類似上述的大規模的少數民族抗官事件，原因固然很多，輕繇薄賦政策所起的「減壓」作用應是最根本的原因。

二、繼續實施「護番保產」政策

「護番保產」是清政府臺灣民族政策的主要內容。早在康熙時代任臺廈兵備道的陳璸就提出「禁冒墾以保番產」的政策主張，他認爲作「番社」的土地皆屬「番產」，「且各社毗連，各有界址，是番與番不容相越，豈容外來人民侵佔？誠恐有勢豪之家，貪圖膏腴，混冒請墾，縣官朦朧給照，致滋多事，突起釁端，應將請墾番地，永行禁止，庶番得保有常業，而無失業之歎」。〔註 62〕他認爲只有禁止漢族開墾少數民族的土地，才會使少數民族安居樂業。基於這種認識，清政府一向對處於弱勢地位的少數民族採取保護措施，雍正時代在鼓勵漢族開墾土地的同時，也一再強調不許侵佔少數民族的土地，如確實需要開墾則必須徵得土地主人的同意，並訂立契約方可入墾。

乾隆時代，臺灣土地的紛爭現象更爲突出。針對「藍張興莊」之類的官莊經常因佔墾「番地」引起訴訟糾紛不斷，乾隆二年巡臺御史白起圖奏請嚴禁私墾私買「番地」。乾隆九年，清政府下令徹底清查所有官莊並規定從此不再允許在職武官在臺廣置田產。「若有侵佔民番地界之處，秉公清查，民產歸民、番地歸番，不許仍前朦混，以致爭端。此後臺郡大小武員創立莊產、開墾草地之處，永行禁止。倘有託名開墾者，將本官交部嚴加議處，地畝入官；該管官通同容隱，並行議處」。〔註 63〕乾隆十一年又規定禁止私買「番」地：「嗣後內地民人如有私買番地者，告發之日，將田歸番，照律計畝治罪；荒

〔註 62〕陳璸：《條陳經理海疆北路事宜》，載《陳清端公文選》，臺灣文獻叢刊第 116 種。
〔註 63〕《清高宗實錄選輯》第 35 頁，臺灣文獻叢刊第 186 種。

地減一等，強者各加一等。其有潛入生番界內私墾者，照律嚴懲」。〔註64〕同年，布政使高山再次建議對違犯者，依律定罪。對違禁開墾者的處罰上昇到依法制裁的高度。私自典買土地者，「照盜耕種他人田地律，計畝治罪，荒田減一等，強者各加一等。若奸民潛入生番界內私墾者，照越渡緣邊關塞律治罪」。〔註65〕爲保護少數民族的土地，不少地方官員還採取立碑爲界的辦法，阻止漢族侵墾。如現存在臺北的兩通「奉憲分府曾批斷東南勢田園歸番管業界」碑，有人考證這是乾隆十一年淡水同知曾日瑛所立。從其立碑名不難看出，其立碑的目的就是警示漢族，「護番保產」。乾隆三十一年閩浙總督蘇昌看到因私下買賣土地導致少數民族土地流失現象十分嚴重，再次強調保護少數民族的田產，「逼近番界之荒埔，悉行嚴禁」，「如有侵越，即追出歸番耕管。其例後私釋及債剝占抵各田園，悉行還番；將本人逐令過水，以杜滋訟。惟是番性無常，仍恐復聽奸徒誘騙，再行私賣；應將各社舊存田園甲數、四至並續後清出及贌賣斷歸各業通查造冊，申送存案。地方官奉行不力，即予參處。並於各社刊立木榜，將所有番社田園土名俱刊明榜內；如再有私贌、私賣情事，即將田業歸官充公，並按畝科算治罪」。〔註66〕清政府雖規定漢族不許侵墾私買少數民族土地，但又有一些確實無力耕種的少數民族自願將土地轉讓漢族開墾或耕種現象發生，對此清政府後來變通政策，有條件地允許漢族墾種其地，乾隆三十三年分巡臺灣道張珽規定「凡漢族典贌侵佔田園，悉行還番管耕。內有該番不能自耕，許令民人承佃，按甲納租，勻給眾番口糧。……凡被漢族侵欺田園，悉斷還番管業，其該番多有不能自耕，給予原佃人承種，照例每甲田收八石，每甲園收租四石，以之勻給口糧。……復請嗣後凡斷還番管業，著民人向番承佃納租，概免報升，以收恤番實效。」〔註67〕乾隆時代所出臺的這些旨在保護少數民族土地的政策，雖然不能從根本上徹底杜絕少數民族土地的流失，但在一定程度上還是起到遏制土地快速流失的作用。我們從乾隆時代有關土地糾紛案件的處理情況看，清政府「護番保產」的態度是堅決明確的，對私墾少數民族的漢族也是嚴加查處決不手軟。最有名的案例當數乾隆十六年到十九年查處「簡經贌墾事件」了。〔註68〕

〔註64〕《清會典臺灣事例》第44頁，臺灣文獻叢刊第226種。
〔註65〕《清高宗實錄選輯》第51頁，臺灣文獻叢刊第186種。
〔註66〕《清高宗實錄選輯》第148～149頁，臺灣文獻叢刊第186種。
〔註67〕《清代臺灣大租調查書》（上冊），第323頁，臺灣文獻叢刊第152種。
〔註68〕參見羅春寒：《清代臺灣的「護番保產」與「簡經贌墾案」》，載《廣西民族大

<h1>乾隆時期的「番界」</h1>

資料來源：柯志明著：《清代臺灣族群政治與臺灣熟番地權》，

　　　　　臺北市：中央研究院，2001 年。

學學報》，2009 年第五期。

清代番界圖

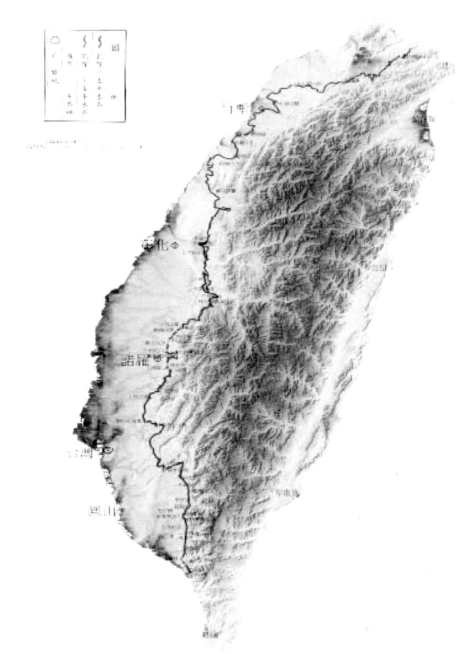

資料來源：柯志明著《清代臺灣族群政治與熟番地權》，

臺北市：中央研究院，2001 年。

　　乾隆十六年十二月八日、十一日兩天，彰化縣連續發生「生番」越界殺死百姓二十二人、兵丁七人以及焚燒民房兵營多間的惡性案件。事件引起清廷高度重視，乾隆親自下令一查到底，但地方官員多有敷衍搪塞，使案件調查進展緩慢，閩浙總督喀爾吉善只得從大陸特派糧驛道挖穆齊圖赴臺親自調查此案，經過明察暗訪後案件調查有了轉機，挖穆齊圖將涉案人員解往省城審訊，案件終於水落石出。此案從發生到結案費時近兩年半，可以說是乾隆時期處理「番害」事件用功最多的一次。調查表明這起「番害」事件是由「漢番」間的土地糾紛引起的。漢人簡經自雍正七年贌墾北投社「熟番」土地，後因拖欠「番租」、丁餉，而被訴訟至官，乾隆十四年臺灣知府方邦基判令簡經補交租穀三千餘石，並將其贌墾地中的熟田四十甲歸還「熟番」三甲。但簡經並未履行判決，三甲遂圖報復，他通過施以好處收買內山「生番」眉加臘社等（泰雅族）數十人越界殺人，以致釀成大案。案件查明之後，清政府對有關當事人作了處理，辦案不力的官員或被革職或降級處分，三甲等首犯被處死，簡經被處杖一百、徙三千里，其所欠租穀及丁餉悉數追還，其占墾北投社的土地一併沒收交還該社「公分管耕」。〔註69〕由此足見清政府在「漢番」土地糾紛問題上的態度確實是堅決而明確的。

　　與漢族相比，平埔族群因不善耕作，其糧食收成常入不敷出，以致因窮困不得不典賣自己的土地。更有甚者，每年地方官員為完成糧食收購任務，常常將任務強行攤派到他們的頭上，這對本來糧食就短缺的少數民族來說無異於雪上加霜。為杜絕強買少數民族糧食現象的發生，乾隆二十四年，閩浙總督楊應琚下令禁止，並曉諭知府覺羅四明、臺灣道楊景素等地方官員嚴格執行，此事詳細記錄在彰化縣岸里社發現的「勒買番穀示禁碑」中。該碑文內容有云：「將應買額穀，照依部定價值，將穀多民戶公平採買，永不許發價社番，勒買顆粒。倘敢任信胥役、通土等仍蹈前轍，向社番勒買穀石者，該道府一經訪查、或遇告發，立即□□嚴究。如胥役、通事等瞞官舞弊，私向社番指稱免派，講貫□索，許該社番即赴官喊稟，立即嚴拏，從重究處。該廳縣如或徇縱不究，即屬通同弊混，許赴該管上司衙門具控，即行提拏究辦，毋稍姑貸。務使勒買番穀之積弊，從此永除，各社番生計充裕……。」〔註70〕

〔註69〕新柱、陳弘謀：《奏複審理彰化縣凶番焚殺兵民折》，載《國立故宮博物院清代宮中檔奏摺臺灣原住民史料》第275～280頁，臺灣省文獻委員會1998年。
〔註70〕《臺灣中部碑文集成》第67頁，臺灣文獻叢刊第151種。

上述不厭其煩的「護番」內容表明清政府在「護番保產」上的良苦用心。

三、加強「番界」管理，繼續強化「漢番隔離」政策

乾隆時代，清政府對臺灣「生番」的態度明顯有別於雍正時代。如前所述，雍正時代十分重視「生番」的招撫工作，以致大批「生番」紛紛內附。但在整個乾隆時代，這種情況卻一反常態，少有發生，可見乾隆時代對「生番」招撫不如雍正時代積極主動。我們查閱范咸《重修臺灣府志》中的關記載，乾隆時代初最初的十年間，除在乾隆二年有淡水廳山朝社、哆囉滿社、合歡社、攸吾乃社四社「生番」歸附外，再沒有「生番」歸附的記錄。這說明乾隆對待「生番」歸附問題的態度發生改變。乾隆二年福建總督郝玉麟上奏認爲招撫「生番」弊大於利，一是「生番」歸附之後不便管理，常發生「行兇擾害地方」；二是歸附之後，漢族得以出入「生番」地而滋生事端。主張「嗣後各社生番似應聽其自便，嚴飭通事等不必誘其來歸，致啓日後釁端；庶於海疆有裨」。這一建議得到乾隆的肯定，並御批：「是極。當如是辦理者」。〔註71〕這表明乾隆時代清政府對「生番」歸附態度已發生重大轉變。我們從下面例子也可得到佐證。

乾隆十年，巡臺御史六十七奏報南路有琅嶠、傀儡二社土目率領生番三十四名主動歸附政府。鑒於臺灣剛剛發生平埔族群假冒「生番」之名濫殺百姓事件。乾隆看到「生番」歸化很不以爲然，其反感的態度溢於言表，「此不過虛應故事耳。若雲生番向化，何以復有熟番焚掠之事？此後一切務實；邊海要地，汝等其愼之。」〔註72〕對主動要求歸附的「生番」態度尚且如此，更不要說讓政府安排人力財力去主動招撫「生番」了。

乾隆不熱衷於招撫「生番」，卻熱衷於強化「漢番隔離」政策。可以說，大大加強對「番界」的控制與管理，更把康熙末年出臺的「番界」政策推到最高峰。乾隆二年，清政府規定：「凡民人偷越定界私入臺灣番境者，杖一百；近番處所偷越深山抽藤、釣鹿、伐木、採棕等項，杖一百、徙三年。其本管頭目鈴束不嚴杖八十，鄉保、社長各減一等。巡查不力之值日兵役，杖一百；如有賄縱，計贓從重論。」〔註73〕與此同時，清政府將查辦偷越「番界」作爲地方官員的重要職責之一，並明確規定：實力查辦者有賞，失察者罰的相關措施。「臺

〔註71〕《清高宗實錄選輯》第 8 頁，臺灣文獻叢刊第 186 種。
〔註72〕《清高宗實錄選輯》第 46 頁，臺灣文獻叢刊第 186 種。
〔註73〕《清會典臺灣事例》第 169 頁，臺灣文獻叢刊第 226 種。

灣民人偷越番地，該地方文武官弁如有實力巡查，一年之內拏獲十名者，將拏獲之該地方文武官弁紀錄一次；再有拏獲，按數遞加議敘。倘不實力巡查，至有偷越之事別經發覺，將該管文武官弁照失察民人擅入苗地例，降一級調用；上司罰俸一年。若有賄縱情弊，照私放出口例，將該管官革職，計贓論罪。如兵役人等不實力巡查，致有偷越情事，查明兵役有無受賄故縱情弊，將失察兵役之該管文武官弁係失察，照失察衙役犯贓例議處；係故縱，照縱役貪贓例革職。」〔註74〕這種規定，實際上把管理「番界」的政策上昇到法律的高度。足說明乾隆時代，清政府對「番界」管理的高度重視。

簡易的瞭望樓

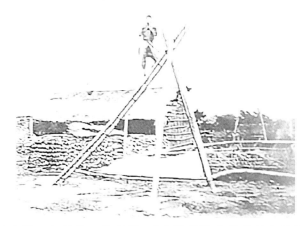

資料來源：郭美芳、徐明福：《臺灣望樓建築形制與轉化之研究：
外來政權與原住民相對應之邊防建築》，臺北，2006 年。

乾隆十一年，清政府接受高山的意見，繼續加強「番界」的日常巡查管理工作，甚至「令貼近生番莊社各設望樓一，懸掛銅鑼，每樓分撥五人晝夜巡邏，近社者派番、近莊者派民；十日一輪，各自保護。鄰莊有警，互相救援；倘有坐視不救者，即行究治」。〔註75〕乾隆十五年七月，在閩浙總督喀爾吉善的建議下，清政府再次重新勘定臺灣全境「番界」。此次勘定「番界」工作，是在康熙、雍正時代的基礎上進行，但因土地開墾範圍的擴大，也有不少地方作了調整補充，並在許多地方立石為界，比過去更明細清楚。乾隆二十五年閩浙總督楊廷璋再奏加強彰化、淡水兩地「番界」管理，不僅劃清「番

〔註74〕《清會典臺灣事例》第 24 頁，臺灣文獻叢刊第 226 種。
〔註75〕《清高宗實錄選輯》第 51 頁，臺灣文獻叢刊第 186 種。

界」而且安排人員防守。「今據該鎮、道勘明，於車路旱溝之外，各有溪溝、水圳及外山山根，堪以久遠劃界。其與溪圳不相接處，挑挖深溝，堆築土牛爲界。……今酌量地處險要，即以山溪爲界；其無山溪處，亦一律挑溝堆土，以分界限。……淡、彰二處沿邊要隘，向派番丁把守。今定界之後，新屬沿邊共應設隘僚十處，派撥熟番二百一十七名；淡水一帶共應設隘僚一十八處，派撥熟番七百二十名，加謹防守。〔註76〕此次「番界」的重劃，是有清一代最爲全面的一次。從南到北基於對康、雍時代及乾隆十五年以來的「番界」線作了全面的清理。明確了所有的界線之後，清政府更是要求當地官員一如從前架立瞭望樓臺，募招漢民「番丁」晝夜巡邏緝查，並勸諭居住在界線附近零星村莊移入大村莊以防「番害」的發生。乾隆三十一年閩浙總督蘇昌認爲原來所架設的竹木瞭望樓容易損壞，很難經久，要求改用火磚修建永久性的瞭望臺，以示強化「番界」的管理。〔註77〕史實證明這種架設瞭望臺晝夜派人巡邏的做法長期得到推行的。乾隆三十二年巡臺御史覺羅明善和朱丕烈其《奏報巡視北路（番社）情形折》就有「現在各山隘口皆築了樓，添撥社丁民夫互爲守望，足資防範，無虞滋事」〔註78〕的記載。

爲避免「漢番」往來密切，滋生事端，清政府甚至對定期開展「漢番」貿易的合理建議加以拒絕。乾隆十年，福建布政使高山認爲「漢番」貿易，互通有無，由來以久，勢難禁止，爲避免漢人奸商煽惑欺朦，引發事端，向清政府提出開展「漢番」定期貿易合理建議。「十月秋收以後，該地方官預期知照土司，在於熟番適中之地選一集場，酌定月日，飭知番民、通事人等各攜貨物，至期到地公平議價，彼此交易。……則居民番眾以有易無，各稱便利矣。」〔註79〕但清政府以「生番從無與民番交易之事，若誘之使出，恐更生事端」爲由，斷然拒絕這一建議。並再次強調嚴格執行「漢番隔離」政策。「請各仍舊章，惟嚴防內地民番無越生番地界生釁；並於秋深時堵禦隘口，勿使生番逸出肆害。」〔註80〕

〔註76〕 《清高宗實錄選輯》第126～127頁，臺灣文獻叢刊第186種。
〔註77〕 《清高宗實錄選輯》第148頁，臺灣文獻叢刊第186種。
〔註78〕 覺羅明善等：《奏報巡視北路（番社）情形折》，載《國立故宮博物院清代宮中檔奏摺臺灣原住民史料》第311頁，臺灣省文獻委員會1998年。
〔註79〕 高山：《陳臺灣事宜疏》，載《清奏疏選彙》（四），第42～43頁，臺灣文獻叢刊第256種。
〔註80〕 《清高宗實錄選輯》第46頁，臺灣文獻叢刊第186種。

西拉雅人的望樓

資料來源：郭美芳、徐明福《臺灣望樓建築形制與轉化之研究：
外來政權與原住民相對應之邊防建築》，臺北，2006 年。

　　乾隆時期，「漢番隔離」還表現在禁止漢人娶少數民族女子爲妻的規定上。如前所述，臺灣是一個移民社會，清政府統一臺灣後，以臺灣遠隔重洋，屬五方雜處之地，極易滋生事端爲由，一直不允許大陸人民自由移民臺灣。而且不管是偷渡還是合法來臺人員又以單身青壯男子占絕對多數，因爲清政府長期限制移民甚至文武官員攜眷或搬眷來臺，女少男多的現象成了臺灣社會一大特色，這種情況在康熙、雍正時代更爲突出。《諸羅縣志》就有「男多於女，有村莊數百人而無一眷口者。蓋內地各津渡婦女之禁既嚴，取一婦，動費百金」之說。〔註 81〕藍鼎元《東征集》也有類似的記載。他還建議清政府開放禁止搬眷政策。後來清政府雖有放鬆禁止搬眷或攜眷入臺的政策，但由於條件苛刻，很難實施到位，直到乾隆五十五年清政府才放開這一政策限制。所以乾隆時代臺灣男多女少的現狀並沒有發生實質性的改變。這種情況

〔註 81〕 周鐘瑄：《諸羅縣志》卷十二，《雜記志》第 292 頁，臺灣文獻叢刊第 141 種。

下，不少漢族轉而入娶平埔族群女子爲妻。雍正到乾隆間的岸里社漢人通事張達京曾娶有六名少數民族婦女爲妻妾更是其中的典型。〔註82〕爲防止「漢番通婚」引發事端，乾隆二年巡臺御史白起圖奏請「嚴禁民人私娶番婦，以防煽惑。」清廷議復「應如所奏：交地方官通行查禁，犯者照例離異責處。」〔註83〕「違者，土司、通事照民苗結親媒人減一等例，各杖九十；地方官照失察民苗結親例，降一級調用。」〔註84〕雖然這種禁止「漢番通婚」的政策，並沒有得到嚴格施行，但這一政策的出臺從另一個側面反映乾隆時期清政府「漢番隔離」政策的加強。

「番屯」瞭望

資料來源：乾隆六十七《番社采風圖》

〔註82〕 陳炎正：《臺灣開發史上典型事迹——以葫蘆墩圳開發爲例》，載廈門大學臺灣研究院：《海峽兩岸臺灣史學術研討會論文集》，2004 年。

〔註83〕 《清高宗實錄選輯》第 9 頁，臺灣文獻叢刊第 186 種。

〔註84〕 《清會典臺灣事例》第 27 頁，臺灣文獻叢刊第 226 種。

綜觀整個乾隆時代,漢族與少數民族間的矛盾並不如康熙、雍正時期尖銳,大規模的「抗官」事件並沒有發生。相形之下,由於「漢番隔離」政策特別的「番界」管理的強化,很大程度上堵死了漢族侵墾「番界」外的土地企圖,從而使得漢族之間不得不將爭奪土地開墾權的戰場轉移到「番界」之內,但此時界內的土地現狀是幾乎所有的可以合法開墾的荒埔均以告罄,於是「窩裏鬥」的紛爭即後人所說的「封建械鬥」在漢族間不斷發生。乾隆時代封械鬥層出不窮,愈演愈烈,其根本原因也就在於此。

2.「理番同知」的設置及教化政策的推行

設置「理番同知」專門負責少數民族事務的管理,是乾隆時代臺灣民族政策的最大亮點。滿清統一中國後,面對多民族國家的具體實際,很早就在中央設置「理番院」專門處理邊疆少數民族地區特別是蒙古、西藏、新疆等地的民族事務。康熙統一臺灣後,漢族移民與少數民族的關係是清政府必須面對的問題,但清政府在很長的一段時間裡並沒有在臺灣設置專門的機構處理民族問題,而由府、縣、廳等機構兼理。

如前所述,自康熙時代起經雍正到乾隆中葉,臺灣移民社會完全確立。漢族移民的迅速增加,土地開墾面積的不斷擴大,引發少數民族與漢族之間開墾與反開墾的矛盾。在漢族移民與少數民族的競爭中,少數民族因為社會經濟發展水平低下,傳統遊耕、遊獵生產方式落後,一直處於劣勢地位。在處理漢族與少數民族矛盾問題上,清政府從自始至終都是扮演少數民族保護傘的角色。但歷史事實證明,清政府保護傘所起的作用並不盡如人意,少數民族的土地還是以各種方式不斷流失到漢族手中,並由此引發許多紛爭,乾隆初年發生的「簡經侵墾事件」就是突出的事例。清政府上至中央(皇帝),中至閩浙總督、巡臺御史,下至臺灣地方官員,不少有見識的有良心的官員都認識到,處理臺灣民族問題在於保護少數民族的生存空間,即保證他們基本的土地維持基本的生活,否則就會由此引發一系列的社會問題。雍正年間開始,清政府明確,當「漢番」出現土地糾紛之時,少數民族可以採取告官的方式,要求官府核實裁決「斷還番地歸番」。但是處理土地糾紛並非一件易事,最大的問題在於很難核實土地是否原屬「番地」。因為有清一代,為裕國富民計,清政府一直鼓勵漢族開墾土地「首報升科,永為世業」,許多空曠之地均被開墾上報升科而成為漢族的合法財產。隨著漢族人口的增加,又有不

少人採取典買、租種的形式取得平埔族群土地的所有權或耕種權，加上清政府對個別確實無力耕種土地的少數民族將自己土地轉讓出售或出租的行爲並不加以太多的限制，更使得臺灣漢族與少數民族之間的土地關係變得更加複雜，並由此引發許多土地糾紛。而每當糾紛出現時，一些地方官員因爲職責不清，互相推諉現象時有發生。這些都成爲清政府必然要在臺灣設置專門處理少數民族事務機構的直接原因。

乾隆三十年，閩浙總督楊廷璋上奏請求仿照粵東治理瑤族的做法，在臺灣設置南北兩路理番同知，「將淡水、彰化，諸羅一廳二縣所屬之番社，設理番同知一員，將泉州府西倉之同知裁汰，添改爲臺灣府理番同知。其編制員額及經費，統由裁汰之數移抵，裁彼充此，僅須頒給臺灣北路理番同知關防即可。至於南路臺灣、鳳山兩縣，社番民甚少，擬以此責請臺灣海防同知兼管，酌量裁添，無須添官糜帑、而番務又不致於廢弛。自此，番政自可日納正軌，奸民亦無所施其伎倆，海外數萬戶熟番，將永爲臺郡禦侮之藩籬，邊疆自臻寧謐矣。」〔註85〕

乾隆三十一年清政府議復正式同意在臺灣設置南北路理番同知，所有「民番」交涉事件悉歸該同知辦理。理番同知職責主要有以下十個方面：〔註86〕

一、取締漢人典購先住民田地，以防遏侵佔之弊。

二、每年巡視各族社，每五年丈量地籍一次。如有侵害越界者，責歸先住民。

三、漢人娶民婦女先住民，占居先住民土地者，拏交逐出之。

四、管理先住民土地義學，督勵學童就學監督社師。

五、鼓勵先住民改易漢俗，並指導從事生產。

六、防禦未歸化，先住民保護人民。

七、官吏入先住民地界採買及需索供應者，經查予以處分。

八、選拔先住民人才，充任土目（土官）舉用通達事理之先住民或漢人爲通事。令土目統率社內是男女，辦理官府所指定之社務。

九、依舊以漢人爲先住民社族之通事，令掌管貿易，並勸導其歸化。

十、管理一切輸餉事務。

〔註85〕 轉引自潘英海：《重修臺灣省通志》卷三，《同胄志・平埔諸族》，臺灣省文獻委員會，1995年。

〔註86〕 潘英海：《重修臺灣省通志》卷三，《同胄志・平埔諸族》，臺灣省文獻委員會，1995年。

　　毫無疑問，理番同知的設立對於明確地方官員職責，提高辦事效率，更好地處理少數民族事務，維護少數權益，均有積極的意義。理番同知的設立是乾隆時代臺灣少數民族政策比起康熙、雍正時代更爲成熟，更爲規範的重要標誌，具有重要意義。

　　不僅如此，乾隆時代清政府在「教化」歸附的少數民族問題上，用功也不少。除繼續開辦「土番社學」鼓勵「番童」入學就教外，地方官員均把少數民族教育情況納入地方官員政績考覈的內容，我們查閱乾隆時期一些總兵或巡臺御史上報的奏摺發現，對讀書少數民族子弟賞以筆墨紙張以示鼓勵的做法已成定例。開辦少數民族教育，對提高少數民族文化素質有其積極作用。乾隆時期，加強臺灣少數民族的「教化」政策還表現在「賜漢姓」和「剃髮遵制」兩個方面。

　　有資料記載，在少數民族中正式推行賜姓和剃髮制度的是乾隆二十三年巡臺御史楊景素。〔註 87〕但據有的學者研究，早在乾隆五年的時候清政府已在岸里社巴則海人首領中推行賜姓制度。因爲當時土官阿莫之孫就已使用漢姓潘敦仔了。〔註 88〕漢族姓名的使用，主要便於戶口管理，我們從乾隆中後期漢族與平埔族群訂立土地買賣的契約簽名看，當時平埔族群中的不少土官土目已開始使用漢族姓名，這說明賜漢姓的制度已經得到推行。不過，平埔族實際的漢姓使用情況，並非是一早一夕就全部改變過來的。如前面所說的潘敦仔，直到乾隆二十四年，他在與貓霧捒通事阿甲等人共同樹立「勒買番穀示禁碑」時仍沿用本民族名字「敦仔」而非冠以漢姓「潘」。日本學者伊能嘉矩發現在很長的一段時期裏，不少人甚至是採用雙姓名並存的方式來適應這種姓氏制度的變革，所謂雙姓名，指的是在本民族內部仍使用民族語言命名的姓名，在與漢族或官府打交道過程中，則使用漢族姓名。伊能嘉矩稱分別稱之爲「私姓名」和「公姓名」，〔註 89〕其實將其稱之爲「族內名」和「族外名」可能更恰當些。

　　「剃髮遵制」是清政府全國性的民族政策，清統一中國後，隨即將原來屬於滿族文化的「剃髮留辮」習俗全面推行到全國，「遵依者爲我國之民，遲

〔註 87〕洪敏麟：《臺灣省通志》卷八，《同胄志》（第三冊），第 60 頁，臺灣省文獻委員會，1972 年。

〔註 88〕潘英：《臺灣平埔族史》第 138～139 頁，臺北南天書局，1996 年。

〔註 89〕伊能嘉矩：《臺灣蕃政志》第 563 頁（溫吉譯），臺灣叢書譯文本第四種，臺灣文獻委員會，1957 年。

疑者同逆命之寇，必置重罪。」〔註90〕「剃髮」成爲歸順清政府的最重要標誌之一。臺灣少數民族自康熙時代以來，不斷歸附清政府，雍正時代更主動入山招撫而使「番社歸化日眾」。從文獻資料看，在剃髮問題上，康熙時代對歸附的少數民族要求並不十分嚴格，當時的閩浙總督覺羅滿保就有「應循習俗，令其照舊居處，仍用本社土官管束，無庸另設滋擾」的提議。〔註91〕從這一史料我們推斷，康熙時代對歸附的臺灣少數民族可能沒有採取強制剃髮留辮的政策。所以這一段時期描述臺灣少數民族情況的史料也很少提及少數民族有剃髮的現象。甚至到道光年間，清政府對剛剛歸附的所謂「化番」仍採取寬容的政策，「所謂歸化，特輸餉耳。而不剃髮，不衣冠。」〔註92〕但也有史料證明在乾隆時代要求入學少數民族兒童中剃髮留辮的情況。乾隆十一年巡臺御史六十七就看到「番童皆剃髮冠履，衣布帛如漢人」〔註93〕的景象。此外，從巡臺御史上奏的情況看，乾隆二十三年要求在歸附少數民族中實行剃髮是確有其事的。這一點我們從乾隆二十九年巡臺御史永慶、李宜青所作的「北路廳縣所屬各熟番大小七下餘社，奴才永慶等沿途巡歷到處，各社通土俱帶頭，該社熟番男婦伏道左，俱爲恭順，各番雖已剃頭辮髮，率皆文身……」〔註94〕以及乾隆三十年福建布政使顏希深奏請廢除巡臺御史制度時所說「臺地熟番悉已辮髮改服實與編氓無異」等的描述中均可得到印證。

對少數民族實施教化政策，是清政府「漢番一體」、「番民即吾民」思想的具體體現，其目的就是通過實施教化使少數民族認同漢文化，改變自己傳統文化中一些與漢族完全迥異的文化習俗，從而達到「一道同風之美」的目的。乾隆時期，平埔族群在「番界」政策的保護之下，與「生番」接觸的機會大大減少，而與漢族接觸的機會越來越多，再加上清政府封建教育、賜姓、剃髮等教化政策的影響，使得平埔族與漢族的關係越來越密切，並開始迅速走上漢化的道路

〔註90〕《清世祖實錄》卷十七，中華書局，1985 年。
〔註91〕覺羅滿保：《題報生番歸化疏》，載《諸羅縣志》卷十一，《藝文志》第 252 頁，臺灣文獻叢刊第 141 種。
〔註92〕鄧傳安：《蠡測彙鈔・臺灣番社紀略》，載《蠡測彙鈔》第 1 頁，臺灣文獻叢刊第 9 種。
〔註93〕六十七：《番社采風圖考・歸化》第 1 頁，臺灣文獻叢刊第 90 種。
〔註94〕永慶、李宜青：《奏報巡查北路（番社）事宜折》，載《國立故宮博物院清代宮中檔奏摺臺灣原住民史料》第 298 頁，臺灣省文獻委員會 1998 年。

彰化縣「熟番」舂米圖

資料來源：乾隆六十七《番社采風圖》

3.「番屯制」的實施

　　乾隆後期，臺灣吏治腐敗，社會矛盾、階級矛盾不斷激化。從大陸東南沿海傳入臺灣的天地會也在中下層百姓中廣為傳播，特別是天地會領導人林爽文所在的彰化縣更是成為臺灣天地會活動的中心。天地會的活動引起清政府的注意，乾隆五十一年末，清政府決定取締天地會，並到處緝捕天地會員。十一月二十七日夜，在首領林爽文的領導下，天地會發動起義，史稱「林爽文起義」。不久臺灣南部的天地會領導人莊大田也宣佈起義，南北起義遙相呼應，給臺灣官府以重大的打擊。彰化知縣俞峻、游擊耿世文、知府孫景燧、北路理番同知長庚、南路理番同知董啓埏以及鳳山縣令湯大紳等大小官員先

後被殺死。十二月林爽文在彰化建立政權，號稱「大順」。清廷上下一時震動。
先是派遣福建水師提督黃仕簡、陸路提督任承恩親自率兵渡臺救援未果，又
後以閩浙總督常青親自帶領數千軍隊再次赴臺鎮壓，結果仍是毫無起色，最
後清廷於乾隆五十二年十月以陝甘總督福康安爲平臺大將軍，率湘、桂、黔、
川等省軍隊近萬人前往鎮壓，至次年元月和二月林爽文、莊大田先後被捕，
起義才被鎮壓下去。林爽文起義是清政府統治臺灣二百一十二年中，規模最
大的農民起義，影響深遠。鎮壓林爽文起義後被乾隆列爲自己引以自豪的「十
全武功」之一。

　　林爽文起義期間，清政府對待「生番」的態度也發生微妙的轉變，即過
去一向以「番界」爲藩籬，與山地族群不相往來，避免與之接觸而滋生事端。
此次出於鎮壓林爽文起義的需要，清政府不斷派遣「熟番情」、「曉番語」的
通事、「熟番」土官主動進山聯絡「生番」參與堵截林爽文隊伍，收到預期的
效果，最終鎮壓了林爽文起義。事後除大加賞賜以及乾隆還親自在京接見「生
番」、「義民」代表。至於「熟番」更是扮演「助清剿民」的重要角色，積極
參與清政府的鎮壓行動，其中尤以岸里社巴則海人、大肚社巴布拉人爲最。
兩社「番丁」在岸里社通事潘明慈和大肚社通事烏肉典的帶領下，自始至終
充當清軍馬前卒。他們以自己的行動證明了對清政府的忠誠，也取得清政府
的信任。事後，乾隆甚至讓福康安考慮是否可以招募「熟番」加入清軍以資
利用。「今思此次搜捕逆匪，該處熟番尚爲得力。……今此等熟番向化日久，
馴熟可用；或即照四川屯練、楚省苗民之例，酌量挑選，即於應在臺灣募補
兵數內將此項熟番參半充補。既可防範地方，又足以示綏輯；而出力社番得
有錢糧，於生計益資饒裕，似爲兩有裨益」。〔註95〕福康安表示贊同，稱其「實
爲綏輯番黎捍衛邊圍之至計」，〔註96〕並提出一整套實施方案。

　　福康安提出方案就是後來所說的「番屯制」，他的方案很快得到清廷的認
可。所謂的「番屯制」就是利用少數民族青壯年駐防「番界」重要隘口，充
當「屯丁」，並劃定一範圍的「養贍埔地」供其墾種保證其生活來源，使其安
心防務，以維護臺灣社會穩定。這一政策的實質就是利用平埔族群盲目服從
清政府弱點，以「番屯制」的形式實現清政府的「以番治漢」、「以番防番」

〔註95〕《清高宗實錄選輯》第 572 頁，臺灣文獻叢刊第 186 種。
〔註96〕福康安：《奏爲臺灣熟番募補屯丁悉心酌議章程折》，載《國立故宮博物院清
　　　　代宮中檔奏摺臺灣原住民史料》第 454 頁，臺灣省文獻委員會 1998 年。

的長遠目的。嚴格地說，「番屯制」在臺灣並不是什麼新鮮的東西，因為早在乾隆初期清政府重劃「番界」時就已在重要隘口地方建設瞭望樓，並要求「番丁」參與巡防工作。為解決「番丁」的口糧問題，乾隆二十五年閩浙總督楊廷璋曾建議彰化縣由「番租」撥給，淡水廳因向無「番租」則採取劃給土地讓其屯墾自行解決。「查各社番曠埔現在未墾者尚多，應令查出稟墾，以資隘丁口糧。」〔註97〕顯而易見，這些做法或提議與乾隆末年實施的「番屯制」本質上沒有什麼不同。

乾隆五十三年福康安建議推行的「番屯制」的內容、措施更加具體，歸納起來主要包括如下五個方面：

一、募補「熟番」充當屯丁。從全臺「熟番」九十三社中，挑選壯丁約四千名，分別安置在全臺灣十二個「番界」屯隘中駐防，其中大屯四處、每屯安設四百人，小屯八處、每屯安設三百人。

岸里社番把守圖

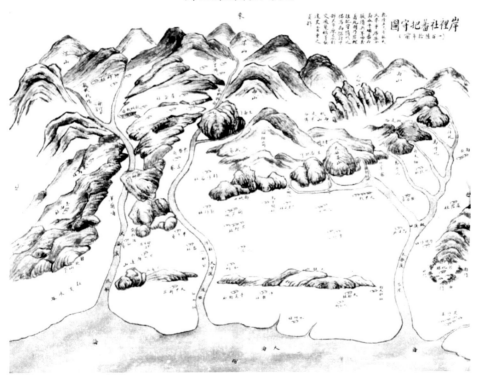

資料來源：國立臺灣博物館

〔註97〕《清高宗實錄選輯》第 127 頁，臺灣文獻叢刊第 186 種。

二、屯弁照四川屯練之例，南、北兩路額設屯千總二員，統領番眾；屯把總四員，分管各屯。每屯設屯外委一員，即在番社頭目內擇其曾經出力及素所信服者，由總兵揀選充補。

三、將番界內山現有未墾及沒收參與林爽文起義人員的土地八千八百餘甲，分別按屯丁每名撥給二甲、外委每員三甲、把總每員五甲、千總每員十甲標準分配，讓其自行墾種，免其納賦。

四、屯丁習用器械，應呈報總兵逐加印烙，於每年巡查時點驗一次。

五、番民既挑補兵丁，應將一切徭役概免承應。〔註98〕

「番屯制」的實施，在保護「熟番」利益，特別是土地所有權方面，所起的作用巨大。臺灣學者柯志明給予了充分的肯定。他認為實施「番屯制」之前，少數民族土地的流失主要集中在康熙至乾隆年間，流失的區域主要集中在原來平埔族群與漢族交錯雜居的臺灣西部平原地帶。而乾隆末年，清政府實行「番屯制」以後，重新分配給平埔族屯丁的養贍埔地，以解決屯丁生計問題。遂「創設免除正供的『番大租制』，熟番地得以免除升科，杜絕了熟番地流失最後的管道。」〔註99〕

綜上所述，乾隆時代半個多世紀內，清政府臺灣民族政策有了很多的改變。首先在對待「生番」問題上，乾隆時代更趨保守，在很長的時期內，並不主動招撫「生番」。清統治者認為，招撫「生番」是弊大於利，其歸附之後，不僅不好管理，更容易讓漢族有藉口越界深入「生番」地開墾而不利於管理。言下之意，更希望讓「生番」作為屏障起到防範漢族越界開墾的作用，以避免引發各種事端。林爽文起義發生之後，確有不少「生番」協助圍剿林爽文隊伍，似乎也證明了清政府這種想法有先見之明。林爽文起義期間，清政府為達到徹底剿滅起義軍的目的，還積極進山聯絡「生番」配合其行動，也說明到乾隆後期對待「生番」的態度發生了微妙的轉變。其次是在強化「番界」管理，加強「漢番隔離」方面，乾隆時代比康熙、雍正時代可謂有過之而無不及，通過乾隆十年、二十五年兩次大規模的「番界」重劃，以及樹立石碑、堆挖土牛、建瞭望樓等標識性工程的建設，再加加強巡邏措施落實到位等，不僅使臺灣「番界」更加明晰，同時也起到有效防止漢族越界侵墾激化矛盾

〔註98〕《清高宗實錄選輯》第 611 頁，臺灣文獻叢刊第 186 種。
〔註99〕柯志明：《番頭家》第 357～358 頁，「中央研究院」社會學研究所，2003 年第三版。

的作用。相比之下，乾隆時代臺灣所發生的「番害」事件比雍正時代要少得多，這跟乾隆時代強化「番界」管理，加強「漢番隔離」不無直接關聯。第三是乾隆時代清政府的「護番保產」政策也得到更加深入的貫徹執行，一方面是不少地方官員不僅一再強調嚴禁漢族侵墾、私買少數民族的土地，以及依照有關法律條款對違犯者進行處治；另一方面是設置專門處理少數民族事務的「理番同知」，在處理少數民族與漢族之間的矛盾糾紛上，提高了效率，明確責任，更有利保護少數民族的利益。第四是乾隆末年實施「番屯制」之後，不僅使「熟番」與清政府的關係更加密切，而且也使這部分少數民族的土地所有權和生活來源更有保障。「番屯制」最終將清政府一貫的「護番保產」政策落到了實處。

總之，乾隆時代，臺灣民族政策較之過去更加成熟，更加規範，說明經過八十多年的探索實踐，清政府第一個歷史階段的臺灣民族政策走向成熟。也正因爲如此，自乾隆時代以後，臺灣少數民族特別是平埔族群與清政府的關係越來越密切，與雍正時代相比，民族矛盾有了很大的緩和，臺灣少數民族與地方政府間大規模的衝突和對抗也較少發生。

第四節　後乾隆時代

1. 內憂外患，臺灣民族政策的新發展

這裡所說的「後乾隆時代」是指從嘉慶元年（1796 年）起到同治十三年（1874 年）止，時間跨度長達七十八年，其間先後經歷嘉慶、道光、咸豐和同治四代皇帝的更替換位。後乾隆時代，臺灣漢族人口雖然增長趨緩，但人口保有量達到二百萬之眾，爲歸清之初的二十多倍，加上西部平原地帶土地開墾基本完畢，使得臺灣人口與土地之間矛盾開始突顯出來，臺灣民族關係又有了新的發展。

後乾隆時代，國際形勢也開始發生變化，西方資本主義國家不斷東漸，對中國大陸東南沿海的國防安全構成重大威脅，地處中國海防要衝的臺灣島，首當其衝，成爲西方殖民國家乃至中國近鄰日本覬覦的目標。咸豐八年，清政府被英法聯軍打敗，被迫訂立《天津條約》，臺灣安平、淡水以及高雄、基隆幾處港口相繼對外開放，使臺灣原來只對中國內陸輸出農產品的經濟格

局被打破。國際形勢的變化對臺灣社會的穩定、海防的安全產生重大的影響。

不僅如此,嘉慶中後期以後,清政府歷經康、雍、乾三朝百餘年盛世的光環漸漸褪去,政治的腐敗,吏治不彰,國內階級矛盾、社會矛盾日益激化,農民起義不斷發生,清政府爲鎮壓各地反清運動而疲於奔命,元氣大傷。具體在臺灣方面,乾隆五十九年至嘉慶十五年中國東南沿海爆發福建同安人蔡牽領導的農民起義也給清政府帶來很大的麻煩。這次起義與過去朱一貴、林爽文起義最大的不同是義軍主要活於北至浙江東海南到廣東南海的廣大海域中,浙江、福建、廣東以及臺灣都成爲義軍經常攻擊的目標。由於在海面上機動性很強,有利於與清軍周旋,故這次起義持續時間特別長,前後長達十六年時間,影響很大。與此同時,臺灣島內漢族之間封建械鬥不斷發生,不僅破壞生產力,也影響臺灣社會穩定。

爲加強對臺灣的控制,嘉慶年間,清政府接受總督方維甸的建議對治臺政策作了微調:一是開始考慮在社會矛盾、民族矛盾比較尖銳的新辟之區增設行政機構。嘉慶皇帝親口表示「至所設官職,應視其地方之廣狹,酌量議添;或建爲一邑,或設爲分防廳、鎮,俱無不可」;嘉慶十六年清政府在臺灣東北部正式增設噶瑪蘭廳,這是自雍正元年增設彰化縣等機構之後的重大突破。實現這一突破,費時竟長達九十年。二是規定從嘉慶十五年後,「福建總督、將軍,每隔二年,著輪赴臺灣巡查一次,用資彈壓」。〔註100〕要求遠在大陸的封疆大吏總督、將軍定期巡視臺灣,這在臺灣歷史上還是第一次,說明清政府治臺政策有了新的變化,也說明迫於形勢發展,清政府越來越重視對臺灣的治理。

總之,後乾隆時代,在內憂外患的共同影響下,清政府從此開始走沒落。臺灣地處中國東南沿海戰略要衝地位,在中國近代史上扮演著重要的角色,從國家安全大局出發,清政府不得不開始重視對臺灣的治理。特別是國際形勢的變化,中國海防安全受到嚴重的威脅,臺灣海防戰略的重要地位越來越凸顯,最終因「牡丹社事件」的發生,而促成清政府臺灣民族政策的重大調整。

但是,清政府治臺政策的重視,並不意味著清政府臺灣民族政策較過去更加積極主動,相反,因爲清政府在內憂外患的困擾之下,無暇顧及臺灣少數民族的治理,較過去而言,後乾隆時代清政府的臺灣民族政策,除嘉慶朝在宜蘭平原的開發上有所作爲外,直至1874年同治十三年止,可以說是毫無

〔註100〕《清仁宗實錄選輯》第166頁,臺灣文獻叢刊第187種。

作爲可言，甚至可以說是在開歷史的倒車。如道光十四年，閩浙總督程祖洛再次提出加強「漢番隔離」政策建議，「查臺灣近年有不法奸民學習番語，偷越定界，散髮改裝，謀娶番女，名爲『番割』。請嗣後拏獲番割，除實犯死罪外，但訊有散髮改裝情事，分別充軍；無散髮改裝情事，杖一百，徙三年。交刑部纂入則例。」〔註101〕得到清政府的批准。這一建議的提出，實際上是對乾隆二年以來實行的嚴禁「漢番通婚」政策的重申。強化這一政策，顯然不利於民族間的交流往來，不利民族關係的友好發展。

乾隆朝代以前，臺灣民族政策基本定型。「護番保產」、「漢番隔離」是其核心內容。爲保證這些政策能夠落到實處，自康熙末年起，清政府一直加強「番界」的管理，多次勘定「番界」，並設置隘僚派人把守巡邏，「番界」儼然成爲漢族、平埔族群與「生番」間不可逾越的分界線。乾隆末年，清政府更是實施「番屯」制，以劃定養贍埔地爲條件，招募平埔族群壯丁守衛「番界」，使清政府的「番界」政策日臻完善。但是，由於漢族移民的蜂擁而至，清政府劃定的「番界線」也受到衝擊。這種衝擊主要來自兩個方面，一是漢族移民，二是平埔族群。到乾隆後期，臺灣西部廣大平原地區土地已基本開墾怠盡，人們開始把土地開墾的目標轉向被稱爲「後山」的東部海岸或被稱爲「內山」的中部山區地帶。因此，後乾隆時代，清政府的對臺民族政策重點也主要體現在上述兩個地區上。

早在乾隆中後期，臺灣移民人數開始有了大幅度的增長，據陳孔立先生統計，乾隆二十七年臺灣人口已達到 73 萬，乾隆三十七年達到 100 萬。到嘉慶十一年的時候，臺灣人口達到 194 萬。〔註102〕這些數字表明，自康熙時代起到乾隆、嘉慶時代，是臺灣漢族人口大幅度增長的時代，即在一百二十多年間，臺灣漢族人口從歸清之初不到 10 萬人，增加到嘉慶十一年的 194 萬人，1685～1811 年臺灣人口增長率達到 26.5‰，而自嘉慶中後期以後到 1893 年臺灣割讓日本前夕的八十多年時間裏，總共才增加 65 萬人，臺灣漢族人口增長速度明顯趨緩，人口增長率只有 3.5‰，這一段時期臺灣人口增長已由過去移民增長爲主轉變爲在臺人口的自然增長爲主。〔註103〕這種情況說明嘉慶中後期以後直至臺灣割讓日本時止，臺灣土地開發特別是西部土地的開發已經達

〔註101〕《清宣宗實錄選輯》第 164 頁，臺灣文獻叢刊第 188 種。
〔註102〕陳孔立：《清代臺灣移民社會研究》第 117～120 頁，九州出版社，2003 年。
〔註103〕陳孔立：《簡明臺灣史》第 126 頁，九洲圖書出版社，1998 年。

到飽和的程度，臺灣對於大陸東南沿海移民的吸引力已大不如從前。土地開發的飽和以及漢族常駐人口近二百萬之眾，遠遠高於少數民族，表明臺灣漢族主流社會業已確立。

後乾隆時代，臺灣西部因為人口飽和，土地開墾完畢的壓力，使臺灣民族關係有了新發展。具體表現以下幾個方面：

首先在漢族的內部，來自大陸不同地方移民群體為了自己的經濟利益而相互大打出手，這就是臺灣史上著名的「封建械鬥」。自乾隆中葉開始出現之後，到後乾隆時代這種漢族內部之間的「械鬥」越演越烈，以致成為當時臺灣一個重大的社會問題。

其次是處於弱勢地位的平埔族群在一百多年的時間裏，長期與漢族移民接觸交流，加上清政府的教化政策的作用，一方面是不斷放棄本民族傳統文化而隔合到漢族之中；另一方面則是部分族群因為土地開墾殆盡的壓力而不得不越過「番界」遷徙到內山深處另謀生存空間。這部分平埔族群與當地的「生番」以及先期到達的漢族有了正面的接觸與衝突。

第三是一部分漢族也是因為西部土地開墾基本完畢而想方設法突破「番界」進入臺灣東北的宜蘭平原進行開墾。這部分漢族與當地少數民族，也就是平埔族群中的噶瑪蘭三十六社有了接觸往來，最終促成噶瑪蘭平埔族歸附，以及清政府於嘉慶十六年設置噶瑪蘭廳行政機構於臺灣東北部，使清政府在臺政令所及的範圍進一步擴大。

第四清政府為保護臺灣東北部宜蘭平原上的噶瑪蘭族群的土地所有權，實施有了另一種「有加有留」的土地政策。這種政策的實施，是清政府「護番保產」政策的延續。

2. 吳沙入墾噶瑪蘭與清政府「有加有留」政策的實施

後乾隆時代，臺灣漢族開墾在臺灣北部以漳州人吳沙最為有名，在臺灣中部則以「郭百年事件」最為突出。平埔族群的越界遷徙和開墾發生過幾次，以發生在嘉慶九年和道光三年這兩次最為有名。

實際上，自康熙末年實施「番界」政策以來，清政府雖一再強調加強「番界」的巡查管理，但漢族移民越界開墾，或越界砍木伐竹、抽藤弔鹿之事時有發生，並因此常常釀成「漢番」間的衝突。對於地處後山的宜蘭平原（史稱「蛤仔蘭」、「蛤仔難」、「甲仔難」、「噶瑪蘭」等），早在康熙時代就開始有

漢族涉足其間與當地少數民族從事貿易活動，後來許多地方文獻也都提到「蛤仔蘭三十六生番」，這說明宜蘭平原一帶早為人知。但直至乾隆末年之前，這裡還談不上真正意義的土地開發。乾隆三十三年的時候，漳州人林漢生曾試圖移墾宜蘭平原，並未成功，林漢生本人也被當地少數民族所殺。到乾隆五十二年，另一位漳州人吳沙入墾宜蘭平原，也因當地平埔族群的反抗而失敗。嘉慶元年，吳沙又一次實施入墾宜蘭平原的計劃。不久，當地平埔族群村社天花病流行，吳沙因幫助醫治獲得信任，他的開墾計劃得到順利實施。次年，吳沙獲清地方政府的「墾照」許可。土地開墾的合法化，大量漢族湧入該地，更加推動土地的拓墾。吳沙開蘭之功，後人給予很高的評價，被譽為「開蘭始祖」。今天宜蘭縣有以吳沙命名的「吳沙國民小學」和「縣立吳沙國民中學」，足見宜蘭人對吳沙開蘭事業的肯定。

　　吳沙是臺灣墾殖史上一名傳奇人物，於乾隆三十八年從福建移民臺灣，先居淡水，後居三貂嶺，「好俠，通番市有信，番悅之。」〔註104〕林爽文起義之時，他與許天送率領「生番」協助清軍圍捕林爽文，獲清政府信任。〔註105〕據福康安奏摺透露，乾隆末年，吳沙早已在三貂嶺一帶租種「生番」地，對吳沙的違禁開墾行為，清政府因其「開墾以來，與生番日久並相安並無事故」，而持默認態度。

　　吳沙及後人站穩腳跟後，宜蘭平原北部大片土地很快被開發起來，漢族人口也有很大增長，原來以漳州人為主，兼有泉州人、客家人的拓墾隊伍只有千餘人，到嘉慶十三年時，已發展成為一個擁有「土圍五所，民莊二十三處，男女丁口約有二萬餘人，開墾田畝八百餘甲」〔註106〕的新墾區，兩年之後，這裡的人口更是增加到「漳人四萬二千五百餘丁、泉人二百五十餘丁、粵人一百四十餘丁，開墾田園達到二千四百餘甲。〔註107〕隨著宜蘭平原的開發，以及漢族人口的不斷增加，一些有識之士開始建議在此設置行政機構加強管理。淡水同知徐夢麟、知府楊廷理以及太常寺卿梁上國等人都是積極的倡導者。梁上國更

〔註104〕姚瑩：《東槎紀略》卷三，《噶瑪蘭原始》第70頁，臺灣文獻叢刊第7種。

〔註105〕福康安：《奏報酌籌進逼南路大武壠賊巢並官兵後路情形折》，載《國立故宮博物院清代宮中檔奏摺臺灣原住民史料》第420～421頁，臺灣省文獻委員會1998年。

〔註106〕賽沖阿：《奏報明查臺灣內山蛤仔爛番埔開墾情形》，載《國立故宮博物院清代宮中檔奏摺臺灣原住民史料》第500頁，臺灣省文獻委員會1998年。

〔註107〕柯培元：《噶瑪蘭志略》卷五，《戶口志》第43頁，臺灣文獻叢刊第92種。

是以設治有「絕盜賊覬覦之患」、「使海疆無化外之民」、「使全臺增土田之利」和「使番社懷朝廷之德」〔註108〕四大好處打動了嘉慶皇帝。嘉慶因此也認爲蛤仔難「自應收版圖，豈可置之化外？」並下令地方官員就設治的可行性作調查。〔註109〕此後，福州將軍賽沖阿、閩浙總督方維甸分別上奏支持。嘉慶十六年十月，清政府接受閩浙總督汪志伊奏請，在頭圍地方建城樓四座，北關一座、炮臺一座，並立山川、社稷壇廟。設通判、縣丞各一員，聽淡水同知就近控制；守備、千總各一員，把總、外委各二員，額外外委三員，戰兵二百五十五名、守兵一百四十名，歸艋舺營游擊兼轄。建設衙署，給予關防。〔註110〕自此，臺灣東北部宜蘭平原一帶正式成爲清政府政令所及之地。

清政府在宜蘭地區設治，不僅表明其治臺政策發生改變，而且從中我們也注意到清政府臺灣民族政策的修正。即只要漢族與當地少數民族能夠相安無事，清政府即對漢族開墾土地的行爲採取默認態度，即便是越界開墾問題也不大。如福州將軍賽沖阿所言：「查蛤仔難本係外番地，今民人熟番越界私墾，本應驅逐治罪。惟是開墾年久，已成永業，一經驅逐，不惟沃土拋荒，而無業游民盈千累萬，實亦礙難辦理。因思該處民番久已相安，且經爲官出力，自應歸入版圖，以廣聲教。」〔註111〕

不僅如此，清政府還對從其它地方越界遷來此開墾土地的平埔族同樣採取寬容的政策。嘉慶九年，彰化縣平埔族群首領潘賢文、大乳汗毛格因犯法，懼捕，而率領由岸里、阿里史、阿束、東螺、北投、大甲、吞霄、馬賽等社組成平埔族群一千餘人的隊伍，翻越內山來到五圍，與當地漢族爭奪土地開墾權。〔註112〕幾年後，他們在羅東一帶開墾土地也達到二百餘甲。對這部分平埔族群，賽沖阿反對將他們驅逐回原居地，而是建議「設屯弁以資約束」加強管理，甚至主張以「番業番耕例不報升」減免其賦稅以示優恤。清政府後乾隆時代的民族政策較之前朝似有很大的變化，表現在，對待私自違禁越界開墾的漢族或少數民族均持較爲寬容的態度。

嘉慶十五年，蛤仔難三十六社平埔族群在頭人帶領下，主動請求歸附清

〔註108〕《福建通志臺灣府》第740～741頁，臺灣文獻叢刊第84種。
〔註109〕姚瑩：《東槎紀略》卷三，《噶瑪蘭入籍》第75頁，臺灣文獻叢刊第7種
〔註110〕《清仁宗實錄選》第171～172頁，臺灣文獻叢刊第187種。
〔註111〕賽沖阿：《奏報明查臺灣內山蛤仔爛番埔開墾情形》，載《國立故宮博物院清代宮中檔奏摺臺灣原住民史料》第500頁，臺灣省文獻委員會1998年。
〔註112〕姚瑩：《東槎紀略》卷三，《噶瑪蘭原始》第71頁，臺灣文獻叢刊第7種。

政府。如何安置好這部分平埔族群，清政府根據當地的實際，採取了與乾隆時代以前不同的政策，保護少數民族的利益。在對待邊遠山地族群「生番」上，清政府則是沿襲從前的「隔離」政策，設隘僚，置守衛，嚴加防範，避免漢族、平埔族群與之發生衝突，引發社會動亂。由此，我們不難看出，從康熙時代起，歷經雍正、乾隆時代，甚至到後乾隆時代近二百年的時間裡，清政府的臺灣民族政策是以平埔族群爲核心對象而實施的，兼及處理漢族與平埔族群、漢與「生番」、平埔族群與「生番」民族關係的處理。

　　吳沙進入宜蘭平原開墾之後，其開墾區域主要集中在蘭陽以北的地區，嘉慶十四年後，漢族移民開始越過蘭陽以南地區開墾，並驅趕早些時候佔據此地開墾的彰化縣平埔族群。到道光末年，蘭陽溪以南以羅東爲中心的地區迅速開墾起來。同治初年，漳浦人陳輝煌組織原些被驅趕的彰化縣阿束、東螺、北投、大甲、吞霄等社平埔族群向蘭陽溪以南近山地帶開墾，到同治末年，開墾之地達到今天的三星以東、大埔以西的廣大區域。至此，整個宜蘭平原基本得到開發。

　　漢族進入宜蘭平原開墾土地，如何保護處於弱勢地位的當地少數民族噶瑪蘭人，即過去常說的蛤仔難三十六社，是清政府必須要認眞解決的問題。爲此，清政府於嘉慶十七年實施一套不同於「番屯制」的土地政策，確保這部分平埔族群土地所有權不至因爲被漢族開墾升科而喪失。這一政策被稱爲「加留制」。所謂的「加留制」實際上「是清廷爲保障噶瑪蘭村社社生存空間與維生能力，所設計的族群土地策略。」〔註113〕具體內容是：

　　　　噶瑪蘭東、西勢社番，前皆不諳耕作，是以埔地聽漢人占墾。爾來與漢人相習日久，漸知耕種，惟番性愚，不知積蓄，恐荒埔分盡，地不加闢，將來社番生齒日繁，未免生計日絀。是以楊廷理原議，大社周圍加留餘埔二里，小社加留餘埔一里。茲據鎮道府議請，東勢幾穆撈等十七社，命通事土目，將社番自耕田園栽樹爲內界，不許漢人購耕，其加留餘埔一里、二里之外，亦栽樹爲外界，准購給漢人開墾，呈官立案，按年完納番租，免其升科。其西勢哆囉美遠等二十社，群處沿海一帶沙侖之上。西勢番埔久爲民人開墾，不

〔註113〕詹素娟：《有加有留——清代噶瑪蘭的族群土地政策》。載詹素娟、潘英海主編：《平埔族與臺灣歷史文化論文集》第113～138頁，中央研究院臺灣史籌備處，2001年。

> 　能再留餘埔。應將現在沙俞餘埔，自烏石港口起，至東勢界止，約
>
> 　長三十餘里，寬一、二里不等，永為西勢番業，不許民人過溪越墾。
>
> 　如番社人少，情願贌給民人開墾，亦照東勢之例，呈官立案，完納
>
> 　番租，免其報升。庶東西番社，各安其業，日久相安。〔註114〕

為切實保護這部分平埔族群的土地所有權，清政府還特地將上述土地保護措
施列入《清會典》中，規定：「噶瑪蘭歸化社番留給餘埔三十餘里，以資生
計；栽樹為界，毋許漢人侵越。如情願贌給漢人耕佃取租，聽其自便。每屆
三十年，清釐一次。如有奸民欺占或贌耕之後久假不歸，地方官隨時懲辦。」
〔註115〕

　　由上述內容可知，「加留制」實際上分為兩個部分內容。蘭陽溪以北地區
（當時稱為「西勢」），因為開發最早，所留空地即餘埔不多，實行的是「加
留沙埔」。所謂的「加留沙埔」就是在靠近沿海沙地劃出一片土地指定由當地
少數民族開墾種植，以解決他們的生計問題。考慮他們的耕作技術水平有限，
只要報官備案，清政府認可他們招募漢族入墾自己收取地租作為生活來源。
道光元年，通判姚瑩會同社丁、通事勘定西勢加留沙埔土地，「實存沙埔四百
九十五甲七分零二毫八絲。西勢大小二十社，統計番丁二千二百七十七丁口，
按丁分配，每丁得地二分一釐七毫七絲。實明界址，分交各土目收掌，並繪
造冊詳司，其制乃定」〔註116〕；蘭陽溪以南（當時稱為「東勢」）因為開發較
晚，尚留有部分空地，而實行「加留餘埔」。所謂的「加留餘埔」則是以各村
社為中心，政府在各村社附近以大社周邊二里，小社周邊一里為標準，劃定
一片土地作為當地少數民族生活來源。這部分土地由政府出面招募漢族為其
開墾耕種，以免報升科為條件，只需以每甲四石的標準向少數民族交租即可。
「共丈得地一千二百五十五甲二分，自（嘉慶）十五年至二十一、二、三年，
次第墾成造冊，詳定其制。」〔註117〕

　　顯而易見，清政府在宜蘭平原地區所實施的「加留制」，其目的就在於，
通過政府行政手段強制劃定一定的區域作為新歸附蛤仔難三十六社平埔族群
的保護地，以解決他們的生計問題。這一政策的出臺是在漢族移墾該地已是

　〔註114〕姚瑩：《東槎紀略》卷三，《西勢社番》第79頁，臺灣文獻叢刊第7種。
　〔註115〕《清會典臺灣事例》第40頁，臺灣文獻叢刊226種。
　〔註116〕姚瑩：《東槎紀略》卷三，《西勢社番》第80頁，臺灣文獻叢刊第7種。
　〔註117〕姚瑩：《東槎紀略》卷三，《東勢社番》第80頁，臺灣文獻叢刊第7種。

既成事實清政府在不便驅逐漢人和彰化「流番」的情況下，而實施旨在保護當地少數民族生計來源的措施。這一政策與康、雍、乾三朝在臺灣西部平原所實施的政策明顯不同。宜蘭地區的「有加有留」製成爲清代臺灣民族政策的一個重要組成部分，也是清代臺灣民族政策的重要個案之一。

今天的日月潭

3. 埔里盆地的初步開發

後乾隆時代，在人口壓力和土地開墾資源越來越匱乏的情況下，位於臺灣中部嘉義縣東部山區的埔里盆地，因爲土地肥沃，地勢平坦，逐漸被納入人們的視野，並演變成爲漢族與少數民族爭奪土地開墾權的熱點地區。隨之而來，埔里盆地原來相對平靜的民族關係也增加了新的變數。在埔里盆地的開發過程中，這一地區民族關係相對複雜，既有漢族與當地少數民族的衝突與交流，也有平埔族與山地族群之間的衝突與交流。埔里盆地的民族關係演變發展，成爲後乾隆時代臺灣民族關係的重要內容之一。

今天的水里

　　提到埔里，我們不得不提到「水沙連」。在乾隆以前，清代文獻都把臺灣中部埔里盆地統稱為「水沙連」。水沙連原是當地少數民族邵族一個社名，因早在康熙三十二年水沙連思麻丹社就已歸附清政府而為外人所知。〔註118〕所以在很長一段時期裡，水沙連一直是埔里盆地廣大地域的代名詞。「埔里」一名最早見於乾隆初年，地處水沙連內山，為「歸化生番」。〔註119〕因埔里一向被清政府劃為「生番」界，加上大山的阻隔，埔里盆地雖因土肥地平，適於開墾，但開發的時間與西部地區相比要晚得多，直到嘉慶末年、道光年間才得到大規模的開發，這比宜蘭平原地區的開發要晚幾十年。埔里盆地開發之前，當地的少數民族主要有水沙連的邵族以及周邊的山地族群「眉番」（泰雅族）和「埔番」（布農族）等。邵族因較早歸附清政府，加之雍正初年因抗拒官府而被鎮壓，故在文獻史料中，邵族多被稱為「化番」或「熟番」，與其周

〔註118〕高拱乾：《臺灣府志》卷二，《規制志》第38頁，臺灣文獻叢刊第65種。
〔註119〕劉良璧：《重修福建臺灣府志》卷五，《城池篇》第82頁，臺灣文獻叢刊第74種。

邊的被稱爲「生番」的「眉番」和「埔番」不同。

　　埔里地區的開發最早可以溯到實施的「番屯」制乾隆末年。在清政府鎮壓林爽文起義期間，當地少數民族因協助清政府圍剿義軍餘部，並捕捉到林爽文的家屬而得到清政府的賞賜。實施「番屯」時，清政府招募當地「番丁」九十名參與守衛「番界」，並劃撥附近娘仔坑九十甲的荒埔作爲這部分屯丁的生活來源，從而拉開了埔里盆地開發的序幕。「番屯」實施之初，埔里開墾的土地大約有二百餘甲，其中「番自耕田亦百餘甲，未墾荒埔無數。」〔註120〕

　　到嘉慶十九年，水沙連隘丁首黃林旺勾結漢人陳大用、郭百年圖謀開墾埔里。他們假冒已故通事之名，以當地少數民族「積欠番餉，番食無資」爲由，騙得官府墾照，「遂擁眾入山，先於水沙連界外社仔墾番埔三百餘甲。由社仔侵入水里社，再墾四百餘甲。復侵入沈鹿，築土圍，墾五百餘甲。」郭百年等人的大肆侵墾，激起當地少數民族的反對，並與之對峙。後郭百年以向少數民族索取鹿茸爲停止開墾條件，使用調虎離山之計，誆騙少數民族青壯年上山打鹿，乘機進入少數民族村社焚殺擄掠，搶得耕牛數百頭，未經馴化野牛數千頭，糧食數百石，器物無數。甚至挖掘其祖墳百餘座，每座墳塋掘得槍刀各一。繼而佔據少數民族村社，修築土圍十三，木城一。當地少數民族流離失所，不得不遷到依眉社、赤崁居住。釀成清代以來最嚴重的一次漢族侵害少數民族利益的惡性事件，史稱「郭百年事件」。

　　嘉慶二十二年，臺灣地方官員查辦此案，給郭百年以枷杖的處罰外，將其私建的土城盡行撤除，並所有漢人驅逐出埔里。外遷的少數民族遂遷回原居地。同時，在集集、烏溪兩地各立禁碑，以示警戒。〔註121〕郭百年事件發生後，當地少數民族受到很大的打擊，從此走向衰敗。爲避免再次受到侵害，有的人想到與西部平埔族群聯合開墾，共同防範漢族的侵耕。從而引發了嘉慶、道光年間，臺灣開發史上西部平埔族群（史稱「流番」）大規模入墾埔里盆地的歷史事件。在此後很長的一段時間內，西部平埔族群取代漢族入墾埔里盆地，成爲開墾埔里盆地的主力軍，也構成了臺灣開發史上以平埔族群爲主角的一個特例。〔註122〕

〔註120〕姚瑩：《東槎紀略》卷一，《埔里社紀略》第34頁，臺灣文獻叢刊第7種。
〔註121〕事見姚瑩：《東槎紀略》卷一，《埔里社紀略》第35頁，臺灣文獻叢刊第7種。
〔註122〕鍾幼蘭：《平埔族群與埔里盆地——關於開發問題的探討》，載劉益昌、潘英
　　　　海主編：《平埔族群的區域研究論文集》，臺灣文獻委員會，1998年。

布農部落（原住民生活體驗園）

　　至遲到道光三年，臺灣西部地區平埔族群最終成功違禁入墾埔里盆地。臺灣學者劉枝萬收集到的《思保會招派永耕字》及《公議同立合約字》〔註123〕等文獻研究平埔族群入墾埔里盆地最重要的史料。由此可以窺見邵族招墾原因、過程。現摘錄如下：

> 　　立思保全招派開墾永耕字。蛤美蘭社番土目、阿密社主大舌、耆番老說、番大雅安至萬、小雅安抵肉、小老說眉注仔等。緣因前年郭百年侵入開墾，爭占埔地，殺害社番，死已過半。未幾，再遭北來凶番窺我社，慘微少番丁，遂生欺凌擾害，難以安居。阿密大舌等正在思慮保全，幸有思貓丹社番親來社相商，云及前日間上山捕鹿，偶遇該親打里折，亦入山捕鹿。相會敘出情因，言及在外被漢奸勒占，棲身無地，大慘難言。

> 　　阿密大舌以及思貓丹社番親等思，木有本、水有源，自我祖上

───────────────

〔註123〕劉枝萬：《南投縣志稿》，《南投縣文獻叢輯》（6），南投縣文獻委員會，1978 年。

以來，原與打里折一脈相生，同氣連枝，爲昔日國勝攻臺疆，以致
我祖兄弟奔迚星散，分居內外山之所，聞此大慘不得不爲之悲哉。
是故輾轉尋思，而今此本社地廣番少，屢被北番擾害，慮之壯丁共
守此土，如得該親打里折來社同居墾，一則可以相助抗拒凶番；二
則平埔打里折有長久棲身之處。所謂一舉兩得而無虞矣。是以阿密
大舌率全眾子短等立即央託思貓丹社番土目毛蛤肉郎觀，並伊嘗番
棹肉加達等前去招募平埔打里折入社。通行踐土會盟，通和社務。
使諸凶番以及漢奸不致如前侵界，得以保全安居，散而復聚矣。

　　茲阿密大舌全我眾子侹等相商，情願踏出管內埔地壹所，坐落
福鼎金。東至車路橫溝界，西至溪界南至山腳界，北至番社溝界，
四至界址踏明，即付平埔打里折均分，開墾成田耕種，並帶泉水灌
溉充足永耕以慰後望，聊充日食之需。如其將來有你等打里折尚惠
然肯來扶社，有得番丁昌盛者，密與舌等另再踏出埔地，與你等開
墾管耕，決無異志。而平埔打里折北投社羅打朗宜帽八，萬斗六社
田成發，李加納，岸西、阿里史社潘禮阿四、老六萬，南北大肚社
郭球愛著武澤眾，打里折等念及親派之情，備來許多禮物奉送，朱
吱馬掛壹佰領，犁頭□伍拾付，棉被壹佰領，銅鼎佰口，烏布貳佰
疋，斧頭壹佰支，柴刀伍拾支，其餘對象難以一筆登約，略值價銀
壹仟餘員。禮物即日全中收入足訖。其所有踏出福鼎金埔地壹所。
永付與平埔打里折掌管墾耕，永爲己業。密舌等世代子孫不得管回，
生端滋事，保此打里折係是密舌全我眾子侹等甘願招來同居墾耕，
子子孫永無反悔。口恐無憑，立思保全招派開墾永耕字□紙壹樣，
付與平埔打里折永遠收執爲照。即日同中收過平埔打里折奉送禮
物，折值價銀壹仟餘員完足。再照。

　　　　　　　　　　　　　　　　　　　　　（簽名略）

　　　　　　　　　　　　　　　　道光肆年貳月日

從上文所引的《思保會招派永耕字》所透露的信息我們不難看出，自郭百年
事件後，埔里盆地的邵族原來的生存環境被打破，生存條件每況愈下，爲尋
求保護，不得不主動招引西部平埔族群進入埔里盆地開墾。可見，邵族招墾
的主觀動機主要就是防範漢族的侵耕以及「凶番」（泰雅族）的襲擾。但招墾
的方式具有明顯的贌耕性質，即以打里折社爲首的平埔族群，除有保護當地

諸羅縣「熟番」採檳榔

資料來源：乾隆六十七《番社采風圖》

邵族安全的義務外，還需要支付相當於 1000 銀元價值的物品，方可取得開墾權。這種交易方式，得到雙方的認可，與幾年前陳大用、郭百年等人騙取官方墾照強行入墾性質完全不同。對平埔族群入墾埔里盆地的行爲，清政府雖一再強調禁墾，但收效甚微，埔里盆地開發步伐驟然加快。

埔里盆地的開發，與此前臺灣其它地方的開發，最大的不同是開墾的主角不是漢族而是西部平埔族群中的洪雅、巴布拉、巴則海、道卡斯和貓霧揀這五個族群。由此看出當時臺灣民族關係有了新的變化。首先是以陳大用、郭百年爲首的漢族，使用騙取墾照和非和平手段，侵墾埔里盆地的行爲，不僅爲官府所不許，更爲當地少數民族所不容。同時也傷害了當地

少數民族的感情，疏遠漢族與邵族之間的關係。其次是隨著臺灣西部地區
土地開發接近尾聲，地處偏僻內山的埔里盆地，逐漸成爲開墾的目標。埔
里盆地的邵族在漢族和內山「凶番」雙重壓力下，選擇與西部平埔族群的
合作以達到自保的目的。對於西進入退的平埔族群來說，一方面是原居地
（原鄉）土地開墾怠盡，尋求新的生存空間是出路之一；另一方面也說明，
到此時平埔族群因爲長期與漢族相處，土地意識明顯增強，在漢文化特別
是漢族精耕細作農業文化的影響下，他們已掌握了這種先進的生產方式，
並摸仿漢族甚至不惜違禁越界開墾「生番」地。這是平埔族群能夠成功入
墾埔里盆地的原因之一。

　　總之，在各自經濟利益、族群利益的共同驅使下，尚有大片荒地的埔里
盆地成爲各民族特別是臺灣少數民族爭相前往開墾的絕佳場所。埔里由此成
爲十九世紀初臺灣眾多族群登臺表演的大舞臺，這也是當時臺灣民族關係的
重要內容之一。

　　對西部平埔族群入墾埔里盆地，地方官員的態度又是什麼？從有關資料
看，地方官員對待平埔族群態度跟對待漢族的態度截然不同。對漢族，自郭
百年事件之後，嚴禁漢族進入埔里開墾一直持續到光緒年間實施「開山撫番」
爲止；對待平埔族群表面嚴加禁止，實則仍是聽之任之。這實質上也是清政
府歷來對待平埔族群「以撫爲主」政策導向的重要表現。道光三年九月，鹿
港同知鄧傳安親歷埔里地區巡查，除所見因郭百年事件漢族撤走，土地荒蕪
的景象外，對已經應招入墾的「熟番」持默許的態度，認爲「此次越入之熟
番，實緣生番招來，異乎當日漢民之強佔者。」「逆料熟番之開墾，將來必無
成功，不必如往歲實力驅逐。」〔註124〕鄧傳安還指出，平埔族群因開墾能力
水平有限，埔里盆地的開墾勢難成大氣。爲此，他甚至提出仿照噶瑪蘭之例
解禁埔里的主張。

　　但對於埔里開墾的解禁問題，清政府態度十分明確，那就是堅決不能解
禁。道光四年，閩浙總督越慎軫上奏《請嚴禁民人私墾生番境內地畝》一折，
得到清廷認可。道光諭曰：「福建臺灣彰化縣所轄水里、埔里兩社係在生番界
內，向以堆築土牛爲限，民人樵採例禁侵越；近年以來，該處生番因不諳耕
作，將熟番招入開墾。據該督等查明，該熟番與漢民交契、結姻者頗多，恐
漢奸私入，溷雜難稽。或因生番懦弱，逞強欺占；該生番野性未訓，必致爭

〔註124〕鄧傳安：《蠡測彙抄・水沙連紀程》第 7 頁，臺灣文獻叢刊第 9 種。

鬥肇釁，釀成巨案，不可不嚴行飭禁。現在農事已畢，著即飭令各社屯弁及
通、土等查明越入各熟番，概行招回，不准逗留在內；以後，也不許再有潛
往。如敢抗違，該廳、縣等立即會營拏究。並著集集埔、內木柵二處隘口設

臺灣縣「熟番」耕種圖

資料來源：乾隆六十七《番社采風圖》

立專訊，即飭北路協副將於彰化營內就近移撥弁兵，實力防堵，毋許番民擅自
出入，鹿港同知、彰化縣每年分上下兩班輪往巡查一次，……並責成臺灣鎭會
同該道、府嚴行查察，……倘該廳、縣視爲具文，督查不力，也即據實參奏，
交部議處。該處開墾一事，嗣後不必開端，永當禁止。」〔註125〕道光五年，同

〔註125〕《清會典臺灣事例》第 147～148 頁，臺灣文獻叢刊第 226 種。

知鄧傳安與彰化縣知縣、北路協副將一同刻立「奉旨永禁開墾，如違拿究」字樣禁碑於集集訊弁口處〔註126〕，以示禁止。埔里開墾解禁之議又被擱置。

　　道光二十五年，北路理番同知史密與北路協副將葉長春依例進入埔里巡察，「埔里、水里、眉里、田頭、審鹿、貓蘭等六社生番老幼迎道左，且投誠獻地，籲請內附，求官經理。」史密「憫其窮困，察其獻地情意真摯，乃遍歷各社，具得其嗷嗷待哺狀」。〔註127〕史密遂寫成《籌辦番地議》一文上報，力陳開墾埔里盆地。他認為臺灣所有「熟番」均由「生番」歸化而來，當地「生番」因窮困，要求歸附，哪有不予接納之理？且該地「生番」民風淳樸，一經剃髮絕無反覆。相反，拒絕其請，恐有後患。「當日之禁生番之求，逆乎番意，有事無事全視乎番；所謂番情難測，後患滋多者，應即移用在此。自古傾心內附，無不撫收安置。」〔註128〕史密的建議得到閩浙總督劉韻珂的認同，劉韻珂隨後向清廷上《臺灣生番獻地輸誠請歸官開墾》奏摺，也力主開墾埔里盆地，結果清廷以「恐有漢奸懷詐挾私潛為勾引。一經收納，利之所在，百弊叢生，有非預料所能及者。」要求劉韻珂於次年渡臺實地考察後，再據實奏明是否可開。〔註129〕次年八月，劉韻珂援例巡查臺灣，由同知史密、曹士桂等人培同，專程赴埔里考察，隨後向清廷上《奏報履勘水沙連六社番地體察各社番情折》，奏明實地勘察埔里六社情形，再次請求接受當地六社「生番」歸附，開墾埔里盆地土地。劉韻珂請開埔里的理由主要有：一、官府雖嚴加禁止，但仍是禁不勝禁，以至有私墾平埔族群二千人之多，如盡行驅逐，「既無本社可歸，又無田廬可家，飢寒交迫，勢必致流而為匪」。不如解禁，加以管理；二、埔里土美地肥，計有可墾之地多至一萬二、三千甲，開墾可富國裕民，一舉兩得。三、當地少數民族招平埔族群入山開墾，實為生活所迫。請求歸附政府，實為民心所向。「斷不致口是心非，縱使譎變無常。」最後，劉韻珂建議埔里「仍援淡水、噶瑪蘭改土為流之例，一體開墾，設官撫治。」〔註130〕十月，道光著大學士軍機大臣會同該部議。十二月戶部回覆，

〔註126〕曹士桂：《宦海日記校注》第169頁，雲南人民出版社，1988年。

〔註127〕曹士桂：《宦海日記校注》第200頁，雲南人民出版社，1988年。

〔註128〕史密：《籌辦番地議》，載丁曰鍵：《治臺必告錄》卷三，第252～258頁，臺灣文獻叢刊第17種。

〔註129〕丁曰鍵：《治臺必告錄》卷三，第226頁，臺灣文獻叢刊第17種。

〔註130〕劉韻珂：《奏報履勘水沙連六社番地體察各社番情折》，載《國立故宮博物院清代宮中檔奏摺臺灣原住民史料》第531～540頁，臺灣省文獻委員會1998年。

以埔里開墾解禁之後，「惟利之所在，日久弊生。況生番、熟番合壤而居，不能不與漢民交易；倘日後官吏控馭偶或失宜，即易激生事端……。自應恪遵舊章，永昭法守」為由，拒絕了劉韻珂的建議。〔註131〕埔里盆地解禁開墾之議又告一段落。

　　從埔里盆地屢遭禁墾的史實，我們不難看出，直至道光末年，清政府消極的治臺政策並沒有多大改變。清政府無視由埔里開發而引起的當地民族關係新的變化，非但沒有順應民心設法積極加以引導治理，保護日益窮困的當地少數民族的利益，而是多次拒絕當地少數民族歸附的請求。這種做法與雍正時代積極主動招撫少數民族的政策形成鮮明對比，顯得更加保守。更有甚者，對地方官員一再要求在埔里地區設治，積極開發本地區土地資源的合理建議，採取置若罔聞的漠視態度，一再加以否決。清政府的這些做法是實屬無能的表現，令人遺憾。由此我們得出結論，後乾隆時代，因為內憂外患的困擾，清政府已無暇顧及臺灣民族問題及土地開發問題，較之雍正、乾隆時代，清政府的臺灣民族政策已無作為可言，甚至可以說是一種歷史倒退。

　　特別耐人尋味的是，同屬「生番」地，在宜蘭和埔里開發上，清政府態度截然不同。宜蘭的開發得到清政府的認可支持，除吳沙協助清政府圍剿林爽文有功的原因外，另一個重要原因是，宜蘭的少數民族很早就與漢族、甚至西班牙殖民者有交流，對農耕文化有更多的包容，故有的史籍將當地少數民族稱為「化番」。因而在土地開發上，漢族勢力遇到的阻力要小得多，進展也順利得多。除此而外，還有一個重要原因跟宜蘭所處臺灣東北沿海交通要道的地理位置有關。早在明末，宜蘭地方就被西班牙殖民者侵佔，以後又有一些反清勢力涉足，特別是嘉慶年間的蔡牽起義，鞭長莫及的臺灣宜蘭成為蔡牽重要的停靠地。鎮壓蔡牽之後，清政府順勢即在此設置噶瑪蘭廳，加強地方管理，防止宜蘭地方再次變成反清勢力的「大後方」。相形之下，清政府對埔里開發顯得保守消極得多，很不順利，甚至可用一波三折來形容。究其原因，埔里地處偏僻深山，交通不便，「生番」聚居，民風彪悍，只有內患之憂，而無「外患」之虞。故對埔里的開發，清政府更願意採取多一事不如少一事消極態度來對待。從宜蘭與埔里開發態度的差別上，我們不難看出，清政府在政策實施上，仍然是消極被動，因事而行，並未實施積極主動的治臺政策。

〔註131〕丁曰鍵：《治臺必告錄》卷三，第 227 頁，臺灣文獻叢刊第 17 種。

第三章　牡丹社事件後清政府民族政策的轉變

第一節　牡丹社事件及其影響

1. 牡丹社事件的前前後後

　　雖然總的來說，清政府從康熙時代起到道光末年消極治臺政策從未有根本性的改變，但對其政策作微調的現象還是時有發生的，特別每當重大歷史事件的發生的時候更是如此。清政府的臺灣民族政策也不例外。朱一貴起義的發生，清政府決定加強「漢番隔離」政策，劃定「番界」成為其重要內容，並一直推行到光緒初年的「開山撫番」止，前後持續近一個半世紀。林爽文起義之後，清政府實施「番屯制」，試圖通過劃撥「養贍埔地」的形式，招募少數民族擔任屯丁戍守「番隘」，維護臺灣社會的穩定。蔡牽起義時，鑒於義軍曾兩度試圖攻佔臺灣東北部的噶瑪蘭，清政府出於保衛臺灣地方安全的目的出發，順水推舟認可吳沙為首的漢族私自入墾宜蘭平原事實，並在頭圍增設噶瑪蘭廳。此舉實際上是對過去「番界」政策的突破，將統治版圖延伸擴大到「生番」界內。

　　從上述事例不難看出，清政府第一階段（1683～1874 年）的臺灣民族政策總是在不斷微調，但這並不能掩蓋清政府這一階段民族政策的消極保守的特性，因為這些政策的調整都屬於被動性質的，都是在重大事件發生之後，以採取補救措施的方式進行的，很有「亡羊補牢」的味道。在清政府看來，

臺灣社會的穩定，以及清政府在臺灣統治的長治久安是第一位的，故其民族政策也都是爲維護臺灣社會穩定，維護其統治地位服務的，具有明顯的消極保守色彩。加之其政策核心內容是「漢番隔離」、「生熟番有別」，不僅會增加民族隔閡，也造成了臺灣各個民族間社會經濟發展的不平衡。特別地處界外的山地族群，因爲「番界」隔離，長期與世隔絕，多處「化外」而與中央王朝關係疏遠，這不僅使得山地族群社會經濟發展水平嚴重滯後，而且給臺灣地區的海防安全留下了極大的後患。

牡丹社事件古戰場遺址

　　這一後患終於在同治末年隨著牡丹社事件的發生而暴露出來。牡丹社事件發生後，日本人以臺灣後山「番界」外的山地族群居住之地不歸清政府管轄，屬「無主之地」爲由，大舉進兵臺灣。此事引起大清朝野一片震動，迫使清政府不得不重新檢討其治臺政策的利弊得失，其中也包括其民族政策在內。鑒於牡丹社事件的深刻教訓，清政府態度發生巨大的改變，來了一個一百八十度的大轉彎，一改過去實行一百九十年的消極治臺政策，轉而實施積極主動的政策。具體在民族政策方面就是決定實施「開山撫番」，將過去一直被隔離在所謂「番界」外的山地族群納入全面招撫的對象。此後，清政府臺灣民族政策的重點也改爲針對山地族群，而非過去的平埔族群。然而，因爲國際形勢逼人，清政府的「開山撫番」具有明顯的急功近利色彩，由此也產生了許多嚴重的負面影響，給山地族群帶來一定的傷害，但與維護和加強國家海防安全所得相比，「開山撫番」政策仍是得大於失的，值得肯定。

　　十九世紀中葉，西方發達的資本主義開始將侵略的矛頭指向中國。1840年中英鴉片戰爭爆發，清政府戰敗，被迫簽訂不平等的條約。中國從此淪爲半殖民地、半封建社會。臺灣因爲地理環境的原因，首當其衝，深受其害，在中國近代史上扮演著重要的角色。「牡丹社事件」發生之前，地處海防前沿要衝的臺灣就已成爲西方列強覬覦入侵的目標，多次飽受西方列強的侵擾。

　　早在鴉片戰爭初期的 1841 年，英國艦隊就曾企圖侵略臺灣北部的基隆港，後被臺灣兵備道姚瑩率領清兵擊退。隨後，道光諭令臺灣地方官員加強戒備，以防英軍捲土重來。果然，次年春，英艦再次進犯大安港，同樣被臺灣守軍擊退。

　　1847 年英軍艦隊在少校戈登的率領下，侵入雞籠並勘察當地的煤炭資源。後來美國人又步其後塵，對基隆的煤礦資源進行掠奪。

　　1858 年，清政府在第二次鴉片戰爭中再次戰敗，被迫與英國、美國、法國和俄國分別簽訂不平等條約，即人們常說的《天津條約》。其中中英《天津條約》規定將臺灣安平（臺南）和淡水港納入開放口岸。後來又增加雞籠（基隆）和高雄兩個口岸。臺灣從此與中國大陸一樣淪爲半殖民地、半封建社會，影響深遠。

　　1867 年，一艘美國商船因觸礁失事，十四名船員漂流到南臺灣的琅𤩝（今恒春）後，有十三名船員被當地少數民族排灣族所殺。這一事件史稱「羅佛號事件」。事後，美國藉口報仇爲名，於當年 6 月派遣海軍軍官貝爾率艦隊武

裝進犯臺灣，但被排灣族所擊敗。因爲當時美國還受海軍力量及其它多方面
條件的限制，無力再對臺灣發動武裝侵略，只得私下與排灣族頭卓杞篤和談
不了了之。此後，以李仙得爲代表的美國人轉而採取慫恿和支持日本侵略臺
的辦法，企圖借手日本實現其侵略臺灣的目的。

1868 年英國艦隊再次進犯安平港。英、德商人還藉口侵入臺灣東北部的
大南澳開墾土地。

毫無疑問，自鴉片戰爭以後，臺灣形勢急轉直下，在國家利益高於一切的
情況下，清政府與西方列強之間的衝突與抗爭，成爲中國各種矛盾中的首要矛
盾。相形之下，原來臺灣島內的民族關係，以及由此產生的各種矛盾，已降爲
次要地位，而不太引人注目了，此後，清政府治臺政策（包括民族政策）發生
重大轉變。從上述時代背景分析，促成清政府治臺政策的改變的動力主要來自
國外侵略勢力的威脅，而過去清政府所作的政策微調，其動力主要來自國內階
級矛盾或社會矛盾，兩者有本質的不同。但有一點卻是相同的，那就是清政府
政策不論是微調還是重大的改變都是在不得已的情況下實施的。

1871 年底，一艘上貢清政府返航的琉球國船隻在臺灣海峽遭遇暴風雨失
事，漂流到臺灣東南部的海岸，66 名船上人員得以上岸，後因誤入「番社」，
有 54 人被當地牡丹、高士佛兩社排灣族所殺害，12 人逃脫獲救前往臺南，後
被清政府遣送回琉球國。事件發生後，日本人以琉球國保護國的名義向清政府
提出交涉。同時以懲治臺灣「凶番」爲藉口，積極策劃出兵臺灣。1873 年日本
一方面派出陸軍少校樺山資杞偷偷潛往臺灣各地偵察情報，繪製地圖等，另一
方面派出副島種臣爲首的外交使節到北京以琉球國保護國的身份向清政府問
罪。清政府以「生番」之地向不爲王法所管爲由推託。清政府的這種推託之辭，
向爲學者們詬病。其實，我們從整個清朝歷史特別是乾隆、雍正年間所謂「番
害」的發生後，清政府的態度和處理方法看，這種說法是有一定道理的，並非
推託。因爲在清政府看來，私越「生番」之地，就是觸犯「番界」禁令，不管
是中國人，還是外國人，被殺者咎由自取，都與政府無關。

日本的無理要求被清政府拒絕之後，日本人並不善罷甘休，並在美國人
李仙得的唆使之下，決定以琉球爲其「保護屬國」之名對臺出兵。1874 年 5
月 10 日，八艘滿載 3600 多日本軍人船隊在中將西鄉從道的率領下，從臺灣
南部的射僚登陸，正式入侵臺灣。日軍登陸之後，即對牡丹社、高士佛社排
灣族展開軍事報復行動，22 日侵臺日軍在石門遭到排灣族的頑強抵抗，雙方

發生激烈的戰鬥，牡丹社頭人阿祿父子被殺。這就是臺灣史上著名的「牡丹社事件」。石門之戰過後，日本人在當地站穩腳跟，並決定修建據點，圖謀長期霸佔臺灣。

　　日本軍隊侵入臺灣，雖未受到臺灣少數民族大規模的持續的抵抗，但其長期侵臺計劃也未得到順利實施。其中最重要的原因就是當時日本軍營內瘟疫流行，每天都有人病死，以致人心惶惶，進退維谷。據史料記載，到日本兵撤兵之時，除戰死的 12 人外，計有多達 550 餘人病歿，〔註1〕可謂損失慘重。與此同時，清政府不斷向臺灣調兵遣將積極備戰，同時飭令福建周邊各省調補兵餉、糧餉支持福建，以防不測。清政府的應急措施也讓日本人有所顧忌。經過多次交涉，以及英、法、美等國的從中斡旋，中日雙方最終並未正面爆發衝突，於當年 10 月底以簽訂《互換條約》（《北京專條》）方式和平解決此次爭端。根據條約規定，清政府賠償日本五十萬兩白銀，並承認其侵臺行爲是「保民義舉」，以此換來日本人的撤兵。牡丹社事件前後只持續了半年時間，但對清政府的治臺政策影響極其深遠。

2. 清政府臺灣民族政策的重大轉變

　　對日本人的侵臺行動，清政府反應是積極的，而不是人們常說的「全然不知」或無動於衷。早在日本軍艦於 1874 年春三月以「借地操兵」爲名停泊廈門港時，就引起清政府的高度重視，並要求地方官員密切注意其可能進而侵略臺灣的動向。「生番地方本係中國轄境，豈容日本窺伺！該處情形如何？必須詳細查看，妥籌布置，以期有備無患。」日本入侵臺灣後，清政府即以沈葆楨爲欽差大臣，令其親赴臺灣「著即體察情形，或諭以情理、或示以兵威，悉心酌度，妥速辦理」。〔註2〕沈葆楨在處理牡丹社事件的過程中，除不斷以奏摺形式報告事態進展情形外，他還從長計議，有遠見地向清政府提出許多有關治理臺灣的建設性意見。這些意見的根本內容就是要求清政府改變過去消極治臺政策，轉而實施積極主動的治臺政策。清政府採納了沈葆楨的建議，牡丹社事件因此成爲清政府近二百年來消極治臺政策發生重大轉變的轉折點。此後，「開山撫番」也成爲清政府第二階段臺灣民族政策的核心內容。

〔註 1〕 《征番紀勳》，羅大春：《臺灣海防並開山日記》附錄三，第 86 頁，臺灣文獻叢刊第 308 種。
〔註 2〕 《清穆宗實錄選輯》第 145～146 頁，臺灣文獻叢刊第 190 種。

　　清政府爲什麼會一反常態，改變臺灣推行近二百年的舊政策？根本的原因在於吸取日本人侵略臺灣的教訓。而且這一促成其政策改變的原因，與以往明顯不同。過去，臺灣島內發生的農民起義或其它「內亂」是其政策微調的決定性因素。清政府一向認爲，要避免內亂的發生，必須要從加強對臺灣島內的漢族以及「熟番」的管理上入手，而加強「番界」管理是最主要的措施。因爲通過加強「番界」的管理，就可以避免漢族或平埔族群與「生番」發生接觸而滋生事端。牡丹社事件發生後，清政府上下震動，因爲這次向清政府發難的不是臺灣島內的國人，而是外國日本人。對於日本，清政府當然不能再以過去對待國人那樣採取嚴加管製辦法來避免類似事件的發生。換言之，原來清政府所通行的做法，在日本人的面前行不通。要避免此類事件的發生，唯有從自己身上找原因。事實上，日本侵略臺灣事件的發生也深深地刺痛了清政府的神經。對清政府而言，一個歷來被視爲外藩島國的日本，竟敢在太歲頭上動土，企圖從自己手上拿走臺灣。此事雖經賠款之後得以和平解決，但通過作爲被侵略者給侵略者賠款方式解決問題，也讓清政府感到無地自容。在這種結果的刺激之下，清政府不得不決心改變自己原來的治臺政策以防類似事件再度發生。

　　1874 年後清政府臺灣政策的重大改變，欽差大臣沈葆楨起著決定性的作用。日本撤兵之後，清政府命令沈葆楨繼續留在臺灣處理善後事宜。「勿得以日兵已退，即形鬆懈。……日人詭譎性成，此次退兵，原不可恃；沈葆楨等惟當於此時力圖自強之策，以期未雨綢繆，庶幾有備無患。」〔註3〕爲此，沈葆楨悉心盡事，多次向清政府上疏，提出自己的主張。他認爲，要想避免類似日本人侵臺事件的再發生，必須要否定清政府過去的治臺政策，實施全新的積極主動的治臺政策。沈葆楨的建議得到清政府的批准，歸納起來，沈葆楨的治臺政策主要有五個方面的內容，分別是：1、實施「開山撫番」，將原來視爲化外之地的臺灣東部後山納入清政府行政統治版圖；2、加強臺灣海防建設，提高臺灣守軍的戰鬥力，隨時防禦外來的侵略；3、開辦學校，「教化」山地族群，使其儘快接受漢文化而成爲清政府的良民赤子；4、經濟上實施招墾政策，推動臺灣後山閒土曠地的開發；5、增設行政機構，對臺灣後山原來的化外之地實施有效的行政管理。〔註4〕

〔註 3〕　《清穆宗實錄選輯》第 170 頁，臺灣文獻叢刊第 190 種。
〔註 4〕　李雲飛：《沈葆楨治臺政策述論》，載《南京政治學院學報》2004 年第三期。

　　顯而易見，在沈葆楨一系列的治臺政策中，他把「開山撫番」看作是重中之重。因爲他明白，牡丹社事件的發生，直接的原因是清政府過去治臺政策存在漏洞，即過去實行「漢番隔離」政策，致使山地族群所在的廣大地方失去政府的有效管理而成化外之地，這給外國侵略提供了侵略臺灣的口實。因此，要避免類似事件再發生，就必須採取措施堵塞政策上的「漏洞」，把屬於「生番」地的廣大後山納入政府的有效統治之下。具體措施就是要實施「開山撫番」，而要實施「開山」，則要首先從法律上解決過去的各種禁令問題，「今欲開山不先招墾，則路雖通而仍塞；欲招墾不先開禁，則民裹足而不前。」〔註5〕爲此，沈葆楨專門上《臺地後山請開舊禁折》，請求清政府解除「禁止偷渡」、「禁止私入番境」、「禁止私帶貨物越界貿易」、「禁止漢番通婚」等舊禁。1874年清政府採納了沈葆楨的意見，以法律形式公佈其治臺政策新內容，公開否定過去近兩百年來的消極治臺政策，「福建臺灣全島自隸版圖以來，因後山各番社習俗異宜，曾禁內地民人渡臺及私入番境，以杜滋生事端。現經沈葆楨等將後山地面設法開闢，曠土亟須招墾；一切規制，自應因時變通。所有從前不准內地民人渡臺各例禁，著悉與開除；其販買鐵、竹兩項，著一律弛禁；以廣招徠。」〔註6〕同時他也認爲對付日本人，必須是「開山」與「撫番」並行，不可偏廢。「一面撫番，一面開路，以絕彼族覬覦之心，以消目前肘腋之患；固未遑爲經久之謀。」「夫務開山而不先撫番，則開山無從下手；欲撫番而不先開山，則撫番仍屬空談。」〔註7〕在沈葆楨的積極推動下，臺灣各項建設事業得有條不紊的開展，爲臺灣後來的近代化建設打下了基礎，使臺灣在「短短的近二十年時間內，由原來的邊陲小島一躍成爲全國最先進的省份之一。」〔註8〕「開山撫番」因此成爲清政府自牡丹社事件之後，治臺政策的代名詞，也成爲清政府第二階段臺灣民族政策的核心內容。此後臺灣面貌發生巨大的變化。

〔註5〕　沈葆楨：《臺地後山請開舊禁折》，載《福建臺灣奏摺》第12頁，臺灣文獻叢刊第29種。

〔註6〕　《清會典臺灣事例》第44頁，臺灣文獻叢刊第226種。

〔註7〕　沈葆楨：《請移駐巡撫折》，載《福建臺灣奏摺》第1、2頁，臺灣文獻叢刊第29種。

〔註8〕　李祖基：《論沈葆楨與清政府治臺政策的轉變——以大陸移民渡臺及理「番」政策爲中心》，載李祖基《臺灣歷史研究》，臺海出版社，2006年。

羅大春開路碑拓片

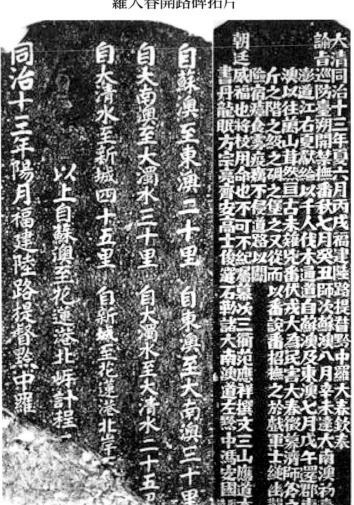

第二節 「開山撫番」

1. 沈葆楨的「開山撫番」

　　關於「開山撫番」的內容，沈葆楨自己也有明確的解釋。他認爲「開山」的內容主要包括：「曰屯兵衛、曰刊林木、曰焚草萊、曰通水道、曰定壤則、曰招墾戶、曰給牛種、曰立村堡、曰設隘碉、曰致工商、曰設官吏、曰建城郭、曰設郵驛、曰置廨署」。所謂的「撫番」：「則曰選土目、曰查番戶、曰定番業、曰通語言、曰禁仇殺、曰教耕稼、曰修道途、曰給茶鹽、曰易冠服、

日設番學、日變風俗」。〔註9〕總的來說，沈葆楨所說的「開山」，意在解除「番界」禁令，打破昔日的「番界」籬藩，開墾原來屬於「生番」界內的土地，設治置官，建設城池，勾通「生番」界與外界的聯繫，使全臺灣島所有「民番」之地連成一個整體，全部納入清政府中央政權的直接統治之下，讓過去屬於「甌脫」的臺灣後山變成「有主之地」。他所說的「撫番」，實際上就是招撫「番界」內的少數民族，通過一系列的教化政策，如設學校、變風俗、傳授耕作技術等，使其儘快融入到臺灣主流社會之中，與漢族、平埔族一樣成為清政府的天朝赤子。茲將「開山」和「撫番」實施情況分述如下。

　　雖然沈葆楨強調「開山」與「撫番」並舉，但相形之下，「開山」行動進展更為神速。這是當時由於日本侵臺形勢逼人的結果。從臺灣地理環境情況看，歷史上「生番」界之所以被視為「化外之地」，除清政府政權操縱的人為原因外，自然原因也不可忽視。因為臺灣中部從北到南綿延數百里為中央山脈所阻隔，山高林密，坡陡路險，外人很難輕易進入其中。再加上內山「生番」獵首習俗盛行，更被視為畏途。因此打破大山的阻隔，開拓可以通行的山路，將前山與後山聯接起來，不僅是臺灣今後長遠發展的需要，更是眼前可能與日本開戰的戰略需要。所以沈葆楨在入臺後不久，分別於1874年夏和次年初命令軍隊以南北中三路朝臺灣東部後山齊頭並進開闢道路。從時間上看，南北兩路的開山行動，正是沈葆楨與日本人周旋對峙最緊張的時候，其「示以兵威」的用意不言自明。

　　南路由海防同知袁聞柝率領，分為兩路進行。一路由袁聞柝親自率領，從鳳山縣的赤山開路經崑崙坳打通臺灣東南部的卑南，全長計一百七十五里；一路由總兵張其光率領，以射僚為起點開路，目標也是卑南，路程二百十四里。中路由總兵吳光亮率領，從彰化縣的林圯埔開始開路經鳳凰山、大侖溪穿過中央山脈，直通臺灣東部的璞石閣（今之玉里），全程二百六十五里。北路由提督羅大春率領，從噶瑪蘭的蘇澳開始，沿海岸線開路經新城直通奇萊（今之花蓮），全程共計二百零五里。〔註10〕

　　當時的開山修路，所遇到的困難是一般人所無法想像的。一方面的困難來自自然環境惡劣，山高坡陡，溝壑縱橫，水流湍急，再加上天氣炎熱，颱

〔註 9〕沈葆楨：《請移駐巡撫折》，載《福建臺灣奏摺》第 2 頁，臺灣文獻叢刊第 29
　　　　種。
〔註10〕連橫：《臺灣通史》卷十五，《撫墾志》第 445～446 頁，臺灣文獻叢刊第 128
　　　　種。

風暴雨頻繁，瘴癘肆虐，不少人因此病倒，甚至死亡，這些都嚴重影響工程
進展。另一方面困難來至「生番」的襲擾和獵首。開山修路過程中，不少將
士除死於疾病外，更多的是死於山地族群的獵首。爲保證修路大軍的生命安
全，開路大軍只得在修橋築路的同時，還要沿途修建碉堡炮樓，安排專人負
責安全保衛，實行步步爲營的辦法，以防止山地族群的偷襲。

　　具體在南路，1874 年農曆八月，袁聞柝率領軍士五百及民工三百人從赤
山起，入雙溪進內埔，九月修路越過崑崙坳，十月經諸也葛，到後山。其中
最艱險是地段是「自崑崙坳至諸也葛，計程不過數十里，而荒險異常：上崖
懸升，下壑督墜，山皆北向，日光不到，古木慘碧，陰風怒號，勇丁相顧失
色，不能不中途暫駐，以待後隊之來。」「諸也葛以下地略平坦，但榛蕪未翦，
焚萊伐木，頗費人功。」〔註11〕張其光所帶領的另一支開山隊伍則在內埔老
鴉石地方遭遇「生番」襲擊受阻。經過一番努力之後，南路修路大軍終於在
十一月開路抵達卑南。完成計劃。南路開路大軍爲開通此路付出沉重的代價，
袁聞柝本人也病倒請假回臺南府治調養。爲悼念死難者，後來袁聞柝專門修
建昭忠祠以作紀念。據連橫所收集到的資料，死於斯役的官員多達十人，分
別是「候補通判辦理營務處湯承，南路撫民理番同知余修梅，南路撫民理番
同知鄧原成，南路撫民理番同知歐陽駿，招撫委員陳昌言，幫帶海防屯兵參
將李得勝，代理臺東直隸州知州高垚，幫統後軍張吉祥，武功將軍豐炳南，
振威將軍劉得勝。」〔註12〕

　　中路原由臺灣道夏獻綸負責，後因其另有任用，安排南澳總兵吳光亮負
責。動工於 1875 年正月。中路開山大軍分別由林圮埔、社藔兩路出發，到大
坪頂後合爲一路，「進而大水窟，進而頂城，計共開路七千八百三十五丈有奇。
二月初七日，復由頂城開工，直抵鳳凰山麓；蹟半山、越平溪、經大坵田、
跨扒不坑等處而入茅埔，計又開路三千七百七十五丈有奇：兩處統計一萬一
千六百一十丈。凡建塘坊八所，沿途橋道、溝壑、木圍、宿站俱漸興修；分
派兵勇，自集集街起至社藔、大水窟、大坵田、茅埔、南仔腳、蔓東埔各要
隘已逐節配紮。」〔註13〕

〔註11〕 沈葆楨：《南北路開山並擬布置琅嶠旗後各情形折》，載《福建臺灣奏摺》第 5
　　　　頁，臺灣文獻叢刊第 29 種。
〔註12〕 連橫：《臺灣通史》卷三十三，《列傳五》第 915 頁，臺灣文獻叢刊第 128 種。
〔註13〕 沈葆楨：《北路中路開山情形折》，載《福建臺灣奏摺》第 34～35 頁，臺灣文
　　　　獻叢刊第 29 種。

　　相形之下，北路開路工程最爲艱巨。由福建陸路提督羅大春率領。動工的時間是 1784 年農曆七月，爲三路之中最先動工者。當時臺灣東北部的情況是，雖 1812 年清政府在噶瑪蘭置廳，但蘇澳以南直到花蓮、臺東一帶因爲高山大海阻隔，再加上泰雅族群獵首頻繁，鮮與外界聯繫，尚處未開發狀態。沈葆楨意識到這一片地區也正是臺灣北部海防的眞空地帶，必須加強海防。羅大春到達蘇澳後，即作安排部署，全身心投入「開山撫番」中，歷經三個月時間，一條「可輿、可馬」的沿海山路開通。該路北起蘇澳，經東澳、大南澳、大濁水、大清水、新城至奇萊爲止，共計二百餘里。

　　據羅大春本人開山日記記載，北路開山大軍的所遇到的困難更爲艱巨。這些困難既有來自修築山路所必然遇到的架橋闢山之艱巨，也有來自糧餉接繼不及、人手不足以及瘴癘肆虐的困擾，更有來自當地少數民族的阻撓襲擾等。在當時的技術條件下，修路所必經的大南澳溪、大濁水溪（今和平溪）和立霧溪非架橋跨越不可。因爲正值夏秋颱風季節，溪水漲落不定，也常常影響架橋施工的進度。至於大濁水至大小清水一帶的懸崖峭壁更是難以逾越的天險，「峭壁插雲，陡趾浸海，怒濤上擊，泫目驚心。軍行束馬捫壁，踏踏而過，尤深險絕。」「因阻於石壁，別無他徑可緣，……惟巉岏萬丈，下臨無際，開鑿之功，終恐難施。」因糧餉接濟不及，人力不足，甚至病魔的侵襲，也成爲當時開路的種種障礙。大陸運送糧餉、兵丁的接濟之船常常不能及時趕到，以至出現「彼則嗷嗷待哺，度日如年；此則日待濟師，急如星火。重洋遠隔，亦徒喚奈何而已」的嚴重局面。還有在修路過程中，當地少數民族的不斷襲擾，也給開路大軍構成嚴重的威脅，這也是羅大春時刻要面對的問題。特別是羅大春於光緒元年初移駐新城之後，當地的太魯閣族群更是接二連三對他們發動襲擊，「正月二十四、五、六；二月初五、六、七、八等日，太魯閣番競敢糾眾數百撲我新碉，弁勇一面力拒，一面興築。余親督炮隊馳援，番族傷亡頗多，始行敗竄，我勇陣亡者亦二十五人。」〔註14〕

　　蘇澳至奇萊之路打通之後，羅大春因病離臺，奇萊到秀姑巒的後續工程，由福建福寧總兵宋奎五（宋桂芳）承接繼之。此段路工程也相當艱巨，「花蓮港以南爲走秀姑巒之道，固木瓜番遊獵之場也。登高一望，平沙無垠，茅葦盈丈，人迹不到。……南北港道，闊及三十餘丈。欲造正河木橋，左近苦無

〔註14〕羅大春：《臺灣海防並開山日記》第 48～49 頁，臺灣文獻叢刊第 308 種。

巨材；因先建支河木橋一道。」〔註15〕

　　南北中三路開山工程的實施，是臺灣交通建設史上的一件大事。如果從臺灣民族政策發展史的角度上看，意義同樣深遠。因爲「開山」工程的實施，南北中三條道路的開通，打破了過去長期實行的「番界」封鎖，使得過去「漢番隔離」政策成爲歷史，從而改變了過去「生番」界內與世隔絕的封閉狀態，有利於促進臺灣前後山之間的交往與聯繫，促進臺灣各民族間的友好往來，對推動臺灣中部和東部邊遠偏僻落後山區土地的開發和提高當地少數民族社會政治經濟文化各方面發展水平都具有積極的意義。三路開山大軍的歷史功績，歷史學家連橫有過這樣的評價：「南北相通，東西可達，理番開墾爲之一進。是役，開路八百五十九里，爲時幾一載，而經費不過三萬餘圓，多借兵勇之力。然以山谷深峻，瘴癘披猖，生番剽殺，頗多損失。而乃臨危遇險，不屈不撓，困苦備償，奮邁前進，以闢此曠古未闢之道，可謂勞矣。」〔註16〕

　　「撫番」方面，在沈葆楨及其繼任者的共同領導下，「撫番」工作也得到有效的開展。如前所述，自康熙時代臺灣歸清起至牡丹社事件發生之前，清政府第一階段（1683～1874 年）的民族政策重點放在歸附的平埔族群上，即民族政策施政的主要對象歸附政府的平埔族群。清政府認爲平埔族群與漢族一樣「俱屬吾民」，對他們賴以的生存土地空間必須加以保護，以防處於優勢地位的漢族的不法侵害。由於歷史的原因，平埔族群的社會經濟文化發展水平與漢族相比處在弱勢力地位，特別是在精耕細作的定居農業生產技術方面最爲明顯。如果不加以重點保護，平埔族群就會因爲生產技術水平落後而無法從土地上獲取基本的生活來源，賴以生存的需要得不到保證，勢必會引起臺灣社會的動蕩與不安，這是清政府所不願意看到的。所以，在第一階段（1683～1874 年）民族政策中，「護番保產」特別是保護平埔族群的土地所有權是清政府民族政策保護平埔族利益的重要內容。而在對待山地族群方面，即所謂的「生番」，總的來說，清政府採取的是「聽之任之」，「井水不犯不河水」的政策。但是在雍正時代，這一政策有所微調，即清政府比較重視招撫山地族群，態度較爲積極。到乾隆時代，因爲更多擔心山地族群的「叛服無常」，清

〔註15〕沈葆楨：《北路中中載開山情形折》，載《福建臺灣奏摺》第 34 頁，臺灣文獻叢刊第 29 種。

〔註16〕連橫：《臺灣通史》卷十九，《郵傳志》第 519～520 頁，臺灣文獻叢刊第 128 種。

政府更傾向於不再主動招撫山地族群。到嘉慶時代，從清政府對埔里盆地一帶多少次要求歸附的少數民族多次加以拒絕看，態度更為消極。

1874 年牡丹社事件發生時，清政府這種漠視山地族群的消極態度，受到嚴峻挑戰。因為人為斷絕與山地族群的往來，使得這些地方失去政府行政上的有效管理，而成所謂的「化外」之地，這種管理上所造成的漏洞成為外國入侵臺灣的口實。且日本人果真藉此付諸行動侵入臺灣，讓清政府猛然驚醒過來，下決心一改過去的做法，轉而實施積極主動的民族政策，這就是我們通常所說的「開山撫番」。這一政策內容，與過去的政策有實質上的不同，主要表現在三個方面：一是政策實施的對象由平埔族群（「熟番」）轉向山地族群（「生番」）；二是在招撫「生番」方面，對主動歸附者持歡迎態度；對拒不歸附者，不惜使用武力方式迫使其就範歸附；三是對歸附的「生番」，規定其必須直接剃髮易服，並接受封建漢文化的教化。

從有關史料看，沈葆楨在臺主政期間，所開展的「撫番」是與「開山」同步進行的。其具體做法就是「恩威並用」，「剿撫兼施」。即對主動要求歸附的，歡迎；對拒不接受招撫的，或者是武力抗拒的，則大軍壓境，迫使其歸附。

清軍在開山過程中，不少山地族群在頭人及通事等的帶領下，主動走出村社，向清軍表示歸附。這對部分主動要求歸附的「生番」，清政府是來者不拒，且均慰以好言，施以物質獎勵，以示鼓勵。如南路「卑南番目牙等、陳安生等已自率番眾由本社循山闢路，出至崑崙坳相迎；其附近番社各繳倭旗多面，以示輸誠。八月初八日（1874 年），復有崑崙坳及內社番目率二百許人來袁營，請領開路器具，願為前驅；分別賞賚訖。」「臺南番社，次第就撫。（1875 年）五月以後，中心崙、媽梨也、阿栽米息、大籠藕、謝阿閣、龜仔籠藕等社番酋陸續向化者頗眾。」北路也有「淡水紳士李清琳以桶後六社生番歸化稟。次日，曾捷春復以淡水西潭底、下樓等社男女番四百餘人名籍來；餘以鞭長莫及，飭歸淡水廳受而遣之。」「當時即有成廣澳之番目、秀姑巒之通事來營乞撫。其中別有大吧籠社、嗎噠唵社，皆附近強番；節經設法招撫，番目等各率耆老、丁壯由通事引至新城歸化，各賞酒食而歸。」中路吳光亮也接接受埔里盆地「生番」的歸附，「又送到查撫水里、審鹿等三十九社名冊，計歸化番丁、番口凡七千二百九十二人。」〔註17〕

〔註17〕羅大春：《臺灣海防並開山日記》第 25～26、55、28 頁，臺灣文獻叢刊第 308 種。

　　而反抗者亦有之，其中以南部內外獅頭社尤烈。據沈葆楨奏摺透露，清軍在開山過程中受到內外獅頭社的襲擾不斷，「凶番晝則伏於莽中狙擊行人，夜則燎於山巔誘我出隊。軍民夫役零星行走者，往往爲所伺殺。」以致楓港、枋僚各處道路爲之不通。更有甚者，在他們的影響下，原來表示歸附的琅嶠各社「亦因之觀望而有異心」。〔註18〕清軍將領王開濬率兵前往圍剿，也被其所殺，同時被殺的還有守備周占魁、楊秀舉、千總楊占魁及勇丁九十三名。〔註19〕內外獅頭社的不斷襲擾，嚴重影響開山工作的正常進行。沈葆楨決定易撫爲剿，派淮軍提督唐定奎等率兵前往征討。

　　不過從有關史實看，清政府所實施的武力彈壓不僅是有限度的，而且是慎之又慎。準確地說，這一時期清政府的「撫番」政策是「剿撫結合，以撫爲主」，那種以「恩威並用」一概而論的說法是不準確的。清政府「剿撫結合，以撫爲主」的政策，我們從光緒帝及沈葆楨的有關表述中是不難體會到。對沈葆楨進剿內外獅頭社，光緒帝認爲除「亟宜示以兵威，俾知儆惕」外，更注意不要濫施武力，以安撫民心。「番社甚多，止須懲辦頑梗不服者一、二社，則諸社自當懾服輸誠。總期剿撫兼施，爲一勞永逸之計。統著該大臣等妥慎籌劃。」〔註20〕清軍攻破內外獅頭社之後，沈葆楨本人也認爲此次行動，「伏思曩奉撫番之命，以獅頭社之變，易撫爲剿，實出於萬不得已」，〔註21〕故特別強調，「其主謀助惡各社果能悔罪輸誠，縛獻渠魁，以彰國典，臣等何敢不仰體朝廷好生之德，寬其脅從。」〔註22〕光緒帝也認爲清剿的目的在於懲治爲首者，對脅從者，如能改過則當停止。「該番社經此次痛懲，果能悔罪輸誠、縛獻渠魁，自應寬其脅從；倘頑梗如前，不能不酌加懲辦。該大臣等當悉心籌劃，以期一勞永逸。」〔註23〕1877年冬，臺灣中部又有阿棉、烏漏兩社與官兵對抗，光緒帝同意相機剿辦的同時，仍主張謹慎行事，注意以撫爲主，「該番如果悔罪，仍准寬其既往，予以自新。一面安撫善良，俾資觀感；毋得鹵

〔註18〕沈葆楨：《商辦獅頭社番折》，載《福建臺灣奏摺》第27頁，臺灣文獻叢刊第29種。
〔註19〕羅大春：《臺灣海防並開山日記》第45頁，臺灣文獻叢刊第308種。
〔註20〕《清德宗實錄選輯》（一），第5頁，臺灣文獻叢刊第193種。
〔註21〕沈葆楨：《番社就撫布置情形折》，載《福建臺灣奏摺》第47頁，臺灣文獻叢刊第29種。
〔註22〕沈葆楨：《淮軍攻破內外獅頭社折》，載《福建臺灣奏摺》第43頁，臺灣文獻叢刊第29種。
〔註23〕《清德宗實錄選輯》（一），第9頁，臺灣文獻叢刊第193種。

莽從事，波及無辜。」〔註24〕等等，不一而足。這些事例均充分說明，清政府的「開山撫番」工作，並非是剿撫兩手都硬，實際上是「剿撫結合，以撫爲主」，使用武力均是萬不得已而爲之的。

不僅如此，從政策策略上講，清政府不僅強調「剿撫結合，以撫爲主」的原則，更注意對歸附後的「生番」作好善後安排，以確保「撫番」工作收到實效。

獅頭社經過此次進剿之後，起到的殺一儆百作用，不少「番社」、「番民」主動前來表示歸附。唐定奎乘機向他們宣傳清政府的「撫番」政策，並挑選頭人充當總頭目，代替政府管理少數民族內部事務，同時更改舊社名，在枋僚設置學校，令各社選送子弟三名前來就教，做好相關善後的安撫工作。「十二日，枋山民人有程古六者，帶至內龜紋社番目野艾、外龜紋社番目布阿里煙；又有射不力社番目郎阿郎者，帶至中紋社番目龜六仔、周武濫社番目文阿蛋及散番等百餘人款營乞降。該提督示約七條：曰遵薙髮、曰編戶口、曰交兇犯、曰禁仇殺、曰立總目、曰懇番地、曰設番塾；以龜紋社首野艾，向爲諸社頭人，拔充總社目統之，著照約遵行。所統番社如有殺人，即著總目交凶；如三年之內各社並無擅殺一人，即將總目從優給賞。其獅頭社餘孽，探悉竄伏何社；即由何社限交，不許藏匿。野艾及各番等均願遵約。隨將竹坑社更名曰永平社、本武社更名曰永福社、草山社更名曰永安社、內外獅頭社更名曰內外永化社；脅從各社，均許自新。惟獅頭社罪大惡極，漏網者不許復業。所有內外永化社，即著總社目另招屯墾，以昭炯戒。於枋僚地方先建番塾一區，令各社均送番童三數人，學語言文字，以達其情；習拜跪禮讓，以柔其氣。各番聞之，無不俯首帖服……。」〔註25〕

2. 行政機構的增設

牡丹社事件發生前，清政府在臺灣行政機構的設置主要集中於土地得到充分開發和人口較爲密集的西部平原地區，而且行政機構的調整變動不大。歸清之初，清政府設置一府三縣具體管理臺灣事務。到雍正初年，由於朱一貴起義的影響，清政府決定將將諸羅縣北部劃分出去增設彰化縣。乾隆三十

〔註24〕《清德宗實錄選輯》（一），第43頁，臺灣文獻叢刊第193種。
〔註25〕沈葆楨：《番社就撫布置情形折》，載《福建臺灣奏摺》第47頁，臺灣文獻叢刊第29種。

一年，為適應管理少數民族事務的需要，清政府決定在臺灣增設南北路理番同知。又過了四十六年，於嘉慶十七年才正式在宜蘭平原設置噶瑪蘭廳。至於臺灣中央山脈以西的廣大地區，因為被劃為「番界」，政府疏於管理沒有設置任何行政機構而成所謂「甌脫」之地。顯然，清政府在臺灣行政機構的設置是受到消極治臺政策的直接影響。但如前所述，臺灣行政機構設置出現厚此薄彼的情況，留下一個重大的隱患，那就是給外國入侵臺灣提供口實。牡丹社事件發生後，清政府臺灣戰略地位的重要性，吸取教訓，決定實施「開山撫番」，將原來屬於化外的「生番」地納入中央政府政權的統治之下。這種情況下，在臺灣化外之地築城設官，析疆增吏也是勢在必行之事。

隨著「開山」接近尾聲，沈葆楨開始考慮設置行政機構加強這些地方的管理，以鞏固開山成果。日本侵略軍首先侵佔的臺灣南部成為沈葆楨首先考慮的重點。從沈葆楨奏摺所透露的信息看，早在 1874 年底沈葆楨即打算在臺灣南部增設行政機構，以資管理。為此他先派遣臺灣道夏獻綸前往枋僚、琅嶠一帶考察增設行政機構問題，更安排精通堪輿地理學的劉璈「專辦築城、建邑諸事」。不久沈葆楨親自前往該地考察，並上奏請求中央政府同意在臺灣南部增設恒春縣「以鎮民番而消窺伺」。「知己勘定車城南十五里之猴洞，可為縣治。……蓋自枋僚南至琅嶠，民居俱背山面海，外無屏障；至猴洞，忽山勢迴環，其主山由左迤趨海岸；而右中廓平埔，周可二十餘里，似為全臺收局。從海上望之，一山橫隔，雖有巨炮，力無所施；建城無蹴於此。」〔註26〕很快清政府即以沈葆楨的建議「係因地制宜起見，即著照所議行」〔註27〕。恒春縣的增設拉開了自康熙統一臺灣後，臺灣行政機構設置大高潮的序幕。

1875 年夏，沈葆楨以「臺北口岸四通，荒壤日闢，外防內治，政令難周，擬建府治，統轄一廳三縣，以便控馭，而固地方」為由進一步向清政府建議在臺灣北部增設臺北府、淡水縣、新竹縣和宜蘭縣等一府三縣，並在雞籠增設臺北府分防通判。「伏查艋舺當雞籠、龜崙兩大山之間，沃壤平原，兩溪環抱，村落衢市，蔚成大觀；西至海口三十里，直達八里坌、滬尾兩口，並有觀音山、大屯山以為屏障，且與省城五虎門遙對：非特淡、蘭扼要之區，實

〔註26〕沈葆楨：《請琅嶠築城設官折》，載《福建臺灣奏摺》第 23～24 頁，臺灣文獻叢刊第 29 種。
〔註27〕《清德宗實錄選》（一），第 3 頁，臺灣文獻叢刊第 193 種。

全臺北門之管（鑰）。擬於該處創建府治，名之曰臺北府；自彰化以北直達後山胥歸控制，仍隸於臺灣兵備道。其附府一縣，南劃中壢以上至頭重溪爲界，計五十里而遙，北劃遠望坑爲界，計一百二十五里而近；東西相距五、六十里不等，方圍折算百里有餘，擬名之曰淡水縣。自頭重溪以南至彰化界之大甲溪止，南北相距百五十里，其間之竹塹即淡水廳舊治也；擬裁淡水同知，改設一縣，名之曰新竹縣。自遠望坑迤北而東，仍噶瑪蘭廳之舊治疆域，擬設一縣，名之曰宜蘭縣。惟雞籠一區，以建縣治，則其地不足；而通商以後竟成都會，且煤務方興，末技之民四集，海防既重，訟事尤繁，該處向未設官，亦非佐雜微員所能鎮壓。若事事受成於艋舺，則又官與民交困。應請改噶瑪蘭通判爲臺北府分防通判，移駐雞籠以治之。」〔註28〕

　　當年底，清政府正式批准沈葆楨在臺灣北部增設一府三縣的建議。「著照軍機大臣等所議，准其於福建臺北艋舺地方，添設知府一缺，名爲『臺北府』，仍隸於臺灣兵備道。附府添設知縣一缺，名爲『淡水縣』。其竹塹地方，原設淡水廳同知即行裁汰，改設新竹縣知縣一缺。並於噶瑪蘭廳舊治，添設宜蘭縣知縣一缺；即改噶瑪蘭廳通判爲臺北府分防通判，移紮雞籠地方。」〔註29〕

　　特別值得一提的是，在管理少數民族事務上，沈葆楨採納臺灣道夏獻綸的意見向清政府建議對乾隆時代所設的南北路理番同知機構駐地作適當的調整，以適應新形勢下「撫番」工作的需要。夏獻綸認爲，隨著「撫番」工作的深入進行，「民番交涉事務日多」，原來南路理番同知駐地在臺南府城，北路理番同知駐地在鹿港，有鞭長莫及之虞。所以他建議「如將南路同知移紮卑南，北路同知改爲中路移紮水沙連，各加『撫民』字樣，凡有民番詞訟，俱歸審訊；將來升科等事，亦由其經理：似於民番大有裨益。」這一建議得到沈葆楨的認同，並向清政府提出搬遷南北路理番同知衙署的建議。「伏思朝廷因事而設官，任官者即宜顧名而思義；該同知既以理番爲名，當以撫番爲事。向惟番境未闢，故分駐郡城、鹿港，以待招徠；今榛莽日開，蠢頑歸化，民熙熙而往，番穰穰而來，杜其猜嫌，均其樂利，咸以官爲依附。倘非躬親坐鎮，何以盡撫循之實，而期聲教之同！」〔註30〕他的建議也得到清政府的批准。

〔註28〕沈葆楨：《臺北擬建一府三縣折》，載《福建臺灣奏摺》第58頁，臺灣文獻叢刊第29種。

〔註29〕《清德宗實錄選》（一），第19頁，臺灣文獻叢刊第193種。

〔註30〕沈葆楨：《請改駐南北路同知片》，載《福建臺灣奏摺》第60頁，臺灣文獻叢刊第29種。

　　至此，臺灣行政機構的設置較過去發生了巨大的變化。即由嘉慶年間的
一府（臺灣府）、四縣（臺灣縣、鳳山縣、嘉義縣）、三廳（淡水廳、澎湖廳、
噶瑪蘭廳變成二府（臺灣府、臺北府）八縣（臺灣縣、嘉義縣、鳳山縣、彰
化縣、新竹縣、淡水縣、宜蘭縣、恒春縣）三廳（澎湖廳、卑南廳、基隆廳）。
臺灣行政機構的增設，爲十年後臺灣建省打下了基礎。臺灣行政機構的日臻
完善，同時也對加強臺灣海防安全，促進臺灣後山邊遠地區的開發，勾通各
個地方漢族與少數民族之間的聯繫往來都有著積極的意義。特別是南北路理
番同知的移駐，大大方便少數民族就近辦理有關事務，提高辦事效率，更有
利於處理化解民族糾紛，這對緩和民族矛盾同樣有著重要作用。

　　特別值得一提的是，1877 年臺灣道夏獻綸致函恒春縣令周有基，以紅頭
嶼（蘭嶼）地關重要，理應踏勘繪圖。周有基隨後派人登島踏勘全島情形，
蘭嶼連同島上居民雅美族（達悟）正式納入清政府行政版圖。

3. 丁日昌的「撫番」

　　1875 年夏 6 月，沈葆楨調任兩江總督，其在臺「撫番」工作由福建巡撫
王凱泰接任。爲保證臺灣各項事務有效開展，清政府還同意王凱泰擬冬春駐
臺的請求，以安心搞好臺灣工作。王凱泰到臺後，將其工作重點放在訓導教
化歸附「生番」上。爲使工作卓有成效開展，他模仿雍正末年臺灣道張嗣昌
編寫的《勸番短歌》的做法，也編寫一篇《訓番俚言》以勸誡少數民族移風
易俗，革除陋習，以遵守封建社會的各種制度、律令條規，盡快地隔入臺灣
社會之中。據有關史料記載，刊刻《訓番俚言》在部分少數民族中收到一定
的效果。1877 年福建船政大臣吳贊誠在後山卑南覓社視察時看到，臺灣後山
一帶不僅設有義塾十六處，而且一些學童甚至會背誦或識讀《訓番俚語》。「已
故番目陳安生之子年七、八歲，能背誦故撫臣王凱泰所刊《訓番俚語》，琅琅
可聽。後山一帶共設義塾十六處。內有保桑莊塾中民童陳姓，已粗通書旨。
北絲闇社丁楊姓之幼女，入塾讀甫兩年，已完《四書》全注並《詩經》一部，
於《訓番俚言》能逐句講解大意，能作番語及操漳、泉土音；其弟十一齡，
亦粗解俚語字義。」〔註31〕1879 年臺灣總兵吳光亮編寫刊印更爲詳細《化番
俚言》三十二條，「頒發爾等各社、各學，以便逐日觀覽。並令蒙師於授學之

〔註31〕吳贊誠：《查勘臺灣後山情形並籌應辦事宜折》，載《吳光祿使閩奏稿錄》第
　　　　10 頁，臺灣文獻叢刊第 231 種。

餘，講解而指示之，俾知人情而通物理。合行諭飭。爲此示仰爾番眾人等，務將後開條款，時常誦讀，默記於心。」〔註 32〕這三十二條的內容包括：設局招墾，以便民番；舉委頭目，以專責成；首訓頭目，以知禮法；分給工食，以資辦公；改社爲莊，以示區別；約束子弟，以歸善良；禁除惡習，以重人命；禁止作饗，以免生事；保護商旅，以廣貿易；遭風船隻，亟宜救護；安分守己，以保身家；彼此各莊，宜相和睦；分別五倫，以知大禮；奉養父母，以報深恩；夫妻和順，以成家室；學習規矩，以知禮儀；嚴禁淫亂，以維風化；剃髮打辮，以尊體制；穿衣著褲，以入人類；分別姓氏，以成宗族；分別稱呼，以序彝倫；分別姓氏，以定婚姻；禮宜祭葬，以安先靈；殷勤攻讀，以明道理；分紀歲月，以知年紀；宜戒游手，以絕盜源；嚴禁偷盜，以安閭閻；輸通水圳，以便耕種；出獵以時，以妨耕種；撙接食用，以備饑荒；宜設墟市，以便交易；建立廟祠，以安神祖。

《化番俚言》所涵蓋內容更爲廣泛，可以說它幾乎包含山地族群接受封建主義文化教化最基本的內容，也可以說這些內容是臺灣地方官員在「撫番」具體實踐中，對「開山撫番」之初沈葆楨所提出的「撫番」工作內容的完善和擴充。

王凱泰之後，由福州船政大臣暑理福建巡撫丁日昌主持臺灣的「撫番」日常工作。丁日昌在臺三年時間，成爲繼沈葆楨之後，臺灣「撫番」工作的又一個有力推動者。丁日昌是近代洋務派重要成員，到臺灣後的主要工作重點放在臺灣的近代化建設方面，他主持開辦煤礦，修築鐵路，架設電線，開辦墾務等，均爲後人所稱道。具體在「撫番」工作方面，他有自己的一套主張，他曾說過臺灣「開山撫番」是否有成效在於整頓吏治和使用武力。「所謂開路撫番，其根源仍在兵事、吏治。兵事一有起色，則路不期開而自開；吏治一有起色，則番不期撫而自撫。」〔註 33〕他認爲，臺灣「生番」對待政府的態度不一，「受撫之番」是真心歸附者，對政府來說是有利而無害，「不受撫之番」叛服無常，對政府來說有害而無利。因而主張優待前者，堅決鎮壓後者。

1877 年臺灣中部歸附的水埔六社山地族群因自然災害及漢族躆墾其耕地

〔註32〕吳光亮：《化番俚言》，載《臺灣生熟番紀事》第 37 頁，臺灣文獻叢刊第 51 種。

〔註33〕丁日昌：《遵旨冬春駐臺片》，載《丁禹生政書》（下），第 584 頁，香港志濠印刷公司，1987 年。

欠租等原因，以致無法維持生計。丁日昌知道此事後，即命當地官員做好安撫工作，除派人幫助當地少數民族清查田地面積及田租，同時發放救濟糧以保證他們過度難關外；他還派出技術人員親自前往指導當地少數民族耕作技術，以確保其能夠自食其力。特別值得一提的是，丁日昌採取以工代賑的辦法，通過發給銀兩徵用當地少數民族青壯年從事開山修路活動，以增加當地少數民族的收入來源，起到良好的效果。此舉可謂「撫番」「開山」兩不誤，一舉兩得，頗有獨到之處。

他在卑南視察時，發現當地剛開辦學校即起到「教化」少數民族積極的作用，他便主張更多地開辦義學。「見該處設塾未久，民番諸童已有鼓舞向學之機，將來涵濡聖教，淪浹日深，其進境亦未可量。因將其塾師並該童等酌加獎勵，仍飭同知袁聞柝，查明僻遠之處再添設數塾，以廣化導。」〔註34〕爲更好地鼓勵少數民族子弟讀書學習漢文化，他特地在考試中錄取少數民族考生以爲榜樣，可謂用心良苦。「現在文武歲試業已一律告竣，士風民情均極安貼。再臺灣番童尚有應試者不過取充佾生而止，該番童登進無路，難期鼓舞奮興。臣此次仰體皇仁，無分畛域，將淡水廳番童陳寶華一名取進府學，鳳山縣番童沈紹陳一名取充佾生均勉以讀書向學爲諸番倡。該番民等無不動色相告，咸喜功名有路。」〔註35〕陳寶華因此成爲臺灣歷史上第一位通過考試得到舉人名號的少數民族子弟。

對敢於對抗政府，殺害軍民的「不受撫之番」，丁日昌則予以武力鎮壓。南路率芒社恃險負嵎，對抗官兵，丁日昌派總兵張其光、道員方勳帶兵進攻、破其社眾，並迫使南屏、心麻等社歸附政府。又如上述阿棉、烏漏兩社多次襲擊開山修路官兵，他派出總吳光亮率清軍入山進剿，也是典型事例。

爲使臺灣「開山撫番」工作更加規範化，提高效率，1877 年丁日昌專門擬定《撫番開山善後章程二十一條》從開辦教育、移風易俗、剃髮著服、設醫施藥、核查戶口、開展貿易、保護財產等方面全方位指導臺灣的「開山撫番」工作。《撫番開山善後章程二十一條》可以說是指導「開山撫番」工作的綱領性文件，因其內容是丁日昌「撫番」思想全面反映，十分重要，現摘錄全文如下：

〔註34〕 丁日昌：《查勘臺灣後山卑南等處情形疏》，載《丁禹生政書》第 617 頁，香港志濠印刷公司，1987 年。

〔註35〕 丁日昌：《臺灣歲試事竣疏》，《丁禹生政書》第 480 頁，香港志濠印刷公司，1987 年，《丁中丞政書》。

一、各社生番名爲「歸化」，而未經薙髮者尚多。宜勒令於一月內一律薙髮，並由官酌給粗布上、下衣各一件，引之使入範圍。其從前歸化而未經薙髮者，亦勒限於一月內一律薙髮，以免反覆。仍由官置辦剃頭刀分給各社頭目領回，勒令每月各剃一次；並隨時訪查，以防其日久仍行蓄髮。

二、各社歸化之番應分別社分，將丁口查明，造冊通報，以憑察核。其有遷移、亡故以及新增丁口，均行一律注明。

三、歸化各番社宜設立頭目，作爲社長；每月酌給薪水十元、八元，以示羈縻。嗣後如再有伏殺兵民之事，即令該社長勒令捆送眞凶，不准存匿；違者嚴辦。亦不得被及無辜，致令向隅。

四、各番社田地毘連，宜飭派委員酌選誠實通事帶同番目分報各處，爲之嚴定界址；不准鄰社恃強侵佔，亦不許該社冒占他人土地，以杜爭端。

五、除近海官山及各番耕種力所不能及者聽民開墾外，其餘附社山田樹木，應令各歸各管，不准地方民人將該番所佔爲己業。違者嚴辦。

六、嚴諭各社番目隨時約束番民，不准生事。倘來往商民及貿易之番有在界內被劫失事者，即惟該處民番是問，不准推卸他人。果係外社各番越界滋事，准該處頭目立即捆送公局解官究懲，以專責成而別良歹。

七、凡准番民交易之處，無論城鎮、墟市應專設公局，就近選舉公正紳士爲之。倘遇番務，即爲隨時處斷。嚴飭鄉民人等不得任意欺凌，如有殺害生番及搶奪生番對象並侵佔生番地基者，准該番來局投訴，局紳即爲稟官，分別秉公追辦究抵；不得稍分畛域，使該番有冤無伸，以致激成變故。違者參辦。該局紳如能辦有成效，奏請獎勵。

八、凡與生番交易對象，宜酌定畫一章程，不准番割經手，以免把持而昭公允。

九、民番如有忿爭，均令赴局投明，不准私相報復。違者加等嚴辦。

十、來往社番既經歸化，凡赴市鎮不准持銃帶刀，亦不准在市行沽；以免醉後行兇，致釀鬥殺。

十一、所有市鎮，誠恐營中兵勇並不法莠民及生番親戚暗中有與該番販賣軍火等事，應責成該處局紳、官弁等嚴密稽查。倘能查獲接濟實據，弁兵實時拔補，員紳記功獎勵；或本處不能查出而被別處發覺者，分別加等參辦。所獲軍火，繳官存儲。

十二、各海口及市鎮人煙稠密、易於接濟軍火之處，概不准生番私往交易。違者嚴辦；並將引路之人查究，以杜藏奸。官紳不能覺察者，分別參懲。

十三、鳳山縣政務較繁，於番務力難兼顧；應另派委員督同局紳會同地方官專辦鳳、恒一帶撫番善後事宜，以專責成。如有成效，專折奏保；倘係敷衍，從嚴參撤。

十四、生番最忌出痘——名爲「出珠」，擬於前、後山各設醫局，疾病則爲之醫藥；並設牛痘醫生爲之傳種，以全生命。

十五、新開之路，如有草樹蒙茸、燔薙猶未淨盡者，應由員紳分定地段，飭令本界歸化之番並該處柴僚將沿路左右相距百十丈之處所有樹木一律砍伐摧燒，以杜凶番藏匿；若樹木係有主者，應歸原主砍伐，以示體恤。其鳳、恒一帶，凡遇過渡無橋無筏之處，責成地方官於一月內趕造齊全；經費准其核實報銷。

十六、靠山民番除種植薯芋、小米自給外，膏腴之土栽種無多，以致終多貧苦。應選派就地頭人及妥當通事帶同善於種植之人分投各社，教以栽種之法，令其擇避風山坡種植茶葉、棉花、桐樹、檀木以及麻、豆、咖啡之屬，俾有餘利可圖，不復以遊獵爲事，庶幾漸底馴良。所有各項種子，由員紳赴郡局領給；俟收成後，將成本按年繳還，以示體恤。其某某處種植某項若干？次年生發若干？收成若干？責令該員紳稽查冊報，分別有無成效，以定賞罰。

十七、前、後山各處曠土甚多，應即舉設招墾局，即日由營務處選派委員前往汕頭、廈門、香港等處招工前來開墾。所有開墾章程，另文擬辦。

十八、各番社溪澗支流所有可以灌溉新墾田園者，應嚴告該處頭目不
　　　准堵截水源，違者重懲。

十九、附近番社市鎮均宜廣設義學，選擇善於勸導之塾師隨時為之講
　　　說禮義，導以尊親，化其頑梗。其各番社頭目，尤應勸令多送
　　　子弟入學，以資化導。現已奏請番童准進庠序，將來番童如有
　　　讀書明理者即准其應試，庶幾懷我好音。仍隨時派員分投稽查
　　　課程，考校塾師優劣，分別賞罰，以儆怠惰，仍於朔、望宣講
　　　「聖諭」二次。

二十、生番亦是人類，各處官吏、兵民不得稍分畛域，任肆欺凌；庶
　　　幾日就範圍，免致為叢驅雀，使入歧途。

二十一、薙髮歸化之番，除軍火嚴禁外，其餘一體准與平民交易。其未
　　　經薙髮之番，即鹽、米等事，均不准接濟。〔註36〕

　　丁日昌所列的上述二十一條，對當時臺灣「撫番」工作具有重要的指導
意義，遺憾的是，這些工作由於他因病離臺而未得到深入開展。1877 年丁日
昌離開臺灣後，接任他的官員因為種種原因更替過於頻繁，而使「撫番」工
作處於停滯狀態，收效甚微，影響不大。直到 1885 年劉銘傳主政臺灣時止，
臺灣「撫番」工作的低潮狀態持續長達八年時間。

第三節　臺灣建省和劉銘傳的「撫番」活動

1. 臺灣建省經過

　　臺灣孤懸海外，與大陸的信息往來因大海阻隔受到很大的影響，這種影
響在緊急事件或重大事件發生之時更加明顯，因為信息傳遞不及時或消息不
靈通常常影響到中央政府的決策，再加上一些地方官員的刻意隱瞞，使得中
央政府也很難真正全面瞭解事件的真象而貽誤最佳決策時機。比如乾隆十六
年底發生在彰化縣北投社通事三甲勾引「生番」殺死兵民一案，因各級地方
官員上報不及時或有意隱瞞真象，就引起乾隆的極大不滿，並多次要求徹查，
結果此案上下反覆折騰，竟拖延兩年半時間方才水落石出結案。信息傳遞不

〔註36〕丁日昌：《撫番開山善後章程二十一條》，載《劉銘傳撫臺前後檔案》（一），
　　　第 7～10 頁，臺灣文獻叢刊第 276 種。

及時或消息不靈通情況顯然不利中央政府對臺灣的直接控制和管理。爲彌補信息閉塞的不足，清政府想盡到各種辦法加以解決。如康熙末年，設置巡臺御史制度就是典型例子。嘉慶年間，清政府又規定，福建將軍、總督每隔兩年輪流巡視臺灣，以保證中央政府的政策能夠得眞正的貫徹執行和臺灣情況的及時反饋。

1874 年牡丹社事件發生後，沈葆楨在臺處理日軍侵臺善後過程中意識到加強臺灣管理非有封疆大吏坐鎭彈壓不可，他於當年底以「番境開荒，事關創始」爲由，請求清政府仿江蘇巡撫分駐蘇州之例，下令福建巡撫移駐臺灣。沈葆楨的建議經過清廷的激烈爭論之後，同意實施。同年底，福建巡撫王凱泰成爲第一個分駐臺灣的巡撫，不久，王凱泰病故。清政府同樣要求繼任巡撫丁日昌分駐臺灣。「巡撫有全省地方之責，臺灣亦爲所轄；若另派大員專辦臺務，恐事權不一，轉致紛更。著丁日昌仍遵前旨，多春駐臺、夏秋駐省，以期兩地兼顧。」〔註 37〕作爲一省行政長官的巡撫分駐臺灣，雖不能與設省相提並論，但也說明清政府此時已越來越認識到加強臺灣管理的重要性。巡撫分駐臺灣，也即一年中有半年的時間駐在福建省城，半年的時間駐在臺灣，當然有利於對臺灣「開山撫番」工作的直接指揮管理。因爲巡撫對臺灣有直接的行政管轄處理權，這比起歷史上巡臺御史只負責查察地方情形，充當皇帝耳目，無權插手干預地方事務的巡臺御史制度來說更有利於加強對臺灣管理。巡撫駐臺，不僅間接說明臺灣原有的地方行政機構在應對多變的臺灣時局上存在某些不足，同時也爲後來臺灣的設省作了鋪墊。也可以說這是臺灣建省前的一種前奏或過渡形式。

當然，臺灣建省問題一直拖延很長時間才得到解決也是不足爲奇的事。一方面的原因來自清政府消極治臺政策的影響，長期控制大陸漢族移民臺灣，嚴格的「番界」封鎖等等，都嚴重影響臺灣的開發，並進而影響到臺灣建置的合理擴大；另一方面則來自臺灣本身，歸清之後在很長的一段時期內，國際形勢相對較爲平穩，臺灣海防戰略地位並沒有顯現出來，再加上臺灣地曠人稀，經濟發展落後。這種情況下，在臺灣設省顯然尚未具備基本的條件。

但任何事情都不可以絕對化，在臺灣建省問題上同樣也有例外。據史料透露，乾隆初年，就曾有人向政府提出臺灣建省的建議，此人就是內閣學士兼禮部侍郎吳金。他於 1737 年（乾隆二年）向清政府上奏建議在臺灣設省，

〔註37〕《清德宗實錄選》（一），第 23 頁，臺灣文獻叢刊第 193 種。

他認爲臺灣「名雖隸於督撫，實在有鞭長莫及之虞。臣之愚見，似宜將臺□□另分一省，專設巡撫一員，帶兵部侍郎銜，□□地方，編輯文武，……於海防重在大有裨益。」〔註38〕但他的建議並未引起清政府的重視，部議認爲臺灣「以彈丸之地□屬不過一府四縣，而竟改爲省制，於體不可，於事無益。」〔註39〕予以否決。客觀地說，乾隆時代的臺灣社會經濟文化各項事業雖有所發展，但以一府四縣的規模擬建一省，條件確實是不成熟的。吳金的建議雖有先見之明，被清政府否決卻也是情理之中的事。

　　吳金之後，臺灣建省之議歸於沉寂。一百多年後，牡丹社事件發生，臺灣作爲中國東南七省之門戶的海防戰略地位凸顯出來，爲加強臺灣管理，清政府在沈葆楨的建議下，不僅實施「開山撫番」，推動臺灣土地的開發，經濟的發展，而且還擴大了臺灣行政機構的設置，爲後來臺灣的建省打下了基礎。不久，臺灣建省問題再度被人提起。1877 年初，時任清政府刑部左侍郎的袁葆恒向光緒皇帝上了一道奏摺，提出在臺灣建省的建議。他認爲福建巡撫分駐臺灣只是權宜之計，很容易顧此失彼，他建議仿直隸、四川、甘肅等省總督兼管巡撫事之例，將福建巡撫改爲臺灣巡撫，「常川駐紮，經理全臺。其福建全省事宜，專歸總督辦理。庶事任各有攸司，責成即各有專屬，似於臺灣目前情形不無裨益。」〔註40〕但他的建議，清政府以臺灣地廣民稀，「生番」尚未完全歸化爲由，拒絕採納。臺灣建省問題再度擱置。

　　1884 年中法戰爭爆發，臺灣很快成爲中法戰爭的主要戰場之一，清政府對臺灣戰略地位重要性的認識隨之加深，臺灣建省問題又再次被提上議事日程。

　　1884 年 8 月 4 日，法國海軍在遠東艦隊司令孤拔的率領下，率戰艦五艘，載兵 3000，分頭侵犯基隆、滬尾（淡水），次日法軍炮擊基隆，將戰火擴大到臺灣海峽東面的臺灣，臺灣防務大臣提督劉銘傳下令守臺清軍阻擊。中法戰爭中的臺灣海戰爆發。10 月 1 日，法軍再次進犯基隆，劉銘傳親率官兵雖作殊死抵抗，但法國人最終還是佔領基隆，劉銘傳退守淡水。10 月 8 日法軍 600多人進攻滬尾，被清軍擊退，清軍取得滬尾大捷。此後，法軍改變戰術，轉而宣佈全面封鎖臺灣。清政府一面以法軍封鎖臺海於國際法不許爲由，多次

〔註38〕載《明清史料》戊編，第 145 頁，中華書局，1987 年。
〔註39〕載《明清史料》戊編，第 145 頁，中華書局，1987 年。
〔註40〕《光緒朝東華續錄選輯》（上），第 22 頁，臺灣文獻叢刊第 277 種。

與之交涉，同時，從大陸派出軍艦民船設法突破封鎖，向臺灣運送大批軍用物資和後勤物資，有力地支持臺灣軍兵的抗法鬥爭。臺灣島內民眾也從物力、財力上給守軍以巨大的支持，有效地抵禦了法國人的侵略活動。1885 年 6 月 9 日，清政府與法國在天津簽訂《中法新約》，中法戰爭結束。6 月底法軍撤出臺灣。

中法戰爭之後，清政府對臺灣戰略地位有了更深的認識。被譽爲晚清「中興四臣」之一的兵部尚書彭玉麟在其《奏陳海防善後事宜》奏摺中指出：臺灣「物產富饒，礦利尤旺，爲外夷所歆羨者，其臺灣乎。……蠢爾群夷，其心無一日忘臺也。我有臺灣，瀕海數省可資其藩衛。如失臺灣，則臥榻之側，任人鼾睡，東南洋必無安枕之日。故防海以保臺爲要。」〔註 41〕欽差大臣左宗棠也於 1885 年 7 月向清政府上《臺防緊要請移福建巡撫駐臺鎮懾折》，再次提出在臺灣建立省級行政機構的建議。他說：「目今事勢，以海防爲要圖；而閩省之籌防，以臺灣爲重地。臺灣孤懸大洋，爲七省門戶，關係實非淺鮮。」以福建巡撫多春駐臺，夏秋駐省，往來不便。丁日昌建議派重臣駐臺督辦，亦非久遠之圖。這些措施都是權宜之計，皆不如 1877 年袁葆恒提出在臺灣建省妥當。「……惟有如袁葆恒所請，將福建巡撫改爲臺灣巡撫，所有臺、澎一切應辦事宜，概歸該撫經理，庶事有專責，於臺防善後大有裨益。」同時他還預測，隨著臺灣「開山撫番」工作的深入進行，建省後的臺灣發展將是不可低估的。「倘撫番之政，果能切實推行，自然之利，不爲因循廢棄，居然海外一大都會也。」〔註 42〕

左宗棠的建議受到清廷的高度重視，並下令軍機大臣、總理各國事務衙門等商議此事。不久即形成統一意見，由醇親王奕譞聯合清廷有關重臣上奏支持左宗棠的建議，並得到慈禧太后的認可，她要求光緒下詔決定在臺設立行省。1885 年 10 月 12 日，清廷下詔宣佈臺灣建省。「臺灣爲南洋門戶，關係緊要，自應因時變通，以資控制。著將福建巡撫改爲臺灣巡撫，常川駐紮；福建巡撫事，即著閩浙總督兼管。所有一切改設事宜，該督詳細籌議，奏明辦理。」〔註 43〕首任巡撫爲抗法名將劉銘傳。

1886 年 7 月 14 日，劉銘傳上奏《遵議臺灣建省事宜折》向清廷奏明具體

〔註 41〕俞樾編：《彭剛直公奏稿》卷七，光緒十七年刻本。
〔註 42〕連橫：《臺灣通史》卷六，《職官志》第 141 頁，臺灣文獻叢刊第 128 種。
〔註 43〕《清德宗實錄選輯》（二），第 207 頁，臺灣文獻叢刊第 193 種。

建省事宜。該奏摺主要就臺灣建省後，臺灣與福建省的關係、巡撫職責分工、下屬機構的設置以及人員編制的安排等提出作初步的設想。奏摺還強調對新歸附的「生番」設官分治的重要性，並建議清政府打破常規，不拘一格選擇合適人才充任官職方能收到實效。「臺灣生番，歸化已多，日漸開闢，急須分治添官。若照部章，廳縣佐雜各員均須循例補署，臺灣民番雜處，人地苟不相宜，萬難遷就，恐釀事端。僅用合例人員，又未必盡能得力。擬請旨飭部，聲明臺灣新設省治，暫行不論資格，俾得人地相宜。俟全臺生番歸化，一律分治設官，再請循照部章，以求實效」。〔註44〕對劉銘傳的請求，清政府表示同意，並派遣內閣侍讀學士林維源前赴臺灣幫同劉銘傳辦理臺北「開山撫番」事宜。

臺灣省的建立，是清代臺灣政治史上的一件大事。自1874年日軍侵臺之後，臺灣海防建設越來越受到清政府的重視，清政府的治臺政策發生重大的轉變。中法戰爭的爆發，使清政府對臺灣戰略地位有了新的認識，從而加快了臺灣建省的步伐。對外而言，臺灣建省對鞏固中國東南海防，抵禦外侮有著重要的戰略意義；對內而言，臺灣建省對推動臺灣近代化建設，促進臺灣社會經濟的發展，深化和鞏固十年以來「開山撫番」成果，同樣也有重要的現實意義。臺灣建省之後，在巡撫劉銘傳的領導下，臺灣的「開山撫番」工作得到更廣泛更全面的開展，從而形成繼沈葆楨、丁日昌之後，臺灣「開山撫番」工作的又一波新高潮。

2. 劉銘傳的「撫番」

如何有針對性地開展建省後的各項工作，對首任臺灣巡撫劉銘傳來說是一種考驗。劉銘傳上任之後，有計劃有步驟地開展建省所必需一系列工作，整頓海防、興辦工業、改善交通、丈田清賦、開辦礦山、架設電纜、添官設治等等，使臺灣在很短的時間內即實現與福建省的分治，臺灣面貌為之一新。因這些內容不是本書所述的重點，故從略。現僅就劉銘傳「撫番」工作作論述如下。

劉銘傳對臺灣的「撫番」工作高度重視，對臺灣少數民族問題也有自己的看法和認識。1885年7月29日他向清廷條陳臺灣善後事宜，他認為臺灣少

〔註44〕劉銘傳：《遵議臺灣建省事宜折》，載《劉壯肅公奏議》卷六，《建省略》第283頁，臺灣文獻叢刊第27種。

數民族問題事關重大，必須迅速招撫，否則會影響到臺灣社會的穩定，他甚至還認為「撫番」工作事關臺灣海防安全的大局。把臺灣少數民族問題看得如此之重要，這在清代官員中還是比較少見的。在他看來，法國人撤走以後，臺灣善後工作，除設防、練兵、清賦三項是重中之重，必須首先加以解決外，其它最重要的工作非「撫番」莫屬。「全臺生番，急宜招撫也。查臺灣番族，從前多在外山，客民愈多，日侵月削，擠歸山內，種類滋繁。邇來亦知耕種為生，各相統屬。平日往來山外，居民亦頗相安。惟土匪成群，聚集番民交界之處，搶劫居民，或侵番族田廬，或詿番民財貨。爭端一起，械鬥不休。奸民被殺，則訴冤於官，官輒興師剿辦。番族被冤，則無官可訴，類多集眾復仇。番禍一興，殺掠生番者轉得置身事外，而生番殺掠，多係良民。將恐積怨日深，終至民番俱斃。不謀招撫，必致陝甘回亂之憂。即以防務論，臺疆千里，防海又須防番。萬一外寇猝臨，陰結番民，使生內亂，腹心之害，何以禦之？誠令全番歸化，內亂無虞，外患雖來，尚可驅之禦侮。既可減防節餉，又可伐內山之木以裕餉源。此撫番之不容緩者也。查設防、練兵、清賦三端，皆可及時舉辦，惟撫番須待三者辦成之後，方可議行。」〔註45〕相形之下，他認為「撫番」工作比起其它工作來說，更為棘手難辦。「辦防、清賦，尚易舉行，惟剿撫諸番，官紳輒多疑憚，或謂番情反覆，叛服無常，或謂山險難通，告藏無日。」〔註46〕

　　基於這種認識，即便到清廷下令臺灣設省後，劉銘傳於 1885 年 12 月 3日仍向清政府上疏陳述個人看法，他認為臺灣建省時機尚未成熟，除經費短缺，籌餉困難之外，更重要的是臺灣「撫番」工作多年來沒有真正收到成效，叛服無常，民族矛盾尖銳，故宜待「撫番」工作做好之後，再行建省。換言之，他甚至認為「撫番」工作是臺灣建省的前提。「臣前陳善後折，以辦防、練兵、清賦、撫番為急圖。現既詔設臺灣巡撫，必先漸撫生番，清除內患，擴疆招墾，廣布耕民，方足自成一省。……從前撫番，虛糜鉅款，皆由舉辦未能認真。一撫就降，遂若無事。臺南降番甚眾，仇殺依然，聲氣仍歸隔絕。以臣度之，若認真招撫，示以恩威，五年之間，全臺生番，計可盡行歸化。

〔註45〕劉銘傳：《條陳臺澎善後事宜折》，載《劉壯肅公奏議》卷二，《謨議略》第 148頁，臺灣文獻叢刊第 27 種。

〔註46〕劉銘傳：《剿撫生番歸化請獎官紳折》，載《劉壯肅公奏議》卷四，《撫番略》第 206 頁，臺灣文獻叢刊第 27 種。

然後再籌分省，土地既廣，財賦自充，庶可無勞內地」。〔註47〕對劉銘傳的暫緩建省建議，清政府以「著毋庸議」給予否決。以今天的角度看，劉銘傳暫緩建省主張，主觀色彩過於濃厚，似有目光短淺之嫌，但從另一個側面看，我們不得不承認劉銘傳對臺灣「撫番」工作的重視程度超過所有的人。他曾這樣形象地比喻臺灣的「撫番」問題，「綜覽全臺形勢，如人之一身，生番橫亙胸腹，四肢血脈不通，呼吸不靈，百病叢作。當此強鄰迭伺，一島孤懸，內患不除，何由禦外？」〔註48〕臺灣建省後，作為首任巡撫的劉銘傳，初衷未改，仍將「撫番」列入「在在均關緊要」〔註49〕的工作之列，並充分認識到「撫番」工作的長期性和艱巨性，繼續積極開展「開山撫番」工作，從而掀起臺灣歷史上最大一波的「撫番」高潮。

　　劉銘傳之所以特別積極進行「開山撫番」，除對其重要性有足夠的認識之外，還有一個重要的原因就是，他認為以前的「開山撫番」工作，因為急於求成，沒有收到實效，以至已開之土，再次荒蕪。同時，他還認為，要鞏固開山「撫番」的成果，非分治設官，加強管理不可。「伏查臺灣生番，各分氣類，嗜殺則同。從前逐隘嚴防，地皆荒棄，已開之土，轉屬虎狼盜賊之鄉。前船政大臣沈葆楨創議開撫，十餘年纔得埤南、恒春一廳、一縣。自嘉義迆北，綿延數百里，番社多未及降，歲殺墾民數百人，為政教所不及。臣銘傳當法事解嚴，察勘全臺情勢，番山腴地多荒，民番日相仇殺，官置不問，實非政體所宜。且既設行省，不能不闢土分治，緝匪安良，斷非撫番不可。」〔註50〕

　　從 1885 年臺灣建省到 1895 年臺灣割讓日本止的十年間，臺灣前後一共有四位巡撫主持工作，分別是劉銘傳、沈應奎、邵友濂和唐景崧，其中以劉銘傳任職時間最長，一共長達五年半之久（1885 年 10 月 12 日～1891 年 5 月 5 日）。五年多時間，使劉銘傳有充足的時間開展各方面的工作，根據劉銘傳自己的奏摺所說，他所進行的「開山撫番」工作長達五年，基本與其任職時間相始終。劉銘傳所進行的「開山撫番」與前面幾年相比，最大的特點是除

〔註47〕劉銘傳：《臺灣暫難改省折》，載《劉壯肅公奏議》卷二，《謨議略》第 156 頁，臺灣文獻叢刊第 27 種。

〔註48〕劉銘傳：《劉撫生番歸化請獎官紳折》，載《劉壯肅公奏議》卷四，《撫番略》第 206 頁，臺灣文獻叢刊第 27 種。

〔註49〕劉銘傳：《遵議臺灣建省事宜折》，載《劉壯肅公奏議》卷六，《建省略》第 280 頁，臺灣文獻叢刊第 27 種。

〔註50〕劉銘傳：《全臺生番歸化匪首就擒請獎官紳折》，載《劉壯肅公奏議》卷四，《撫番略》第 233 頁，臺灣文獻叢刊第 27 種。

接受「生番」的主動歸附外,更加主動積極使用武力征剿「生番」,迫使其歸附。也就是說,劉銘傳時代的「撫番」策略是「以剿爲主,以撫爲輔」,與前段時間的「撫番」策略正好相反。總的來看,劉銘傳的「撫番」工作內容主要包括派出軍隊討伐「生番」、改革「番屯制」的「番租」制、開辦學校讓少數民族子弟接受教育、遴選少數民族頭人管理內部事務、向少數民族傳授農耕知識使其學會謀生之道等等。現分述如下:

一、「剿撫兼施,以剿爲主」,全面推進「撫番」工作

建省後,臺灣民族矛盾仍然十分尖銳,一方面是尙未歸附的「生番」常常攻擊開墾土地的平民百姓,襲擾殺害官兵之事也常有發生;另一方面是部分宣佈歸附的「番」社因爲種種原因,叛服無常,常常與百姓、官兵作對,發生流血衝突,也給臺灣社會穩定帶來巨大的威脅。劉銘傳撫臺後,一直把「撫番」作爲工作重點,前後持續五年時間,相對從前的「撫番」工作而言,劉銘傳所主持的「撫番」工作是最徹底的,成效也是最大的。在具體做法上,綜觀劉銘傳五年的「撫番」工作,雖是「剿撫兼施」,但卻是「以剿爲主」。

1886 年春,爲打通淡水馬來社至宜蘭道路,劉銘傳下令提督劉朝祜率兵開山,劉朝祜採取大軍壓境的策略,沿途攻擊進剿反抗之「番社」,在建省最初的半年時間裡,迫使四百餘「生番」社,七萬餘人歸附政府。此舉得到光緒的嘉許,「上年冬間臺灣生番滋事,經劉銘傳督飭官軍分路剿辦,並派員赴各社反覆開導;該番等懾於兵威,率眾就撫。現已招撫四百餘社、歸化七萬餘人,辦理尙爲妥速;劉銘傳調度有方,深堪嘉尙!」〔註51〕

同年夏秋,就撫之蘇魯社和馬那社殺害罩蘭地方百姓復叛,林朝棟等率兵攻擊無果,劉銘傳從澎湖調兵增援,並親自前往督陣,「環攻一月,拔其巢」。接著,大學士林維源帶兵進攻反叛的白阿社,頭人馬來詩昧率妻子請降。不久,清軍大軍壓境乘勢攻破其它「生番」社,臺灣北路「撫番」暫告一段落。〔註52〕

1887 年上半年,負責中路開山的張兆蓮和高元分別招撫後山前山五百餘社,歸附人口達八萬餘人。下半年,中路里冷、百茆復叛,林朝棟等人以武力討伐,激戰二十餘日方就撫。

〔註51〕 《清德宗實錄選輯》(二),第 214 頁,臺灣文獻叢刊第 193 種。
〔註52〕 《撫番略序四》,載《劉壯肅公奏議》卷首,第 18 頁,臺灣文獻叢刊第 27 種。

　　1888 年南路後山卑南地方大社呂家望在漢人劉添汪的協助下，集四千人反叛，所過之處殺人放火，被害者男女百餘人，進而圍攻卑南廳治，全臺震動。總兵張兆連、同知陳燦及清兵不及三百人苦守十七晝夜，方才解圍。最後清軍大軍壓境，四面圍攻，「於是諸叛番皆乞撫，獲匪首劉添汪誅之。南路再定。」接著清軍再次進剿中路、北路反叛之「番社」。結果中路「北港、萬霧四社長攜帶男女三百餘人到廳乞撫，意頗肫誠，仍願送番丁隸營勇，送子弟讀書，自應准予招撫。」北路宜蘭所屬內溪頭四社、新竹大也甘十餘社以及新竹內山京孩兒以東二十餘社全部歸附。〔註 53〕中路、北路也告安定，是年底，「全臺番八百社、眾二十萬人靡不就撫者」。〔註 54〕

　　全臺「撫番」工作眼看大功告成，劉銘傳在向清廷稟報論功行賞之時，1888 年底「生番」反叛事件再次發生，並殺死蘇澳至花蓮開山官兵二百七十三人，副將劉朝帶死之。劉銘傳聞訊後，派出大軍前往圍剿，他本人再次前往蘇澳花蓮督戰，採取炮轟、圍困、埋地雷等方法，前後費時四個多月，到1889 年春才終於迫使反叛「生番」就撫。至此，劉銘傳主持的「撫番」工作才算結束。

　　劉銘傳主持的「撫番」工作是臺灣歷史上最徹底的一次，前後持續時間長達五年。既鞏固了沈葆楨以來歷年的「開山撫番」成果，又擴大了「撫番」範圍，達到了所有「生番」一律歸化的目的。正如劉銘傳本人所說的那樣，「前船政大臣沈葆楨創議開撫，十餘年纔得埤南、恒春一廳、一縣。自嘉義迤北，綿延數百里，番社多未及降，歲殺墾民數百人，為政教所不及。……既設行省，不能不闢土分治，緝匪安良，斷非撫番不可。乃於光緒十一月十日奏明開辦。數年以來，各軍出險入幽，不避瘴癘、鋒鏑，將士死亡數千人，仰賴天威，生番一律就撫。」〔註 55〕此次「撫番」也付出沉重的代價「自十一年舉辦撫番以來，年年入山剿辦，大小百餘戰，將弁兵勇，傷亡數千，染瘴病亡，數更倍此。」〔註 56〕此次「撫番」將許多絕少與外界往來的「番社」納

〔註 53〕劉銘傳：《全臺生番歸化匪首就擒請獎官紳折》，載《劉壯肅公奏議》卷四，《撫番略》第 231～232 頁，臺灣文獻叢刊第 27 種。

〔註 54〕《撫番略序四》，載《劉壯肅公奏議》卷首，第 19～20 頁，臺灣文獻叢刊第 27 種。

〔註 55〕劉銘傳：《全臺生番歸化匪首就擒請獎官紳折》，載《劉壯肅公奏議》卷四，《撫番略》第 233 頁，臺灣文獻叢刊第 27 種。

〔註 56〕劉銘傳：《遵保剿辦埤南叛番彰化土匪並歷年剿撫肅清各員弁折》，載《劉壯肅公奏議》卷九，《獎賢略》第 412 頁，臺灣文獻叢刊第 27 種。

入政府的統治之下，對進一步推動臺灣偏僻地區的開發，鞏固臺灣海防，發展落後地區少數民族社會經濟都有進步意義。大量「生番」的歸附，也為加強民族間的往來聯繫，增進相互間的瞭解，緩和民族矛盾打下了基礎。但也必須指出，儘管劉銘傳多次強調「撫番」工作關鍵在於安撫民心，避免濫殺無辜，對違犯官兵也嚴加懲治，但其以武力討伐為主的「撫番」策略，必然會良莠莫辨，錯殺無辜，這是肯定的。可以說這一「撫番」成果的取得，是在對「生番」血腥屠殺的基礎上取得的，這也是我們不能迴避的歷史事實。

二、清理田賦，改革「屯租」

清代後期，清政府內外交困，多次割地賠款，國衰民窮日益明顯。在處理國內外重大事件時，財政入不敷出情況越來越嚴重。中法戰爭中，兵餉極度缺乏，為解決經費問題，左宗棠等人甚至不得不向外國人舉債數百萬兩白銀以彌補鉅額開支，在臺灣的劉銘傳也為經費短缺所困，多次向中央政府和福建省告急求救。清政府決定建省時，劉銘傳持反對意見，一個重要的原因就是開支甚巨，經費無從籌措。所以建省之後，開源節流，增加財政收入，確保必要的經費支出，是劉銘傳經營臺灣所必須面對的問題之一。「現在海上多事，臺灣為海疆險要之區，奉詔改為行省，事繁費巨，今昔懸殊。臣忝膺斯土，目睹時艱，值此財用坐匱之際，百廢待舉之時，不能不就地籌劃，期於三、五年後，以臺地自有之財，供臺地經常之用，庶可自成一省，永保巖疆。」〔註57〕

劉銘傳認為所謂開源節流最好的辦法就是丈田清賦。因為臺灣自入清朝版圖以來，一方面是土地開墾面積雖然不斷擴大，但由於攤丁入畝賦稅政策的限制，影響政府的財政收入；另一方面是不少田主鑽政策的空子，採取滿報或少報升科的形式，逃避田賦，致使臺灣出現大量無需繳納田賦的隱田存在。而且臺灣田賦不合理現象十分突出，一是雖然臺灣田賦收入不多，但臺灣農民的負責卻比大陸內地更重；二是臺灣南北兩地田賦負擔也不一致，南重北輕，同樣也不合理。更有甚者，有田無賦，無田有賦的現象也很普遍。為此，劉銘傳下令臺灣府和臺北府分別由程起鶚、雷其達負責，下設清賦總局，對臺灣所有開墾土地來一次全面的清查。清丈田土工作是從 1886 年 5 月開始的，費時兩年多，始告初步查清。最後的掃尾工程則拖延至 1892 年才徹底結束。

〔註57〕 劉銘傳：《量田清賦申明賞罰折》，載《劉壯肅公奏議》卷七，《清賦略》第 303
～304 頁，臺灣文獻叢刊第 27 種。

丈田清賦工作雖觸及大地主的利益，阻力重重，但還是取得成功。最直接的成果是清查出大量的隱田。清查前，臺灣報升田園面積不過七萬餘甲，清查後，達到三十六萬一千四百四十八餘甲，〔註 58〕是清查前的六倍多。財政收入隨之大增，清查前全臺全年所有收入，包括人丁稅餉、供粟餘租和官莊耗羨，總計徵銀 183366 兩，清查後全臺全年所有收入達到 674468 兩，多出 491502 兩。〔註 59〕財政收入的增加，對建省之初各項經費支出極度匱乏的臺灣來說意義重大。

整頓屯田是劉銘傳清賦工作的內容之一。我們知道，清政府鎮壓林爽文起義之後，對協助政府參與鎮壓的平埔族群給予極高的評價。乾隆皇帝還在北京親自接見部分少數民族頭人，賞給各種衣物、牌匾等等。為避免林爽文事件的再次發生，乾隆有了招募平埔族群青壯年充當「番丁」，維護地方社會治安的初步想法，並讓福建康安拿出具體方案和措施。福康安於乾隆五十三年向清政府提出仿四川屯丁之例，徵用平埔族群壯丁四千名在臺灣實施「番屯制」的建議，得到清政府的許可。為解決這部分屯丁的生活來源，節省政府軍費開支，福康安把臺灣空曠土地和沒收起義軍「叛產」共計八千八百餘甲，就近分別劃撥給每位屯丁，免其上報升科，讓其耕種或租給漢族農民收取屯租作為俸祿解決生計問題。實施「番屯制」可以說是一舉兩得，既達到了利用少數民族駐守「番界」屯隘，防止「生番」和漢族私自越界引發衝突的目的，又在不增加政府的開支前提下解決了這部分少數民族的生活問題。

然而根據劉銘傳的觀察，百餘年來，隨著時代的變遷，「番屯制」早已面目全非，問題重重。一是屯租不能足額收取；二是屯餉不能足額發放；三是不少屯租被地方官員或屯弁私自瓜分。更有私自典賣土地冒領「番業」的不法行為發生。種種弊端，致使屯丁入不敷出，生活日益窘迫。這種情況完全有悖「番屯制」實施的初衷，必須加以改革。「番丁編屯以來，世食額餉，田無賦糧，拊循可謂周至，宜乎家給人足，遠勝平民，乃富庶未覘，貧蹙滋甚；蓋番性不善居積，不事貿遷，惟以墾獵為生計，即有田園，亦招漢民承佃，輾轉輚輵，因而覦覬，始抗其租，繼據其產，番丁失業，轉死甚多。至其屯餉，歲入本微，

〔註 58〕程家穎編：《臺灣土地制度考察報告書》第 22 頁，臺灣文獻叢刊第 184 種。
〔註 59〕劉銘傳：《臺灣清賦全功告成彙請獎敘員紳折》，載《劉壯肅公奏議》卷七，《清賦略》第 323 頁，臺灣文獻叢刊第 27 種。

復以屯租闕額，減半放支，屯弁吏胥，從中剋扣，爲數更屬無多。地日削而聚族日繁，餉愈微而治生愈拙，番丁疾苦，控訴莫由。」〔註60〕

實際上，劉銘傳改革屯租最根本的目的在於打破屯土原有免報升科的特權，避免田賦流失，增加財政收入。對取消屯租之後的平埔族群生活如何保障，劉銘傳採取由政府發給俸餉的形式加以解決。他的具體做法是「擬將全臺番丁，認眞裁汰，仍留原額四千，酌裁土勇，就其原餉，每年按屯抽調，分扼山內生番，半年一換，每名行糧，按月加給番銀四元，屯弁照營哨酌加，輪流接替，均以到防之日起支；其管帶哨弁，即飭屯弁分轄所屬，以免他省弁目語言不通；別選熟悉番情將官統帶，以便操練步伐，教習營規；其未經出防之丁，均歸臺灣鎮統屬，由各縣營管帶，以補綠營兵丁之不足。以後屯營坐餉，每年仍給八元，統歸臺灣鎮支發，出防行糧，歸統將發給，以期兵歸實用，餉不虛糜，於撫馭屯番之中，仿寓兵於農之制，似於屯丁、供賦，兩有所裨。」這就使得一百多年來「番屯制」的性質發生了根本性改變。無償分配土地，讓平埔族群擁有自己的土地，坐收屯租、「番大租」維持生活是「番屯制」最大特點，也是平埔族群享受清政府「護番保產」優待政策的具體體現，改革屯租、「番大租」，實質上就是取消了這種優待政策。這也從另一個側面說明，經過二百年來與漢族的接觸融合，平埔族群已完全融入漢族主流社會中，此時的平埔族群在清政府的眼裏已完全跟普通漢族沒有什麼兩樣，不再需要政府的特別照顧。也就是說，臺灣建省之後，隨著劉銘傳對平埔族群屯租的改革，原來清政府民族政策中照顧平埔族群的內容被一筆勾銷，平埔族群的土地所有權以升科納賦形式也發生了根本的改變，平埔族屯丁也與土地脫離轉變成職業軍人。

三、注意善後工作，確保「撫番」工作收到實效

劉銘傳認識到過去的「開山撫番」因爲只重視武力迫使「生番」歸附而忽視善後安置工作，以致「開山撫番」流於形式，圖糜錢財，很難收到實效。他認爲「撫番」的關鍵在於善後安置，所以他多次強調招撫「生番」並不難，難的是如何做好善後工作，使其有一技之長，懂得謀生之道，方能實心向化。「生番爲虐，不難招撫，要在招撫之後，聲氣不相隔絕，地方官撫馭得宜，

〔註60〕 劉銘傳：《整頓屯田折》，載《劉壯肅公奏議》卷七，《清賦略》第 306～307頁，臺灣文獻叢刊第 27 種。

教之耕耘，使饒衣食，方可無虞反覆，不致虛擲餉需。」〔註61〕「臺灣之撫番也，言者謂：番丁歸化，宜有以善其後。」〔註62〕

這一時期，剃髮留辮、奉清朝正朔和呈納戶口圖冊是「生番」表示歸順的重要標誌，這也是每一個表示歸附的「番」社必須要做到的。所以每當有「生番」歸附，地方官員除拿出物品賞賜外，還要集中所有男子舉行重大剃髮儀式，讓理髮匠為每一個男人剃髮編辮。雖然如此，劉銘傳明白這些都是表面工作而已，因為要讓他們心悅誠服，實心歸附才是最終的目的，而要讓歸附「生番」做到實心歸化，再無亂殺平民，永無反叛之心，善後安置才是最重要的。從有關史料看，在具體的「撫番」過程中，劉銘傳「生番」善後安置工作十分重視。歸納起來主要有：

（1）任命頭人，發給補助金、口糧，讓其代理政府管理民族內部事務

劉銘傳明白少數民族首領是招撫「生番」成敗的關鍵。為籠絡歸附「生番」頭人，劉銘傳給予少數民族頭人以特別的優待。首先將其職位改名「社長」，規定每個月給他們發放補助金，讓其親自出山到當地政府簽領，此外還定期給頭人發放衣褲等，如1890年一次給恒春中心崙等43社48名社長發放衣褲96套。〔註63〕嘉義縣規定歸附社長「月給糧銀各五元，遇閏勻扣；春秋發給衣、褲各四件，責成葉陽春按月帶同各番目到城當堂賞給，不得稍涉含混。」〔註64〕當然頭人並不是憑空享受這些優待政策，他們還有兼負管理約束本社職責，工作積極，成績突出的還會受到表彰。「所有歸化番目，查明一年以內不滋一事，准即照給六、七品功牌，以資鼓勵；並擇尤彙保，聽候填發。」〔註65〕劉銘傳的這種做法實質上是歷代封建統治者少數民族羈縻政策在臺灣的運用，而且也收到了效果。如他以「七擒孟獲」為例，寬待北路白

〔註61〕 劉銘傳：《剿撫滋事生番現經歸化折》，載《劉壯肅公奏議》卷四，《撫番略》第201頁，臺灣文獻叢刊第27種。

〔註62〕 劉銘傳：《復陳撫番清賦情形折》，載《劉壯肅公奏議》卷二，《謨議略》第150頁，臺灣文獻叢刊第27種。

〔註63〕 《臺南支應局箚覆恒春縣核發中心崙等四十三社社長春秋衣褲》，載《劉銘傳撫臺前後檔案》（二），第188頁，臺灣文獻叢刊第276種。

〔註64〕 《臺灣府飭知巡撫劉銘傳批飭嘉義縣稟陳撫番情形並建議在大埔添設一縣治事》，載《劉銘傳撫臺前後檔案》（一），第81頁，臺灣文獻叢刊第276種。

〔註65〕 《分巡臺澎兵備道轉行巡撫劉銘傳據統領鎮海後軍總兵張其光稟報內山番社薙髮情形並請番目一年以內不滋事者准給六、七品功牌批示》，載《劉銘傳撫臺前後檔案》（二），第130頁，臺灣文獻叢刊第276種。

阿歪社首領馬來詩昧夫婦就是典型事例。這此之前，白阿歪社四處掠殺，兩月間連殺駐守清兵 21 人，大學士林維源和提督劉朝祜率大軍前往征剿，劉銘傳親自督陣。後頭人馬來詩昧夫婦投誠，當時人們以其社兩月間連殺清兵 21 人，欲治其死罪。但不少「番社」都爲其求情，劉銘傳意識到這是宣傳「撫番」政策的大好時機，「令乞化番爲保狀，方准邀免。旋據義興社長來結保，誓不殺人，乃赦之。所有淡、宜交界未降諸番二十餘社，一律歸化。」〔註66〕此後，淡水至宜蘭一帶再無反叛的「番」社。

（2）招募「生番」丁勇充當「撫番」軍中馬前卒

劉銘傳招募「生番」充當丁勇有兩個目的，一是藉此控制「生番」青壯年；二是利用其爲政府效力，如參與「撫番」活動、戍守隘僚保障郵驛道暢通，甚至亦如正規軍參與軍事駐防活動。福州將軍穆圖善就曾說過「據詳生熟番嗜殺，自是實在情形。臺地番民蹻捷敢死，若撫之得法，必可資其力以蕩寇。該道軍務、地方，責無旁貸；務須格外設法撫使可用，是爲至要。」〔註67〕中法戰爭期間，一支由南路「生番」127 人組成的軍隊——「南番屯軍」，原在南路鳳山、枋僚、恒春南勢湖、獅頭社一帶防護鳳山到恒春沿海郵驛要道，因戰事緊張，積極要求參與清軍的軍事防禦活動，後因經費緊張等原因未能成行。充當丁勇都能享受軍餉，故這部分人的生活有了保障，也解決生活來源問題。

（3）賞給衣服、食物等

對歸附的「生番」，除要舉行剃髮受撫儀式外，按照慣例，政府均給受撫之人發給布匹、衣服及其它生活用品，同時還賜予酒食以示優待。如 1886 年嘉義縣賞給主動歸附生番勃仔社、簡務三石瀨社等三百零六名生番「藍布衫、紅嗶嘰褲腿各三百餘件以及豬、酒、鹽、糖、辮線、剃刀等物。」〔註68〕

（4）設置學校教育少數民族子弟

開辦學校教育少數民族子弟由來以久，最初主要在平埔族群中實施。1874

〔註66〕 劉銘傳：《督兵剿撫中北兩路生番請獎官紳折》，載《劉壯肅公奏議》卷四，《撫番略》第 215 頁，臺灣文獻叢刊第 27 種。

〔註67〕 《臺灣府轉行臬道詳議臺灣後山生熟番勇暫難多募各憲批示》，載《劉銘傳撫臺前後檔案》（一），第 58 頁，臺灣文獻叢刊第 276 種。

〔註68〕 《臺灣府飭知巡撫劉銘傳批飭嘉義縣稟陳撫番情形並建議在大埔添設一縣治事》，載《劉銘傳撫臺前後檔案》（一），第 81 頁，臺灣文獻叢刊第 276 種。

年進行「開山撫番」後，清政府開始在「生番」地區開辦學校，藉以教育少數民族子弟。劉銘傳主持「撫番」工作後，更注重「番社」的教育問題，特別是社長的孩子更是其實施教育重點。其用意有也有二，一是以社長充當人質，避免其率眾復叛；二是藉此提高社長後人的文化水平，爲將來接班培養後備人才。而且他也認識到改變這些少數民族陋習非一朝一夕可實現，非長期開展教育不可。「番性雖獷，而舐犢之愛，轉越恒情。乃擇強大之社，飭令社長送子入學，與之衣食，教以言語，俾令粗識字義。大料崁撫墾局所收番童已二百人，乃父若母時來探望，莫不鼓舞歡欣。啓番童之顓蒙，即以資眾番之觀感。其餘撫墾十餘局，均飭一律仿行，力籌教養。臺灣撫番久矣，從前番民仇殺，官莫誰何，遂至紛爭無已；徒以氣質難馴，只可潛移，未容強致。此則陰陽氣化之偏，雖聖人有不能驟奪。」〔註69〕據連橫《臺灣通史》記載，1890 年春，劉銘傳還設置專門的「番學堂」，挑選大料崁、屈尺、馬武督等社兒童 20 名入學，聘請漢族老師，「課以漢文、算術，旁及官話、臺語。起居禮儀，悉仿漢制。每三日，導之出遊，以與漢人晉接，消其頑獷之氣，生其觀感之心，而銘傳又臨時蒞學堂，以驗諸生功課，極力獎勵。人才之盛，勃勃蓬蓬，再及數年，可以致用」。〔註70〕1897 年 5 月 27 日，日本學者伊能嘉矩在臺北附近烏來社考察時，曾對一位在臺北「番學堂」學習過學生作過這樣的描述。「才走了十多町，便遠遠看到十多個男女蕃人下在坡地上耕作，他們看到我們就紛紛聚集過來，我的舊識 Sīron（漢名『詩朗』）也在內。當年（臺灣巡撫）劉銘傳在臺北府開辦蕃學堂教育蕃童時，Sīron 就是從蕃社兒童中被挑選出來入學的，無論是北京官話、臺灣土語、甚至是經書、詩賦，樣樣都學得很好。」〔註71〕由此看出，當時的「番學堂」教育效果還是很成功的。

（5）開疆設治，保證政令暢通

劉銘傳認爲「生番」叛服無常，一個重要的原因是許多地方宣佈歸附之後，政令不通，與外界聲氣隔絕使然。他強調在保障少數民族耕種土地前提下，招募漢族進入內山開墾空曠土地，增加人口密度，避免「開山撫番」過後，這些地方再次成爲化外之地。他認爲「撫番」最終成功與否，關鍵看土

〔註69〕劉銘傳：《覆陳撫番清賦情形折》，載《劉壯肅公奏議》卷二，《謨議略》第 150頁，臺灣文獻叢刊第 27 種。
〔註70〕連橫：《臺灣通史》卷十一，《教育志》第 276 頁，臺灣文獻叢刊第 128 種。
〔註71〕伊能嘉矩：《臺灣踏查日記》（上），第 69 頁（楊南郡譯注），遠流出版事業股份有限公司，1996 版。

地的開墾。「撫番必資開墾，否則莫由化其獉狉。」〔註72〕爲保證「撫番」工
作順利進行，劉銘傳於 1886 年專門在大嵙崁（今桃園大溪）設置全臺撫墾總
局，他本人自任撫墾大臣，以林維源爲副手，負責「撫番」善後及招募開墾
工作。在總局之下，又設置分設八個支局，分別是大嵙崁撫墾局、東勢角撫
墾局、埔里社撫墾局、叭哩沙撫墾局、林圮埔撫墾局、、蕃薯寮撫墾局、恒
春撫墾局、臺東撫墾局。支局下又設分局若干，分別具體負責臺灣南中北三
路與撫墾相關的各項工作。根據其撫墾局工作人員的職責分工，我們可以看
出除官員、文秘、財務人員外，聘請有通事若干名，負責翻譯工作；有醫生
一二名，負責醫務；各社設教讀、教耕各一名，專職負責「番社」的教育和
傳授生產技能工作。〔註73〕專設教讀、教耕工作人員，說明劉銘傳開設撫墾
局的目的不僅僅在於開墾土地，更在於「撫墾」結合，避免「撫番」工作流
於形式，以收實效。

　　在行政機構的設置上，劉銘傳根據省級行政區劃的要求，對全臺灣行政
機構和區劃作了大規模的調整和補充，使其趨於完善合理。他於 1887 年奏請
在「彰化橋孜圖地方……建立省城，分彰化東北之境，設首府曰臺灣府，附
郭首縣曰臺灣縣。將原有之臺灣縣改爲臺南府。安平縣、嘉義以東，彰化以
南……擬分新竹。西南各境，添設一縣曰苗栗縣，合原有之彰化縣及埔里社
通判，四縣一廳，均隸臺灣府屬。」至於臺灣後山，劉銘傳則奏請擬於水尾
「添置直隸州知府一員，曰臺東直隸州……。其埤南舊廳治，擬改設直隸州
同一員，水尾迄北，爲花蓮港……擬請添設直隸州判一員，常川駐紮，均隸
臺東直隸州。」這樣，臺灣府下轄彰化、臺灣（新增）、雲林（新增）、苗栗
（新增）四縣和埔里一廳；臺南府下轄安平（由臺灣縣改名）、鳳山、恒春、
嘉義四縣和澎湖一廳；臺北府下轄淡水、新竹、宜蘭三縣和基隆一廳，加上
臺東直隸州。臺灣省行政機構規模初具，計有三府十一縣四廳一直隸州，政
令所及範圍涵蓋臺灣全島。

　　上述行政機構的設置，實現了全臺灣行政統一，具有重要意義。自此之
後，昔日「生番」居住區被視爲化外、甌脫的歷史不復存在。新歸附的「生

〔註72〕劉銘傳：《奏請林維源幫辦全臺撫墾事務片》，載《劉壯肅公奏議》卷九，《獎
　　　　賢略》第 406 頁，臺灣文獻叢刊第 27 種。
〔註73〕連橫：《臺灣通史》卷十五，《撫墾志》（管轄表、局製錄），第 457～459 頁，
　　　　臺灣文獻叢刊第 128 種。

番」社，在各級行政機構的直接管理下，土地開發速度大大加快，少數民族地區原始落後狀況有了顯著的改變。臺灣少數民族歷史翻開了全新的一頁。然而，歷史進程卻是殘酷無情的，臺灣建省之後的十年，中日甲午戰爭爆發，清政府因爲戰敗，根據 1895 年與日本簽訂的《馬關條約》，清政府將臺灣及附屬澎湖等島嶼割讓日本，臺灣淪爲日本的殖民地，包括少數民族在內的臺灣數百萬中國人淪爲亡國奴。五十年後，1945 年第二次世界大戰結束，臺灣才重新回到祖國懷抱。

第四章　地方官、通事與土官（目）

第一節　地方官

　　在封建國家政權體制內，政策的制定和決策權在中央政府，政策的執行者是各級地方政府官員。不僅如此，地方官還有政策建議的義務。在清代民族政策研究中，我們發現福建、臺灣地方官員所起的作用是巨大的。故特在本章設一專題作討論。關於地方官的作用，周翔鶴在其文章《制度、地方官、「漢番關係」──關於清代「番政」形成的一些考察》〔註 1〕中有專門的論述，對筆者啓發很大，故也借用這一名稱。所謂地方官，是指除中央行政軍事等機構官員外，所有包含省級、府、州縣廳在內的以下地方官員都可稱爲地方官。巡臺御史雖屬中央定期派出，定期離臺，但因其工作地點在臺灣，故也被視爲臺灣地方官範疇。〔註 2〕本書所討論的臺灣地方官係指廣義的地方官而言，即包括總督、巡撫、道、府、縣廳等行政機構官員及中央特派的巡臺御史。當然除行政機構之外，專門負責軍隊事務的陸路、水師提督、臺灣鎮總兵、參將、游擊、都司之類也應納入地方官之列。因武職官員在臺灣民族政策史上所起作用較小，故本書只重點討論與行政官員有關的內容。

　　歷史上，臺灣長期歸屬福建省管轄，在省級機構裡臺灣地方官受閩浙總督、

〔註 1〕　周翔鶴：《制度、地方官、「漢番關係」──關於清代「番政」形成的一些考察》，載《臺灣研究集刊》2004 年第三期。

〔註 2〕　周翔鶴：《制度、地方官、「漢番關係」──關於清代「番政」形成的一些考察》，載《臺灣研究集刊》2004 年第三期。

福建巡撫、布政司、按察司等直接管轄,而直接管理臺灣本地事務的官員主要有臺廈兵備道(後改爲臺廈道、臺灣道)、巡臺御史(康熙六十一年設,乾隆四十七年廢除)臺灣知府、臺灣鎮總兵(雍正十一年改爲掛印總兵)以及同知、通判、知縣等等。

以清官制,省級機構實行總督與巡撫並行節制的體制。總督掌治一省甚至兩省或三省的軍民,統制文武,其職權超過巡撫。巡撫爲一省行政長官。從官品上看,一般總督是正二品,巡撫爲從二品。受朝廷器重的可以以加銜形式提升級別,如總督加授尚書銜,則爲從一品;巡撫加兵部侍郎銜者,爲正二品。總督、巡撫作爲封疆大吏,位高權重,有直接向皇帝呈報奏摺的權利。除總督、巡撫外,行省還有設有布政司和按察司機構。布政使爲從二品,主要負責一省地方錢糧徵收工作,類似於今天的財政官員;按察使爲正三品,主要負責官員的紀律監督,屬紀檢稽查官員。布政司、按察司有權派出官員到各地巡察,稱之爲「巡道」。

臺灣歸清之後,清政府開始派出臺灣廈門道前往臺灣,分巡臺灣廈門兩地,雍正六年改爲分巡臺灣道,專職巡查臺灣。臺灣道一般爲四品官員,其職責是主要負責臺灣地方財政徵收或對地方官員的督察等。

康熙二十二年(1683年)統一臺灣後,清政府即在臺灣設置臺灣府,1874年在沈葆楨建議下增設臺北府,1885年臺灣建省時,劉銘傳又在臺中增設一府。至此,臺灣省共有臺南、臺北、臺灣三府行政機構。府治最高官員爲知府,其行政級別爲四品或從四品。知府爲一府最高行政長官,負責地方行政事務管理。雍正以後,知府以下的官員沒有向中央直接上奏摺的權利,只能通過總督、巡撫等省級官員轉奏上報信息。

軍事上,建省前臺灣還設有總兵一員。主要負責統率臺灣地方軍隊,平時操演練兵,戰時帶兵作戰。雍正十一年,臺灣中部大甲西平埔族群抗官事件被平息之後,在總督郝玉麟建議下,改臺灣鎮總兵爲掛印總兵,增加駐軍以加強對臺灣「民番」的控制。1885年建省後,隨著臺灣行政機構增加,劉銘傳在澎湖增設總兵一員,總兵數也隨之增加。

臺灣府下又設有廳縣等行政機構。最初爲三縣(臺灣、鳳山、諸羅),雍正初年增加彰化縣和淡水廳、澎湖廳。1817年增加噶瑪蘭廳。1874年後臺灣行政機構迅速增加,由上述一府四縣三廳,發展到建省時的三府十一縣四廳一直隸州。縣級行政長官爲縣令(知縣)爲正七品;廳官爲同知或通判,爲正五品銜。

臺灣歷史上還有一個特殊的官職──巡臺御史。巡臺御史初設於康熙六十

一年，由滿漢各一人分別擔任，其級別僅爲七品。級別雖低，但由於是皇帝直接派出，有如欽差，位低權重，不僅充當皇帝耳目，巡查地方，而且還參與地方事務的管理，〔註3〕加上享有直接向中央上報奏摺的奏事權，故在臺灣歷史上扮演過重要的角色。

　　總之，地方官是臺灣地方的實際管理者，是清政府臺灣民族政策的執行者。研究發現，在執行民族政策過程中，有作爲、負責任、有遠見的地方官員不僅能夠做到認眞執行中央政策，而且還能在不違背政策的前提下，充分利用政策的爲少數民族服務、辦實事，有的甚至還根據臺灣實際，向上級提出自己的意見、看法、主張，對清政府適時調整臺灣民族政策起到重要作用，故在研究清代臺灣民族政策時，地方官是不可或缺的重要內容之一。

　　必須指出的是，由於清政府長期消極治臺思想的影響，清中央政府對地方官員的政策建議的態度前後明顯不同。在1874年以前的近兩百年間，清政府對臺灣地方官員，包括福建省級官員的政策建議大多不予採納，故民族政策變動不大，或只作小幅度的調整。1875年後，清政府轉而重視臺灣的管理，對地方官員的，特別是對沈葆楨、劉銘傳這樣的封疆大吏的建議，基本上都是照單接收，言聽計從，其建言的作用更爲巨大。雖然如此，本書僅擬就第一階段（1683～1874年）臺灣地方官在民族政策方面的作爲作論述。我們認爲，雖然這一時期地方官員對臺灣民族政策所起的作用有限，但恰恰是因爲他們的建議不容易被採納而顯得彌足珍貴，更有討論的價值。

　　綜合來看，臺灣地方官在民族政策執行過程中所起的重要作用有以下幾個方面：

一、多次提出加強「番界」管理建議，意在強化「漢番隔離」政策

　　「漢番隔離」政策最早起源於鄭氏政權時期，當時爲避免土地開墾觸及當地少數民族利益引發衝突，鄭氏政權實行所謂的「土牛」政策，即在「漢番」交界處，壘築土堆作爲分界線，因其狀如牛而被稱爲「土牛」。土牛政策實質就是「漢番隔離」政策的雛形。臺灣歸清之初，由於清政府實行遷臺政策，臺灣漢族人口有所減少。加上長期限制大陸漢族移民臺灣和嚴加防範漢族偷渡臺

〔註3〕李祖基：《清代巡臺御史制度研究》，載《故宮博物院院刊》2003年第二期。

灣，臺灣人口增長較爲緩慢。加上臺灣仍有大片空曠的土地可供開墾，人口壓力不大，民族矛盾相對緩和。到康熙末年，隨著漢族移民的開始增加，民族矛盾越來越突出，「番害」事件不斷發生，特別是朱一貴起義之後，清政府爲加強控制臺灣，開始實行嚴格的「漢番隔離」政策。向清政府提出這一建議的是閩浙總督覺羅滿保，他以臺灣內山政令不及，易藏奸宄爲由，提出將靠近少數民族地區的漢族村莊悉數遷到漢族聚居區，劃定「漢番」分界線，以便管理。因其棄地搬遷政策工程巨大，且在重新安置問題上易引發新的衝突矛盾，清政府沒有全部採納其建議，只是加強劃界工作，並在邊界地方立石爲標誌，禁止漢人越界開墾。這是臺灣歷史上第一次大規模的劃界工作，清代「漢番隔離」從此得到加強，並成爲清代臺灣民族政策的重要內容。

雍正、乾隆時代，因爲漢族移民不斷增加，土地開發速度加快，漢族私自越界開墾、伐木、弔鹿時有出現，「生番」殺人事件不斷增加，民族矛盾激化。雍正六年巡臺御史赫碩色、夏之芳向清政府建議「嚴定番民界限」，以防止漢人通事等私自越界向「生番」販賣火藥、鹽鐵之類的違禁品。此建議被雍正稱讚爲「第一妙策」，〔註4〕並很快得到施行。乾隆十一年，福建布政使高山向清政府建議加強番界管理，「令貼近生番莊社各設望樓一，懸掛銅鑼，每樓分撥五人晝夜巡邏，近社者派番、近莊者派民；十日一輪，各自保護。鄰莊有警，互相救援；倘有坐視不救者，即行究治。」〔註5〕這一建議得到清政府的採納。乾隆十五年，戶部議准閩浙總督額爾吉善奏請重新勘定臺灣府所屬廳縣「番界」的請求。清政府再次強化「番界」政策。乾隆二十五年，閩浙總督楊廷璋奏請加強臺灣北部彰化縣、淡水廳的劃界工作，同時加強「番界」巡查工作，也得到清政府的批准。從上述事例我們不難看出，清政府「番界」工作的不斷加強，與臺灣地方官員的建議密不可分。由此足見地方官對清政府民族政策的影響。

二、體察民情，保護少數民族利益

「護番保產」是清政府一貫主張，也是其民族政策的重要內容之一。臺灣歷史上，不少富有同情心的地方官，在任期間，儘其所能，想方設法保護少數民族利益，爲少數民族分憂解難，而且是這類的人物還不在少數，如果對其中

〔註4〕赫碩色等：《奏陳臺灣地方事宜（嚴定番民界限）折》，載《國立故宮博物院清代宮中檔奏摺臺灣原住民史料》第76頁，臺灣省文獻委員會1998年。
〔註5〕《清高宗實錄選》（一），第51頁，臺灣文獻叢刊第186種。

的典型事例加以論述，更有助於我們對清代臺灣民族政策有全面深入的瞭解。

康熙統一臺灣後，臺灣少數民族由於生產力水平低下，社會經濟發展水平原始落後，生活十分貧困。再加上官府、社商、兵丁的盤剝、需索、差遣更是雪上加霜。這種情況引起一些臺灣地方官員的重視。如康熙三十一年任臺灣廈門道的高拱乾，到任伊始，即頒佈《禁苦累土番等弊示》嚴加禁止。從其內容看，當時臺灣少數民族的處境十分艱難，「有司官役於招商贌社時，需索花紅陋規，以致社商轉剝土番，額外誅求，番不聊生。更有各衙門差役兵廝經過番社，輒向通事勒令土番撥應牛車，駕駛往來。致令僕僕道途，疲於奔命；妨其捕鹿，誤乃耕耘。因而啼饑呼寒，大半鶉衣鵠面。」〔註6〕作為地方官能夠體恤民情，加以禁止，實屬難能可貴。雍正末年，另一位臺灣道張嗣昌上任後，也仿照高拱乾做法，頒佈過類似的條文，其中就有禁止班兵騷擾少數民族的內容，「凡有赴汛換班者，過往番社，務必嚴行約束，自守營規，體恤番情，莫萌故習。不得於常例撥車之外，多索車輛；亦不得索取酒食，否行騷擾。」〔註7〕

雍正三年，在閩浙總督覺羅滿保建議下，清政府臺灣土地政策有了重大變化，即政府為增加收入，同時也為解決少數民族生計問題，鼓勵漢族移民開墾少數民族土地。「再查各番鹿場頗多閒曠，應聽各番租與民人墾種，陸續升科；則番民均邀利賴，而正賦亦復無虧。」〔註8〕

這一政策的實施為漢族採取合法手段獲取少數民族土地，大開方便之門。一時間不少官員利用手中權力，招募農民開墾，使「民番」矛盾空前激化。這政策的出臺，也使雍正時代成為臺灣歷史上「漢番」關係最為緊張的時期。據統計，僅雍正四年，臺灣即發生有案可查的「生番」殺人事件多達十五起，〔註9〕除有兩起發生在鳳山縣外，其餘全部發生在新辟之區的彰化縣，這裡也正是土地開墾最火熱的地方。同年更發生水沙連宗骨抗官的惡性事件。面對少數民族土地不斷落入漢族手中，民族矛盾不斷激化的現實，一些地方官員看到問題的嚴重性，並提出採取措施加以保護的意見。如雍正五年，巡臺御史索琳、尹秦就轉引淡水同知王汧的意見上報朝廷：「熟番場地，

〔註6〕　高拱乾：《臺灣府志》卷十，《藝文志》第249頁，臺灣文獻叢刊第65種。
〔註7〕　張嗣昌：《巡臺錄》，載《巡臺錄・臺灣志略》（合訂本），第26頁，李祖基點校，香港人民出版社，2005年。
〔註8〕　《清世宗實錄選輯》第12頁，臺灣文獻叢刊第167種。
〔註9〕　參見《編輯說明——表二，生番傷人相關事件表》，載《國立故宮博物院清代宮中檔奏摺臺灣原住民史料》第XII頁，臺灣省文獻委員會1998年。

向有奸棍認餉包墾，久假不歸。若任其日被侵削，番眾無依，必退處內山，漸變生番。宜令大社留給水旱地五百甲，中社四百甲，小社三百甲，號為社田，以為耕種牧獵之所。各立界碑，四至田畝，刊載全書，以俾日後勢豪不行侵佔。」〔註10〕這一保護措施可謂良策，但並未引起雍正的重視，以「此初創之事或可為之」為由加以搪塞了之。

臺灣歷史上，一些負責任，有良知，有遠見的官員都曾為保護少數民族利益做過努力。此類例子不勝枚舉。早在康熙時代，臺廈兵備道陳璸就提出「禁冒墾以保番產」的主張，「各番社自本朝開疆以來，每年既有額餉輸將，則該社尺土皆屬番產，或藝雜籽，或資牧放，或留充鹿場，應任其自為管業。且各社毗連，各有界址，是番與番不容相越，豈容外來人民侵佔？誠恐有勢豪之家，貪圖膏腴，混冒請墾，縣官朦朧給照，致滋多事，實起釁端，應將請墾番地，永行禁止，庶番得保有常業，而無失業之歎。」〔註11〕這些官員之所以有這樣的所作所為，一個重要的原因在於，他們認識到臺灣少數民族與漢族一樣，同為大清子民，政府理應一視同仁，不失偏心，保護少數民族的利益。臺灣學者尹章義更認為，「這種視番民為天朝赤子，肯定納稅輸餉即擁有土地所有權以及保護番產的思想，正是護番政策的理論基礎。」〔註12〕

與陳璸同時在臺任職的知府周元文也很注意保護少數民族民族利益。他曾審理過南路鳳山縣阿猴、搭樓等五社通事許安等人，於康熙四十六、七兩年超過定額數倍勒索當地少數民族繳納正供一案，不僅追繳多收米穀數百石返還少數民族，還給許安等人以枷責並革逐的處罰。〔註13〕

三、利用碑刻、刊印宣傳冊子等形式向少數民族宣傳清政府的民族政策

地方官是民族政策的執行者，也負有宣傳中央王朝民族政策的責任。不少地方官高任之時，均以頒佈「曉諭」、「示諭」的形式，向臺灣當地民眾（包括歸附的平埔族族群）宣佈自己的治臺政策主張和具體做法，其中不少內容

〔註10〕索琳等：《奏陳田糧（番社地）利弊折》，載《國立故宮博物院清代宮中檔奏摺臺灣原住民史料》第66頁，臺灣省文獻委員會1998年。
〔註11〕陳璸：《條陳經理海疆北路事宜》，載《陳清端公文選》第16頁，臺灣文獻叢刊第116種。
〔註12〕尹章義：《臺灣開發史研究》第60頁，聯經出版事業股份有限公司，1989年。
〔註13〕周元文：《重修臺灣府志》卷十，《藝文志》第323頁，臺灣文獻叢刊第66種。

與少數民族政策有關。如前文所說的臺廈兵備道高拱乾、臺灣道張嗣昌等人
上任之時，都頒佈一系列的安民告示，曉諭眾人。其根本目的當然是為維護
臺灣社會穩定，鞏固清政府在臺灣的統治，但通過這種形式，同時也起到了
向包括少數民族在內的臺灣民眾宣傳政府的民族政策的積極作用。不但如
此，還有的更是以立示禁碑的形式，向廣大民眾宣傳民族政策，政府禁令等。

　　如上文提到的乾隆二十四年，臺灣知府覺羅四明、臺灣道楊景素以及彰
化縣知縣張世珍等地方官員根據閩浙總督楊應琚要求，嚴禁當地漢族巧立名
目收購少數民族賴以生存的稻穀。為使這一政策主張能夠家喻戶曉，他們召
集岸里社、貓霧捒兩社通事以及土目共同勒石立「勒買番谷示禁碑」，以為憑
據。又如乾隆四十三年，北路理番同知沈榮勳在處理感恩社（大甲西事件後
由牛罵社改名，屬平埔族群巴布拉人）平埔族群與漢族佃戶之間的「番租」
糾紛時，為杜絕平埔族群任意苛求，無端多索「番租」，或防止漢族任意剋扣
短少「番租」情形發生，他召集感恩社「民番業佃」共同立碑，明文規定：「田
每甲八石、園四石，交收番租。該通土、業戶，嗣後毋再生枝節，混稟莊佃
隱匿，擾害農民。該佃林元璸等務於早季收成之後，即照冊完納番租，取具
業戶戳記、完單執照，不得拖欠減少，致缺番糧。均毋自罹法網，永息訟端。
各宜凜遵，毋得抗違！」〔註14〕這實質上是理番同知在處理糾紛案之後，把
官府裁決書的內容刻於石碑上，以作為平息爭端的依據。又如道光二十六年，
在彰化沙轆社原有專供牧牛草地一塊，累遭漢人私占強墾，引起當地少數民
族不滿，被告發至官府。當時鹿港海防分府兼北路理番同知王蘭佩，判令漢
人王漢珍等人停止開墾，以保護牧牛草地。為防止漢人屢教不改，他同樣採
取刻立示禁碑方式，震懾違犯者，向眾人宣傳官府的政策主張。「茲據前情，
合行照案出示嚴禁。為此，示仰被告王漢珍（即王慎）等暨附近該處沙轆大
莊民番人等知悉：爾等凡屬農耕，無論漢、番，均屬良民，各守田地界址管
耕，毋許倚勢蠹棍，影藉混占該莊社牧牛埔地，恃強佔墾滋端。況各佃農耕
全賴牛力，牧埔最關緊要；詎可混占強墾！牛既絕食，耕將奚賴？自示之後，
務各互相勸誡，各守安耕，不得倚恃蠹匪，強橫欺凌。倘敢故違，一經查出
或被指告，定即會縣嚴拏，按法究辦，決不姑寬。各宜凜遵，毋違！」〔註15〕

〔註14〕　《感恩社民番業佃諭示碑》，載《臺灣中部碑文集成》（乙），第75～76頁，
　　　　臺灣文獻叢刊第151種。
〔註15〕　《沙轆牛埔示禁碑》，載《臺灣中部碑文集成》（乙），第95～96頁，臺灣文
　　　　獻叢刊第151種。

臺灣少數民族因爲文化落後，在與漢族發生糾紛爭執之時，常處於不利地位，爲保護少數民族利益，向他們宣傳政府的政策主張就顯得十分必要。在信息相對閉塞，信息傳播手段十分落後的封建時代，碑刻是保存信息和傳播最簡便易行的方法之一。臺灣地方官員以刊刻碑文的形式告示眾人，既達到處理糾紛化解矛盾的目的，又起到了向少數民族宣傳政府政策主張的作用，可謂一舉兩得。

至於刊刻文章，宣傳政府民族政策的做法，上文我們也已提到。如雍正時期臺灣道張嗣昌，爲勸諭少數民族革除陋習，移風易俗，就曾刻發《勸番短歌》到各家各戶，讓每社通事、社丁不時讀聽，使其內容家家喻戶曉，深入人心。這種做法可謂標新立異，用心良苦。1874年清政府決定「開山撫番」後，巡撫王凱泰、總兵吳光亮等人也借鑒這一做法，刊刻發放所謂《化番俚語》之類，以勸諭新歸附的少數民族，起到宣傳政府民族政策的作用。

四、爲少數民族辦實事

歷史上，不少臺灣地方官爲改善少數民族落後狀況，想方設法爲當地少數民族辦好事、實事。如興辦學校、奏請政府減輕少數民族負擔、幫助興修水利工程改革政策弊端等等。他們的做法，密切了官府與少數民族之間的聯繫，在取信於民，緩和民族矛盾方面有積極作用。

歸清之初，清政府沿襲鄭氏時期的賦稅政策，對臺灣南部鳳山八社少數民族課以重稅，經濟負擔沉重。康熙時代諸羅縣令季麒光以「即內地之孤貧，當格外優恤」爲由，請求豁免當地少數民族中的老弱小孩納稅負擔，對成年婦女納田賦一石三斗的規定，他也以「夫婦重科，殊可憫惻」爲由請求每口減米三斗。〔註16〕我們從康熙末年陳文達主編的《鳳山縣志》有關內容印證了季麒光的建議得到清政府的採納，即老弱小孩田賦免除，成年婦女田賦減徵三斗。〔註17〕到雍正三年，閩浙總督覺羅滿保去世前遺疏清廷，以臺灣民丁「並無婦女納穀之例；即諸羅縣各社土番亦祇男番完糧，不及番婦。請照例，將鳳山八社番婦一體免其納賦。」〔註18〕他的建議得到清廷批准。這也

〔註16〕 《康熙中諸羅縣知縣季麒光復議二十四年餉稅文》，載《福建省臺灣府》第164頁，臺灣文獻叢刊第84種。

〔註17〕 陳文達：《鳳山縣志》卷六，《賦役志》第65頁，臺灣文獻叢刊第124種。

〔註18〕 《清世宗實錄選輯》第12頁，臺灣文獻叢刊第167種。

是覺羅滿保死前爲臺灣鳳山八社少數民族辦的一件大實事。

康熙五十三年任諸羅縣令的周鐘瑄也是一位爲民辦實事的循吏。臺灣歷史上，周鐘瑄因其組織編修《諸羅縣志》而爲後人所熟知。《諸羅縣志》向爲史家推崇，在臺灣地方志書中享有很高的聲譽。其實周鐘瑄在任諸羅縣令期間，十分注意體恤民情，特別注意與當地少數民族保護良好關係，他在任期間，創造性地同意岸里社巴則海頭人阿莫等人的請求，允許他們前往臺中貓霧拺地區開墾大片土地，使之成爲開發臺中的第一人。此舉頗值稱道。這對與進一步維繫岸里社巴則海人與清政府之間親密關係有重要作用。以後的歷史證明，巴則海人一值充當清政府在臺灣統治的得力助手，無數次協助政府參與鎮壓臺灣漢族或少數民族的反清活動。周鐘瑄樂善好施，《諸羅縣志》有很多關於他捐贈錢糧無數資助當地百姓修築水利工程的記載，其中有一處位於西螺莊叫西螺引引莊陂的水利工程就是周鐘瑄於康熙五十三年捐銀 20 兩，助「民番」合築而成的。〔註19〕

周鐘瑄對少數民族頗負同情心，他曾上書閩浙總督覺羅滿保，請求體察民情，減輕少數民族的負擔，「番俗醇樸，太古之遺。一自居民雜沓，強者欺番，視番爲俎上之肉；弱者媚番，導番爲升木之猱；地方隱憂，莫甚於此。社餉一項，鳳山下澹水八社番米，在僞鄭原數五千九百三十三石八斗，蕩平後酌減爲四千六百四十五石三斗。諸羅社餉共七千七百八兩零，未邀裁減。從前猶可支持，以地皆番有，出產原多；自比年以來，流亡日集，以有定之疆土，處日益之流民，累月經年，日事侵削。向爲番民鹿場麻地，今爲業戶請墾，或爲流寓占耕，番民世守之業，竟不能存什於千百。且開臺來，每年維正之供七千八百餘金，花紅八千餘金，官令採買麻石又四千餘金，旅行社鹽又二千餘金，總計一歲所出共二萬餘金；中間通事、頭家假公濟私，何啻數倍。土番膏血有幾，雖欲不窮得乎？今一切陋弊，革盡無餘；而正供應作何酌徵，以蘇番黎之苦。」〔註20〕從後來的歷史事實看，覺羅滿保採納周鐘瑄的建議，在其臨死之前轉奏清政府，減少了鳳山八社婦女田賦負擔。

周鐘瑄對少數民族富於同情心，跟他出生背景有密切關係。他是貴州貴陽人，是明末貴陽青岩白納長官司周可敬的後代。作爲土司的後代，自然對

〔註19〕周鐘瑄：《諸羅縣志》卷二，《規制志》第 41 頁，臺灣文獻叢刊第 141 種。

〔註20〕周鐘瑄：《上滿總制書》，轉引自黃叔璥：《臺海使槎錄》卷八，《番俗雜記》第 165 頁，臺灣文獻叢刊第 4 種。

少數民族有更深的瞭解。2005 年夏筆者曾拜訪周鍾瑄故居地。其故居地位於貴陽市花溪區黔陶布依族苗族鄉騎龍村，當地少數民族占總人口一半。其侄子周漁潢是康熙時代著名學者。因為從小在多民族聚居區生活，周鍾瑄深知與少數民族和睦相處的重要性，因而來到臺灣任職，他較別的漢族地方官更能與當地少數民族和睦相處，並關心他們的疾苦，這是一點都不奇怪的。

至於開辦少數民族學校方面，本書前面章節已有論述這裡就不再贅述。

在改革政策弊端方面，首任巡臺御史黃叔璥巡視臺灣期間，看到通事制度的種種弊端，與當地官員商量，對通事制度作了一系列的改革：一是不許通事入住番社擾民，需要赴社辦事，限期辦妥返回，不許久滯留不歸；二是禁止通事娶少數民族婦女為妻，娶者令其離異，並依律治罪；三是對通事業績進行考覈，如有不法行為，多次違犯者，要革除其職；四是禁止新官上任向通事索取錢財，轉嫁負擔到少數民族身上，違者計贓議罪。這些做法，對加強通事的管理，防止通事不法侵害少數民族利益有積極作用。〔註21〕

總的來說，臺灣地方官在執行政府民族政策的同時，不少官員為達到長治久安的目的，儘其所能，積極向中央政府出謀劃策，提出政策建議，為中央政府的政策決策，起著關鍵的作用，不少建議被採納而成為清代臺灣民族政策的重要內容。還有一些地方官員在任期間，能夠做到體恤民情，在力所能及的範圍內，積極為少數民族辦實事、好事，對加強民族團結，緩和民族矛盾，密切政府與少數民族關係，都有積極意義。

第二節　通事及其所扮演角色

研究清代臺灣民族政策，通事制度是一個不可迴避的重要內容。何為「通事」？簡言之，通事就是翻譯。因為臺灣少數民族都屬於南島民族，其語言與漢語完全不同，根本不能通話。這種情況下，要想與臺灣少數民族進行思想交流，就必須通過翻譯方可，所以在官府與少數民族之間充當翻譯角色的人，在臺灣歷史上被稱為「通事」。

據史料記載，早在荷蘭殖民時代，臺灣就有通事存在。通事除擔任翻譯外，常常利用熟悉少數民族風土人情的便利條件，與少數民族開展貿易活動。因此，荷蘭殖民時代承包征稅任務的社商很可能本身就是通事。因為沒有語

〔註21〕黃叔璥：《臺海使槎錄》卷八，《番俗雜記》第 170 頁，臺灣文獻叢刊第 4 種。

言優勢，要想順利向當地少數民族征稅幾乎是不可能的事。不僅如此，不少通事還充當荷蘭統治者的傳聲筒，利用語言交流的優勢，向當地少數民族傳達統治者的政令。這樣，通事在統治者和少數民族之間發揮著傳遞信息的媒介作用。通事因此成為統治者統治臺灣少數民族的重要工具。荷蘭殖民者離開臺灣後，接下來的鄭氏政權和清政府統治臺灣，通事仍然發揮這種作用，扮演著重要角色。

　　縱觀清朝統治臺灣的二百多年歷史，通事一直活躍於臺灣開發史的大舞臺上，成為清政府治理臺灣，特別是管理少數民族事務的一項重要的政治制度。我們從有關歷史文獻中，可以大致勾勒出官方任用通事的具體細節。總的來說，在清代早期，有關通事的舉任和管理較為寬鬆，清中後期後通事任免管理則較為嚴格。因為在清早期，不少地方的通事，並非由政府任命，而是由各社自立。康熙五十四年擔任諸羅縣令的周鐘瑄就說過，諸羅縣諸羅山、哆囉嘓、目加溜灣、麻豆、蕭壟、新港等六社「番漢」錯居，一向皆自舉通事。〔註22〕隨著臺灣土地的進一步開發，「漢番」矛盾的激化，為維護臺灣社會的穩定，清政府越來越重視避免無良通事欺壓「番眾」，滋生事端，雍正十一年福建總督郝玉麟提出嚴格通事等人選拔任用的建議，「其各番社鄉保暨通事，俱嚴加選擇，勿令奸匪充當。」〔註23〕得到清政府的認可。

　　清中後期後，特別是乾隆中期設置理番同知之後，清政府對通事的管理更為嚴格，理番同知是通事的直接管理者。所有通事均需理番同知認可，並發給印信牌照為憑。通事一般只管理一社事務，但也有兼管幾社事務的情況，兼管幾社事務的通事，被稱為總通事。如雍正乾隆年間，岸里社及其周邊幾社就設有總通事一名，由漢人張達京擔任。道光元年，對歸附的噶瑪蘭西勢二十社管理，清政府只任命八寶籠一人為通事。〔註24〕只有一名通事管理二十社事務，顯然這是屬於總通事的角色。到1874年「開山撫番」之後，通事改稱董事，其任命、管理更為嚴格，制度也更為完備。一般來說，擔任通事一般沒有任期限制，業績突出者可以長期擔任，反之則可能被官府革職取消資格。通事的待遇，主要是從各社租稅中抽取一定穀物當作「辛勞費」報酬。在村社內部，還有建有專門的公廨，供通事居住，以便直接管理該社事務。「開

〔註22〕周鐘瑄：《諸羅縣志》卷六，《賦役志》第 103 頁，臺灣文獻叢刊第 141 種。
〔註23〕《清世宗實錄選輯》第 44 頁，臺灣文獻叢刊第 167 種。
〔註24〕姚瑩：《東槎紀略》卷三，《西勢社番》第 77～79 頁，臺灣文獻叢刊第 7 種。

山撫番」後，通事可以從官府處領取口糧銀之類的報酬維持生計。大體上看，清初康熙雍正時代，通事都是由漢人充當，乾隆中後期以後，開始出現少數民族充任通事的現象。如乾隆二十六年，清政府革逐岸里社總通事張達京之後，直接任命土官阿莫之孫巴則海人潘敦仔為總通事，開了任命少數民族擔任通事的濫觴。此後，在條件具備的地方，清政府都傾向於任用少數民族擔任通事。如嘉慶年間設置噶瑪蘭廳後，對蛤仔難三十六社的管理，清政府除任用漢人充當總理之外，所有通事全部由少數民族擔任。

通事雖然不屬於政府官員，但可以看作是臺灣地方政府的得力助手，其職責主要有：

一、充當政府的代言人，傳達政令。臺灣地方官員要想把政府政令、意志傳達到少數民族中去，必須通過借助通事的媒介作用方可實現。

二、擔當政府賦稅徵收代理人。按照慣例，每年歸附的少數民族都要向清政府繳納一定數量的「番餉」。這些「番餉」的徵收工作，大都由通事具體經辦代收代繳。

三、安排差遣「番丁」完成官府交辦的差役。有清一代，為官府傳送公文，運輸貨物軍需、築城造屋等繁重的事務，大都由少數民族青壯年承擔。具體任務的分配落實，均由通事負責。

四、配合地方政府募集「番丁」，平時巡邏把守「番界」隘口，戰時協助官府鎮壓漢族反清起義或少數民族的抗官活動等。雍正年間，大甲西發生少數民族抗官事件，岸里社總通事張達京率領「番丁」鞍前馬後，主動效命官兵，積極參與鎮壓就是典型事例。

五、在「漢番」之間的土地贌墾協議中擔當中間證人角色。清政府一向支持漢族開墾無主埔地，規定只要「民番無礙」即可發給墾照前往開墾。對少數民族自願將其鹿場埔里轉讓給漢族開墾，收取「番大租」解決生活來源問題，清政府也持默認態度。但也要求雙方訂立協議以為憑據。這種情況下，通事往往擔當中間證人角色，以「在見通事」之名在協議（地契）簽字並蓋上通事戳記，以確保協議的公正有效。

六、通事還是臺灣土地開發、水利設施建設的重要參與者。歷史上許多通事憑藉自身「通番語、曉番情」的優勢，取得少數民族的信任，不僅輕易獲得大片土地開墾權，而且還能與他們合作，共同開展水利工程建設。上文所說的張達京就是與岸里社合用，採取「割地換水」方式，出資修建臺灣著

名的水利工程貓霧捒圳，灌溉臺中地區大片土地。

七、在政府招撫「生番」過程中，通事更是充當「說客」，發揮重要的作用。從有關史料看，清政府每次招撫「生番」，通事都是最先深入「生番」社，攜帶上布料、煙酒等物品去說服土官，率眾歸化。這種情形在 1874 年實施「開山撫番」時，更為常見。

八、兼負教化「番眾」工作。隨著歸附「番」社的增加，不少通事還兼有教導「番眾」飲食起居習尚禮儀倫理之責。

有清一代，歷史文獻中「通事」一詞大量出現，也說明通事在臺灣政治生活中地位重要而特殊。在歷史文獻中，通事的所作所為多為人們所詬病。其原因在於，不少通事由所謂的無懶之徒，即人們常說的社棍擔任，他們常利用手中權利勒索魚肉少數民族。康熙三十八年，通事黃申作為征稅代理人，在吞霄社征稅過程中，因「征派無虛日，社番苦之。土官卓個、卓霧、亞生鷟而驕，陰謀作亂。會番當捕鹿，申約計日先納錢米而後出草，霧（土官）等鼓眾大躁，殺申及其夥十數人。」最終釀成「吞霄社之亂」。〔註25〕這是通事過分盤剝少數民族，而引發「番變」的有名案例。康熙末年，首任巡臺御史黃叔璥曾歷數通事之弊端，「社番不通漢語，納餉辦差皆通事為之承理。而社棍以番為可欺，視其所有不異己物，借事開銷，腋削無厭，呼男婦孩稚供役，直如奴隸，甚至略賣，或納番女為妻妾，以至番民老而無妻，各社戶口日就衰微。尤可異者，縣官到任，有更換通事名色，繳納或百兩、或數十兩不等。設一年數易其官，通事亦數易其人，此種費用名為通事所出，其實仍在社中償補。當官既經繳費，到社任意攫奪，豈復能鈐管約束？」〔註26〕同時，黃叔璥做出改革通事制度的決定，下令取消新官上任更換通事，逼其上繳「花紅」舊例，以期減輕少數民族負擔。

黃叔璥之後，為改革通事制度，不少官員也提出自己的建議和意見。乾隆十年，福建布政使高山向清廷建議，仿照大陸內地土司制度之例，在臺灣少數民族中推行土司制度。未獲批准。乾隆二十三年，閩浙總督楊應琚就提出在條件具備的地方由少數民族充任通事的建議。「近來熟番半通漢語，請即於番社中選充；社遠無通漢語者，酌留妥實漢，仍結報該地方官查察。」〔註27〕得到清廷批准。乾隆四十二年，閩浙總督鍾音提出全部革除漢族通事，一

〔註25〕周鐘瑄：《諸羅縣志》卷十二，《雜記志》第 279 頁，臺灣文獻叢刊第 141 種。
〔註26〕黃叔璥：《臺海使槎錄》卷八，《番俗雜記》第 170 頁，臺灣文獻叢刊第 4 種。
〔註27〕《清高宗實錄選輯》（一），第 118 頁，臺灣文獻叢刊第 186 種。

律改由少數民族充任的建議，「所有通事，緣番民同處年久、習知漢語，逐換番人充當，將漢通事盡行禁革；並無漢奸盤踞滋擾，地方極爲寧輯。」〔註28〕但並未得到批准。究其原因，可能在邊遠地區的少數民族漢語言的轉用問題尙未解決，並不具備擔任通事的條件而無法推行。但在條件成熟的地區，清政府早已作這方面的嘗試，前文所說的潘敦仔接替漢人張達京充任岸里社總通事就是典型事例。

不僅如此，清政府對少數民族通事的選拔任用程序越來越注重。這一點我們從乾隆五十三年初北路理番同知下發的一道任命岸里社總通事的諭示便可明瞭。此前，岸里社總通事潘明慈（潘敦仔之子）去世，眾人分別推舉潘亮慈、潘蘭輝倆人擔任此職，最後經理番同知當庭考察，決定錄用潘亮慈爲繼任者。現特錄全文如下：

> 特授臺灣府北路理番駐鹿港海防分府加二級紀錄一次、軍功加一級，隨帶朱爲遵單僉舉乞准驗充，據岸里等社番貢生潘士興、副通事潘先慈、甲頭敦後那、馬下六敦、耆番後六馬下六等具前事，詞稱切岸里通事管束十社番黎，兼以撫番生番，責篡重矣，務要老成勘充此任，憲鏡洞悉。今前通事潘明慈已故，蒙單著妥，議僉舉頂充。興等遵單妥議查舉，現有岸里社番亮慈，誠實曉事，熟諳番情，堪以頂充岸里等社通事，約束番黎，守隘辦公。除潘明慈所欠公私債項，議定上承下接，事關通事缺額，理合妥呈。叩乞准予驗潘亮慈頂充，給予戳記辦理社務，番黎咸德切呈等情黏呈保結一紙前來。據此查先據該社番阿沐阿四老等結保潘蘭輝充當該社通事，業經飭差弔驗去後未據到案。據稟前情，隨弔集兩造當堂驗選准了潘亮慈充當通事，頒給長行戳記外，合行出示曉諭，爲此示諭岸里等各社民番知悉，爾等社番凡有應辦派撥護軍工等項及一切差務，務遵新通事潘亮慈調遣承應，其各莊番佃人等應納通事大租及一九空五公租，自本年爲始照數向通事潘亮慈完納給付租單執憑，不得抗欠。倘敢不遵約束及恃強欠租情事，一經該通事具稟，番則重究，民則倍追，斷不寬貸，各宜凜遵毋違。特示

> 乾隆五十三年三月十五日給〔註29〕

〔註28〕《清高宗實錄選輯》（二），第233頁，臺灣文獻叢刊第186種。

〔註29〕引自《臺灣中部地方文獻資料》，乾隆五十三年三月十五日曉諭，載《臺灣文獻》第三十四卷第二期。

這一曉諭所透露的內容值得關注。第一，過去通事父死子繼的現象被取締，改由「番眾」另外推舉賢明擔當；第二，通事職責重大，因而要具備誠實曉事，熟諳「番情」等條件；第三，約束「番黎」、守隘辦公，派撥護軍工以及撫馭生番等是通事的主要職責；第四、擔任通事必須得到官府的驗充認可並給予戳記作為行使權力的象徵；第五，通事可以通過向「番眾」徵收「通事大租」以及一九空五公租作為報酬；第六，對「番眾」不遵約束及拖欠大租等行為，通事可以稟官究治。

顯然，經過「番眾」民主推舉與官府最後的驗充這兩道程序，擔任通事才具有合法性，這與康熙時代大多「自舉通事」的做法有了明顯的不同。此時的通事履行義務和享有權利同時受到官府的約束和保護。

雖然通事有滋擾少數民族之嫌，但通事制度本身並非一無是處。臺灣學者尹章義先生在其《臺灣北部拓墾初期「通事」所扮演這角色與功能》一文中列舉大量史實，對通事制度及通事的作用作了全面積極的評價。他認為在臺灣北部拓墾史上，通事扮演著開路先鋒的角色，為開發臺灣作出了貢獻。王尊旺在其碩士論文《清代理番政策初探（1683～1874）》中也對通事在臺灣歷史上所起的作用作了肯定。筆者也認為，通事制度是一定歷史條件下的產物。通事制度能夠長期存在而無法徹底革除，一定有其生存的空間和土壤。綜觀通事在臺灣歷史上的作用，對通事給予功大於過，利大於弊的評價是站得住腳的。

通事制度之所以長期存在，最重要的原因在於通事是清政府統治臺灣的代理人，具有不可替代的特性。所以，即使政府官員明縱然知道一些不法通事有欺上瞞下，陽奉陰違，魚肉少數民族之嫌，也奈何不了他們。這一點康熙末年的諸羅縣令周鍾瑄可是深有感觸。他說：「番之社餉，責成於通事，猶民戶之糧責成於里甲也。然民戶可自封投櫃，而土番性既頑蠢，不知書數，行以自封投櫃之法，勢必不能。故民戶之里甲可除，而番社之通事不可去也。」他認為尤其是邊遠村社，不管是「漢番」貿易還是差辦貢賦之事，更是離不開通事。「漢人亦用蟒甲載貨以入，灘流迅息，蟒甲多復破碎，雖利可倍蓰，必通事熟於地理、稍通其語者，乃敢孤注一擲。」「唯是西螺以上，北抵淡水，去治日遠，番頑蠢益甚；又性多猜忌，出山數里外，即瞿瞿然憂其不返。傳譯非通事不能，輸納非通事不辦，甚而終歲衣食、田器、釜鐺、周身布縷，非通事為之經營預墊，亦莫知所措。故西螺以北番社之有藉於通事，又與斗

六門以南各社不同，亦勢使然也。然其本，則在縣令之自正身而已。」〔註30〕由此我們可以看出，在邊遠地區的少數民族因爲與漢族接觸交流不多，語言上的障礙更爲突出，與官府打交道更須臾離開不通事。

以今天的眼光看，通事一職似乎是一個肥差，人們一定趨之若鶩，其實不然。要想擔當勝任此職，須具備上述的幾個條件外，具備吃苦耐勞的精神也是必不可少的。由於「撫馭生番」的需要，通事經常出入「生番」社，被「生番」獵首的風險隨時存在。噶瑪廳設置之後，當地官員想仿照其它地方，任用通事代理「番務」，結果發現，很難尋找到願意擔任通事的人，其重要原因就是附近泰雅族的獵首十分猖獗，再有利可圖，也讓人望而卻步。「當經出示招募熟悉番語、周知番社之人，前往商辦，日久未有以應之者。訪查原委，鳳嘉內山各番，皆有一社爲之頭目，……可以與彼頭目商議安撫，各生番俱受約束，不敢私出生事者。蘭屬內山溪徑叢雜，生番種類極多，並無頭目。……間有能通一、二番社語者，亦畏縮不敢應募。」〔註31〕所以我們要一分爲二地看待通事問題。在清政府統治之初，即便有郁永河、黃叔璥等官員從同情憐憫少數民族的角度出發，看到社商、通事之腐敗弊端，並提出革除建議，其主觀動機和目的都是值得嘉許。但他們的建議不可能得到眞正的施行，其原因就在於時機尚未成熟，條件尚未具備，除此而外，別無他法。而到乾隆中葉，清政府開始任命少數民族擔當通事，以及後來巡撫劉銘傳徹底改革通事制度，都是歷史發展，時機成熟、條件具備的情況下才得以順利實施的。

在眾多改革通事制度的意見中，我們發現乾隆年間福建布政使高山提出的以「土司制度」取代通事制度的建議，別有新意，耐人尋味，頗值討論。乾隆初年，臺灣土地開墾如火如荼，漢族與少數民族爭奪土地所有權的矛盾越來越激化，以致「民番」互控，爭執不休，威脅到臺灣社會的穩定。爲此，清政府決定派遣福建布政使高山前往臺灣清查土地情況，禁絕漢族侵墾少數民族土地情況。經過在臺灣實地考察後，高山就如何管理臺灣少數民族事務提出了自己的看法。乾隆十年，高山向清政府上奏《陳臺灣事宜疏》，建議在臺灣實施土司制度，「查番性不馴，難與漢民一例彈壓；而生番負嵎依谷，尤非官法所能制。臣愚以爲以官治番，不若以番治番。蓋熟番與漢民雖情意相

〔註30〕 周鐘瑄：《諸羅縣志》卷六，《賦役志》第103～104頁，臺灣文獻叢刊第141種。

〔註31〕 柯培元：《噶瑪蘭志略》卷十二，《撫綏》第121頁，臺灣文獻叢刊第92種。

通，終不若生番與熟番之族類相合；欲治生番，自應即其同類而節制之。茲查臺屬各社熟番雖現有土目名色，要皆眾番私立之長，並非經制額設，原無責成；是以生番戕殺之案甚多，難以飭令查究。臣請嗣後臺地社目，援照川、廣苗疆土司之例，令該地方官於眾社土目中擇其老成誠實、才具明幹者數人，呈報督、撫及巡臺御史秉公驗看，會奏請旨，頒土司職銜，量與頂戴；令其分管各社內番眾，統轄生番。凡有番黎爭奪戕殺等事，即移令土司分別懲治協拏。設立之後，果能使番眾相安，三年無過，該地方官詳報具題，量加獎賞，以示鼓勵。倘有勾通漢奸生事擾民者革職，另行選舉。如此，則番目邀章服之榮、凶頑有彈壓之勢，而生番稍知所顧忌矣。」〔註32〕按理說，從元朝算起，土司制度在大陸少數民族地區實行有五百多年的歷史，將其移植臺灣，應當不是問題，但清政府並沒有被採納高山的建議。

其原因主要有幾點：一是清政府為消滅土司勢力，在雍正年間耗費大量的人力財力，好不容易才在雲貴地區完成「改土歸流」。事隔不久，高興又建議在臺灣推行土司制，這顯然與清政府在大陸民族地區實施「改土歸流」的政策是背道而馳的，高興此時的建議實在是有不識時務之嫌。二是如上述所言，臺灣少數民族地區並不具備設置土司的基本條件。其土官、土目中「才具明幹者」實在太少，不能勝任土司之職。第三是臺灣少數民族情況與大陸地區有很大不同，其「種類甚蕃」，「俗尚各殊」，各社之間或者各族群之間不相隸屬，互不往來，本社土官可能可以管轄本社事務，但於別社或別的族群事務卻無能為力，無從插手，更不要說去管轄所謂「化外生番」了。所以清政府高層在討論高山的建議時，以「查臺灣南、北二路雖均名為土番，而熟番與生番良頑迥別。且熟番雖每社有通事、土目，一社各為一類，土目人等即由番眾推擇充革，非川、廣土司世有威信者比」〔註33〕為由，否決了高山在臺灣設置土司之建議。

儘管通事制度弊端重重，功過相抵，我們認為通事的所作所為還是功大於過的，在當時的歷史條件下，通事在清政府與平埔族之間曾經發揮的橋梁作用和改變平埔族落後文化方面所起的促進作用也是應該肯定的。

〔註32〕　高山：《陳臺灣事宜疏》，載《清奏疏選彙》（四），第41～42頁，臺灣文獻叢刊第256種。
〔註33〕　《清高宗實錄選輯》（一），第45頁，臺灣文獻叢刊第186種。

第三節　土官（目）

　　臺灣少數民族居住的村寨，歷史上習慣以「社」稱之，每社大小不一，均有頭人統領之。「社」之名，最早始見於明末陳第的《東番記》，「別爲社，社或千人、或五六百，無酋長，子女多者眾雄之，聽其號令。」〔註34〕荷蘭殖民時代，開始設置土官制用以管理少數民族內部事務。土官大多由本民族自然領袖擔任，並發給藤杖、頭冠、旗子之類的東西作爲權力象徵，爲確保土官忠於職守，荷蘭每年組織「評議會」對土官進行獎懲考評。荷蘭所實施的土官制管理方法與中國唐宋時代的「羈縻」政策相類似。其目的就是通過對各社頭人的有效控制來達到統治全體少數民族的目的。鄭氏政權時代和清代均因襲土官制。

　　鄭成功驅荷復臺後，「各近社土番頭目，俱來迎附，如新善、開感等里，藩令厚宴，並賜正副土官袍帽靴帶。繇（由）是南北路土社聞風歸附者接踵而至，各照例宴賜之。土社悉平，懷服。」〔註35〕顯然，鄭成功賜正副土官袍帽靴帶等物，是對主動歸附的「土番頭目」的認可。

　　乾隆初年以後，一些歷史文獻又把「土官」稱爲「土目」。與通事制度一樣，土官制也是清代統治臺灣少數民族重要的政治制度。通事是地方政府的代理人，代理政府管理少數民族事務。土官由本民族或本「番社」的人擔任，一般通過集體推選產生，享有較高的威信。對內，土官是本民族、本社事務的直接管理者；對外，土官代表本社「番眾」與官府或其它「番社」打交道。土官數量不一，一般來說，大社有正土官之外，還設有數量不等的副土官，協助其管理本社事務。小社土官數量要少一些。「土官有正副，大社多至數人，小社或二、三人，五、六人，隨其交洫，各分公廨。有事，即集於廨以聽議。」〔註36〕土官大都由男性充任，但也有例外，與通事清一色由男性充當有所不同，那就是某些「番社」主要是臺灣東南部的卑南等族群中還有婦女擔任土官情況出現，這可能是其母系社會母權主義的殘留。

　　清代歷史上，不論是「番社」的歸附還是反叛抗官，均與土官或土目有直接關係，他們是最主要的策劃者和領導者。土官與通事一樣，在清代臺灣民族

〔註34〕陳第：《東番記》，載沈有容：《閩海贈言》卷之二，第 24 頁，臺灣文獻叢刊第 56 種。

〔註35〕楊英：《從征實錄》第 187 頁，臺灣文獻叢刊第 32 種。

〔註36〕蔣毓英：《臺灣府志》卷之五，《風俗》，載《臺灣府志》（三種本），中華書局，1985 年。

政策史上，同樣扮演著重要的角色。一般而言，由於臺灣少數民族社會經濟發展水平低下，許多地方仍處於原始社會發展階段，階級分化、貧富差距不甚明顯，土官也與普通人沒有多大差別，特權地位並不特殊。「社有小大，戶口有眾寡，皆推一二人為土官。其居室、飲食、力作，皆與眾等，無一毫加於眾番；不似滇廣土官，徵賦稅，操殺奪，擁兵自衛者比。」〔註37〕但這只是一般的情況，也有例外現象。如在臺灣南路的山豬毛、傀儡山、卑南覓等社地方，土官已具有相當的特權和地位，似與其它地方有所不同。婚姻上，「土官彼此結婚，不與眾番婚娶。」在勞動成果的分配上，「社小番栽種黍米薯芋，土官抽取十分之二；射獵麈鹿、山豬等獸，土官得後一蹄。」在處罰權方面，「未婚嫁相奸不論，已婚嫁犯奸，土官罰以牛酒。」「社番間有角口，無鬥毆者。有犯，土官令公廨持竹木橫擊，將其器物盡擲棄。卑南覓社有犯及獲獸不與豚蹄，以背叛論，即殺之。」在文身部位上，「土官、副土官、公廨，至娶妻後，即於肩背、胸膛、手臂、兩腋、以針刺花，用黑煙文之。正土官刺人形，副土官、公廨祇刺黑花而已；女土官肩臂、手掌亦刺墨花：以為尊卑之別。」在喪葬上，「本社有喪，通社男女為服二十餘日，親屬六月。土官死，則本社及所屬各社同服六月。其服身首纏披烏布，通社不飲酒、不歌唱。」〔註38〕由此看出，不同地方，社會經濟發展水平不一，土官特權地位也有差別。鳳山南路山豬毛、傀儡山、卑南覓等地土官，擁有相當的地位與特權，說明其階級分化已經出現。

　　在清代歷史文獻及地方官員的奏摺中，我們常常看到「通（事）土（官）」一詞，足說明兩者關係密切及地位的重要。實際上，通事與土官（目）制度是清政府對歸附的臺灣少數民族進行統治重要工具，「番社歸化設立通事、土目，給以辛勞租穀，有通事者，通事專政，無通事者，土目專政，所以保養之，約束之。」〔註39〕「每社置通事一，亦有一通事兼數社者。土目二、三、四不等，皆番充之，謂之土官。又設番役數人，勾攝社事者，均歸南北路理番同知分領之。」〔註40〕

　　從有關史料看，通事作為政府代理人，其權力大於土官，換言之，土官

〔註37〕郁永河：《裨海紀遊》卷下，第36頁，臺灣文獻叢刊第44種。

〔註38〕王瑛曾：《重修鳳山縣志》卷三，《風土志》第72～74頁，臺灣文獻叢刊第146種。

〔註39〕陳盛韶：《問俗錄》卷六，《鹿港廳·通事》第107頁，載《蠡測彙鈔·問俗錄》全印本，書目文獻出版社，1983年。

〔註40〕朱景英：《海東札記》卷四，《記社屬》第57頁，臺灣文獻叢刊第19種。

聽命於通事的安排、差遣。因而二者關係既有合作又有對立。如前所述，康熙三十八年吞霄社之亂的發生，就是通事與土官對立的結果。康熙末年，水沙連「番社」骨宗父子拒繳「番餉」率眾抗官，同樣也是殺通事以反。這些事例都足以說明，通事與土官存在著矛盾對立的一面。相反，如果通事與土官能夠合作，則會更有利於該社的壯大與發展。岸里社巴則海人土官阿莫祖孫三代，與漢人通事張達京友好相處，結爲連理，一直與官府保持良好的關係，使岸里社發展成爲臺中著名的大社，土官阿莫一家也通過開墾佔有大量的土地而成爲富甲一方的大地主。

清代雖然繼續實行荷蘭殖民時代以來的土官制度，但在土官管理方面，與荷蘭殖民者有所不同。歸清初期，清政府對率眾歸附的土官均持認可態度，同時頒發印信牌照之類的東西作爲其權力的憑據而已。康熙末年，閩浙總督覺羅滿保在其《題報生番歸化疏》中就曾採納布政使沙木哈、按察使董永艾的意見，對歸附的「番社」頭人，主張「仍用本社土官管束，無庸另設滋擾。」康熙五十四年土官阿莫率領岸里社、阿里史等社向諸羅縣令周鐘瑄表示歸附，爲讓阿莫更好地管理上述「番社」事務，官府「合就照例遴委土官，總領社務。爲此牌委阿莫即便總理各社土官事務。」〔註41〕也就是說，清政府對歸附的「番社」頭人，一般不再另選其它人，而是直接爲我所用。乾隆中葉以後，特別是理番同知設置以後，清政府對通事、土目的管理明顯加強，明確規定理番同知是通事、土目的直接管理機構。其職責就是負責通事、土目的遴選、任命、考覈與革職等。道光四年，清政府把從乾隆初年出現的「土目」之名改稱「社長」。「臺灣一郡，令地方官於居民內派委社長，閭社民人令其約束」〔註42〕1874年「開山撫番」後，清政府更把對土官的任命列爲「開山撫番」工作重要內容，試圖通過舉委土目，達到以專責成的目的。爲讓社長發揮積極作用，清政府爲給予社長許多優待，丁日昌在其「開山撫番」善後章程二十一條中，就明確規定：「歸化各番社宜設立頭目，作爲社長；每月酌給薪水十元、八元，以示羈縻。嗣後如再有伏殺兵民之事，即令該社長勒令捆送眞凶，不准存匿；違者嚴辦。亦不得被及無辜，致令向隅。」顯然，頭人得到政府的報酬，就必須爲政府服務，擔負著管束本社「眾番」，維護地方社會治安的重任。劉銘傳主政臺灣時，

〔註41〕 伊能嘉矩：《臺灣蕃政志》卷下第四篇第一章第一節，溫吉編譯，臺灣叢書譯
　　　　文本第四種，臺灣省文獻委員會出版，1957年。
〔註42〕 《清會典臺灣事例》第29頁，臺灣文獻叢刊第226種。

對社長除發給薪水之外，還定期發放衣褲等物，以示特殊優待。這都說明此時清政府更加認識到少數民族首領是決定「開山撫番」成敗與否的關鍵因素之一。清政府優待頭人的政策，起到了分化瓦解少數民族頭人的作用，許多頭人因此改變抗官立場轉而「率眾乞降就撫」支持清政府。

的確，開山撫番過程中，少數民族土目所起作用巨大，如卑南覓社頭人陳安生就是其中典型。1877 年福建船政大臣吳贊誠巡視臺灣南部卑南地方時，對卑南七十二社頭人陳安生支持「開山撫番」工作大加讚賞。他說卑南各社歸附以久，早在康熙、乾隆時代發生朱一貴、林爽文起義時，他們就積極支持政府率眾參與鎮壓，1874 年日本人侵略臺灣時，同知袁聞柝前往曉諭，「該頭目陳安生、鄭仁貴等即首先薙髮具結；各社聞風一律遵辦，使倭人無從藉口。厥後開路、撫番諸事，陳安生甚為出力；時有以邪教相誘者，約束子弟，不為所惑——惜於本年春間身故。」〔註 43〕如上文所說，為示優撫，其子七、八歲被安排到學校就讀，成績頗優，得到吳贊誠的肯定。

支持政府，主動束縛捆綁「首惡凶番」前來歸附的頭人也大有人在。1878 年秋，吳贊誠到花蓮加禮宛等社視察，「旋有番目陳赤鹿等詣營自投，並縛獻首凶姑乳鬥玩一名。……復詰以『委員遣人入社招撫，何故頑抗不遵，且更誘殺官勇』？則稱係現獲之姑乳鬥玩及在逃之姑乳士敏二人把持，主令無知少壯所為，老番力阻不聽；並稱姑乳士敏逃亦不遠，容誘獲捆送。」〔註 44〕後來，陳赤鹿果真又把另一「凶番」姑乳士敏捆送歸案。

綜觀清代臺灣土官（目）制度，與大陸唐宋時代在少數民族地區實施的羈縻政策有相似之處。所謂「羈縻」，原意是指馬籠頭、牛鼻繩。歷代封建統治者都認為，統治少數民族，關鍵在於對頭人的控制。控制了頭人，有如控制住了馬之籠頭，牛鼻子上的繩索，就不愁馬牛不服從指揮不聽從使喚了。所以實行羈縻政策的本質就是「以番治番」。故不管是清初的土官（目），還是後來的社長，都必須由本民族人擔任，這與通事有所不同。通事最初是由漢族擔任，到乾隆中葉以後，由於平埔族群漢化加深，漢語的轉用成為現實，清政府出於對漢族的不信任，轉而逐步任用少數民族擔任通事。也就是說，

〔註 43〕吳贊誠：《查勘臺灣後山情形並籌應辦事宜折》，載《吳光祿使閩奏稿選錄》第 9 頁，臺灣文獻叢刊第 231 種。

〔註 44〕吳贊誠：《查勘臺灣後山情形並籌應辦事宜折》，載《吳光祿使閩奏稿選錄》第 9 頁，臺灣文獻叢刊第 231 種。

通事既有漢族擔任，也有少數民族擔任，而土官（目）或社長必須是由少數民族擔任。

從職責看，土官（目）與通事也有所不同。土官最主要的職責是管理本社事務，約束本社眾人遵紀守法，召集族眾會議，決策本社重大事項，完成通事轉達地方官府交辦的差役、納餉以及守隘、巡界等具體任務，或協助配合通事完成造報丁冊，教以人事，剃髮著衣等事項。清初土官（目）一般沒有報酬，甚至要與普通社眾一樣繳納賦稅「番餉」。乾隆中後期，土官（目）政治經濟地位有所提高，特別是那些出力支持政府鎮壓農民起義或其它抗官活動的土官（目），可以較普通「番丁」更多地從政府那裡得到土地或其它物品的賞賜，一些人甚至還被授予千總、把總之類的職銜，以提高其政治地位。「開山撫番」之後，作為頭人的社長，更是可以定期從官府那裡領取一定的錢物作為報酬。其職責除上述內容外，還有一個重要任務就是積極協助地方官員，辦理一切與「開山撫番」有關的善後工作，確保收到實效。劉銘傳甚至規定：「所有歸化番目，查明一年以內不滋一事，准即照給六、七品功牌，以資鼓勵；並擇尤彙保，聽候填發。」〔註45〕社長遂成為臺灣地方官員的「準」成員之一。

總之，通事與土官（目）作為清政府統治臺灣少數民族的兩大工具，它們之間既有聯繫，又有本質的不同。通事扮演的是橋梁角色，其主要職責在於勾通官府與「番社」的聯繫，保證政令暢通。土官（目）扮演的是少數民族最基層的管理者角色，其主要職責在於約束本社「番眾」，確保本社實心歸附政府。

不過，清代臺灣少數民族的基層管理者，並非只有通事和土官（目）。從有關資料看，清代後期，少數民族的管理者，還有「總理」（漢人擔任）、「社丁首」、「番耆」等名目，顯得較為複雜。本書僅對具有代表性的通事與土官（目）作討論。

〔註45〕《分巡臺澎兵備道轉行巡撫劉銘傳據統領鎮海後軍總兵張其光稟報內山番社剃髮情形並請番目一年以內不滋事者准給六、七品功牌批示》，載《劉銘傳撫臺前後檔案》第 130 頁，臺灣文獻叢刊第 276 種。

第五章　清代臺灣民族政策的成敗
　　　得失評價

第一節　「番界」政策的評價

　　「番界」政策與「漢番隔離」政策密切相關。「番界」政策也是清政府消極治臺政策的表現之一，其設立「番界」的目的就是將所謂地處化外之地的「生番」與官府治理之下的「熟番」和漢民徹底隔離起來，確保互不往來，各安生理，避免引發事端，破壞社會穩定。

　　清代的「番界」政策，與鄭氏時代的「土牛」政策有淵源關係。鄭氏時代，清政府對遠在臺灣的鄭氏割據政權實施「遷界封鎖」政策，試圖割斷鄭氏政權與大陸內地的經濟聯繫，斷絕大陸沿海人民對臺灣的物資接濟以瓦解鄭氏政權。為克服「遷界封鎖」帶來的糧食短缺問題，鄭氏政權大興屯墾。大量土地的開墾，觸及當地少數民族利益，臺灣「漢番」矛盾因此激化，為防止「番害」發生，鄭氏政權實施「土牛」政策。「永曆十九年，諮議參軍陳永華請申屯田之制，以開拓番地，而人民之私墾者亦日進，每遭番害，乃築土牛以界之，禁出入。土牛者造土如牛，置要害，戍兵防守，……或曰紅線，則以土築短垣，上砌紅磚，以為識，耕者不得越。」〔註 1〕這種土牛政策與後來清代實施的「番界」政策不僅是一脈相承，而且也沒有什麼本質的不同。史料記載，臺灣歸清之後，清政府沿襲鄭氏政權的做法，「劃土牛內外界，以別生、熟。不願歸化者，

〔註 1〕連橫：《臺灣通史》卷十三，《軍備志》第 369 頁，臺灣文獻叢刊第 128 種。

驅於界外；越者，則殺之以賞。」〔註2〕雖然清政府很早就實施土牛隔離政策，有一點可以肯定的是，康熙時代土牛政策的實施並不十分嚴格，因爲歸清之初臺灣地廣人稀，「漢番」接觸來往的機會不多，衝突並不十分激烈，利用土牛強制隔離「漢番」的做法並不分緊迫。

直到康熙末年，「番界」政策才正式出臺，而且與朱一貴起義的發生有直接的因果關係。康熙六十一年清政府鎮壓朱一貴起義之後，在閩浙總督覺羅滿保的建議下，正式實施「漢番隔離」的「番界」政策。這一政策出臺之後，歷經一個半世紀，直到 1874 年「開山撫番」後才廢止。其間，在雍正、乾隆時代還得到不斷的加強，「番界」線也因爲漢族開墾土地進程的不斷推進而有所調整和延伸。乾隆末年，清政府在鎮壓林爽文起義之後，實施「番屯制」，即以「番丁」充當駐軍守衛「番界」的形式，確保「番界」成爲「漢番隔離」的「天然」屏障，「番屯制」最終完善了「番界」政策，也把這一政策推到頂峰。

維護臺灣的社會治安是「番界」政策出臺的初衷，因爲漢「番」接壤地帶鞭長莫及，政令不暢，是易藏奸宄之所。爲防止漢人潛入「生番」地之後，失去政府的控制逍遙法外，清政府試圖通過劃定界線的形式，來確保對臺灣漢族的控制。所以，康熙時代的「番界」功能單一，主要是爲了「防漢」。到雍正、乾隆時代，「番界」單一的「防漢」功能發生變化，開始轉變爲既「防漢」又「防番」。因爲雍正時代，臺灣土地政策發生重大改變，清政府鼓勵漢族移民開墾無主荒地，加之大量移民不斷湧入臺灣，使得土地開發進程加快，漢人越界開墾、抽藤、伐木、弓鹿之事屢禁不止，從而導致「生番」殺人事件層出不窮。爲此，清政府多次強調加強「番界」的管理，並在重要地段設置「隘僚」、「望臺」等設施，加強守衛。「番界」也就具備防止漢人私自越界及阻止「生番溢出界外爲害」的雙重功能。而在「番界」的日常巡邏把守方面，「熟番」擔當最重要角色，「熟番」也因此成爲阻隔漢族與「生番」交流的中間力量。地方政府官員認爲果真做到這一步，必然會對維護臺灣社會的穩定發揮重要的作用。「使生番在內，漢民在外，熟番間隔於其中。清界而後，漢民毋許深入山根，生番毋許擅出埔地，則彼此屏迹，斷絕往來，自不致生釁滋事矣。」〔註3〕這一政策構想

〔註2〕 蔡振豐：《番租原委疏》，載《苑里志》下卷，第 103 頁，臺灣文獻叢刊第 48
種。
〔註3〕 高山：《陳臺灣事宜疏》，載《清奏疏選彙》（四），第 41 頁，臺灣文獻叢刊第
256 種。

於乾隆十年由當時福建布政使高山提出，到乾隆二十五年後開始得到推行，到乾隆五十五年實施「番屯制」時得到全面的貫徹施行，「熟番」成為把守「番界」的法定人選。臺灣學者柯志明形象地稱之為「三層制的族群政策」。

作為清代民族政策重要內容之一的「番界」政策，自實施以來，一值得到清政府高層的認可，雍正、乾隆等均多次給予肯定。如何評價這一政策？

筆者認為，這一政策是清政府消極治臺政策的具體體現。以今天的目光看，清政府實施的「番界」政策是失大於得，弊大於利的。理由如下：

第一，「番界」政策的實施，必然導致「漢番」隔離的出現，這既影響民族團結，也阻礙「生番」社會的發展進步。如前所述，「番界」的功能在於「防漢」與「防番」，其目的就是通過阻隔「漢番」間的接觸與交流，來達到維持臺灣社會穩定的目的。如雍正所說的「劃清界線，令熟番、生番、百姓各安生理，不相互為侵擾則可保相安無事。」然而，「番界」政策實施不可避免地形成「漢番」隔離的局面，進而使界外的「生番」只能長期處於自我封閉，甚至是與世隔絕的狀態，失去了與漢族先進封建文化進行廣泛接觸交流的機會，使得「生番」社會的發展停滯不前，遠遠落後於臺灣漢人社會，甚至與同為臺灣少數民族的平埔族群社會相比，也要落後許多。

第二，「番界」政策的實施，使清政府對臺灣行政的管理出現真空地帶，給後來臺灣的海防安全埋下了巨大的隱患。清政府對「生番」地的放任自流，疏於管理，造成了漢族和平埔族群地區與「生番」地區管理的嚴重脫節，形成了「生番、熟番兩重天」的不正常的政區格局。大片「生番」地因為長期游離於清政府政權統治之外，故而在一些地方官員中產生「生番」地屬「不為政令所及」的化外之地的錯誤認識，這為 1874 年日本出兵侵略臺灣提供了口實。

第三，「番界」政策的實施，不僅阻隔了「漢番」間的來往，也阻隔了「生番」與「熟番」的來往，從而造成山地族群與平埔族群間不同的文化變遷模式。在臺灣少數民族文化變遷史上，平埔族群因為歸附清政府，被視為大清赤子，而受到清政府政策的保護，特別是在清政府「教化」的影響下，使平埔族群有機會與漢族友好相處，增進友誼。在漢族文化的濡染薰陶下，平埔族群文化的變遷，自然融合成分遠遠高於強制同化成分，平埔族群文化變遷過程是平和和自覺的，其結果也是徹底的。與此相反，因為「番界」政策的實施，在很長的一個時期內，使山地族群絕少受到漢文化的影響。1874 年日本藉口牡丹社事件侵略臺灣後，清政府被迫對其治臺政策作重大調整，在民族政策方面，打破「番

界」封鎖政策，轉而實施全面的「開山撫番」，甚至不惜使用武力迫使所有的山地族群歸附政府。顯然，在這種情況下，山地族群文化驟然發生變遷，其強制同化成分遠遠高於自然融合的成分，山地族群文化變遷過程充滿著刀光劍影和不自覺色彩的，其結果當然也是很不徹底的。

第二節　土地政策的評價

清代臺灣土地政策與民族政策十分密切關係。總的來說，儘管清政府在很長的歷史時期內實行消極的治臺政策，但在土地開墾方面卻是積極主動的。臺灣地方官府也是不遺餘力，主動招徠合法移民來臺的農民開墾土地。這一點我們可以從歸清之初蔣毓英所撰《臺灣府志》有關記載得到佐證。如「續招徠三千五百五十」，「康熙二十四年招募新墾，應於次年升科的田園共二千五百六十五餘甲」等。〔註 4〕在以後的方志中，此類記載也是屢見不鮮，這充分說明從一開始，臺灣地方官府都在實行積極的招徠政策，鼓勵大陸移民合法來臺從事土地的開墾，以增加田賦收入。有清一代，臺灣土地從未間斷迅速得到的開發，正是在這樣的背景下實現的。

土地的大量開墾，必然觸及到臺灣少數民族的利益，少數民族土地所有權也因此不斷喪失，並進而威脅到少數民族的生存和發展。爲保護少數民族的利益，清政府不斷對其臺灣民族政策作調整補充，試圖最大限度的阻止漢族對少數民族土地的開墾和防止少數民族土地所有權的喪失。然而，歷史證明清政府的做法效果並不十分明顯，在臺灣土地的不斷開墾下，少數民族生存空間不斷縮小，並引發了一系列的民族矛盾。爲緩和或解決這些矛盾，清政府不斷對臺灣民族政策作微調。顯而易見，土地政策的影響，也是清政府臺灣民族政策調整的重要原因之一。

據料記載，到康熙末年，臺灣西部很多地方的土地甚至包括平埔族群捕獵的鹿場已被大量開墾。時任諸羅縣令的周鐘瑄已敏感地注意到這種情況的嚴重性，並發出「自比年以來，流亡日集，以有定之疆土，處日益之流民，累月經年，日事侵削。向爲番民鹿場蔴地，今爲業戶請墾，或爲流寓占耕，番民世守之業，竟不能存什於千百」之感慨。康熙五十四年任北路營參將的阮蔡文曾親

〔註 4〕 蔣毓英：《臺灣府志》卷之七，《田土》第 135、140 頁，載《臺灣府志》（三種本），中華書局，1985 年。

歷臺灣半線以北的竹塹、淡水等地考察，寫下「年年捕鹿丘陵比，今年得鹿實無幾。鹿場半被流民開，蓺麻之餘兼蓺黍。番丁自昔亦躬織，鐵鋤掘土僅寸許；百鋤不及一犁深……」〔註5〕的著名詩句。

雍正三年，清政府首次明確規定，允許漢人通過租種形式開墾少數民族的鹿場。「查各番鹿場頗多閒曠，應聽各番租與民人墾種，陸續升科；則番民均邀利賴，而正賦亦復無虧。」清政府這一政策出臺的目的就是「番民均邀利賴，而正賦亦復無虧。」即對漢族、少數民族和官府三者都有利。漢族通過開墾開曠鹿場，獲得收入，少數民族通過收取大租以資生活，官府通過升科得到正賦。雍正後期，清政府又掀起鼓勵土地開墾的熱潮，臺灣道張嗣昌頒佈「曉諭勸墾」告示，甚至由官府資助農具、種子、耕牛等方式組織勞力開墾。這些政策為漢族合法獲取或巧取豪奪少數民族的土地大開方便之門，最終導致許多少數民族（主要是平埔族群）土地所有權的喪失，對平埔族群社會文化的變遷產生深遠的影響。

關於臺灣少數民族土地所有權是如何輕易轉移到漢族手中的問題，歷來學者們均大加詬病。日本學者伊能嘉矩曾歸納臺灣少數民族土地流失的渠道有四：一是交換土地，即漢族以斗酒尺布換取土地；二是結婚計策，即漢族通過娶妻或入贅的方式，繼承或分得土地；三是同化計策，即通過與少數民族結拜兄弟或自我認同（改名字、尊從習俗贏得平埔族的認同）為「番人」後獲取土地；四是騙取土地，即鑽「番人」不識字的空子，以契約形式，玩弄文字遊戲騙取土地。〔註6〕臺灣學者柯志明則從宏觀的角度對少數民族土地流失原因作詳細的探討，他認為臺灣少數民族的土地流失主要通過「民番無礙，朦朧給照」；「首報升科」和「番業戶轉賣」三種渠道流失。〔註7〕所謂的「民番無礙，朦朧給照」，實際上就是鑽清政府土地政策的空子，漢人先通過給予一定好處的方式取得少數民族同意之後，再從官府那裡騙取「墾照」成為土地的合法墾種者。「首報升科」，意思是土地開墾之後，於次年向官府報升，繳納田賦，成為土地的合法擁有者。「番業戶轉賣」，指的是少數民族因為生活所迫，常常以「因乏銀兩」將自己的傳統領地、鹿場等低價轉賣給漢族。

〔註5〕黃叔璥：《臺海使槎錄》卷六，《番俗六考》第135頁，臺灣文獻叢刊第4種。

〔註6〕伊能嘉矩：《臺灣蕃政志》（溫吉編譯），第300～301頁，臺灣叢書譯文本第四種，臺灣省文獻委員會，1957年。

〔註7〕參見柯志明：《番頭家》第85～131頁，「中央研究院」社會學研究所，2003年第三版。

　　面對少數民族土地的大量流失，並進而引發一系列的民族矛盾與衝突，清政府很快對其土地政策作了調整，並確立了「民產歸民、番產歸番」的基本原則。所謂的「民產歸民」，即官府承認漢族合法開墾土地所取得的所有權。所謂的「番產歸番」，即對「民番」交涉爭執不清的土地一律判歸少數民族，同時規定不允許少數民族私自典賣自己的土地。即尹士俍所說的「其有暵賣未清或土棍恃強侵佔者，勒令退還。嗣後番地無論荒熟，不許漢民暗暵，亦不許番黎私賣。」〔註8〕乾隆九年，清政府正式下令禁止地方官員在臺購置田產，同時派出布政使高山親赴臺灣清查所有的「官莊」。「若有侵佔民番地界之處，秉公清查，民產歸民、番地歸番，不許仍前朦混，以致爭端。此後臺郡大小武員創立莊產、開墾草地之處，永行禁止。倘有託名開墾者，將本官交部嚴加議處，地畝入官；該管官通同容隱，並行議處」。這些政策的推行，是對雍正時代鼓勵土地開墾政策的調整，對保護少數民族土地所有權起到了積極的作用。

　　學者們對少數民族土地的喪失多富同情心，並認爲這是造成少數民族生活日益窘迫的根本原因，因而全面否定清政府的土地政策。的確，因爲受到這一政策的影響，雍正時代「漢番」間的衝突超過了康熙時代，民族矛盾激化，最直接的表現就是所謂的「番害」層出不窮，並釀成大規模的「番亂」（大甲西事件）。然而這種情況持續時間並不長，在乾隆時代即因爲政策的調整而得到根本性的扭轉。原來鼓勵漢族開發土地政策開始受到一定的限制，少數民族土地所有權受到保護，民族矛盾有所緩和，民族關係有所發展，歸附的平埔族群受漢文化的影響更爲深刻，加速向漢文化靠攏，民族文化變遷步伐加快。到乾隆末年，因爲實施「番屯制」，清政府對參與守隘的「番丁」重新分配土地，解決他們的生活來源問題，爲防止他們的土地流失，清政府採取有效的措施加以保護。對乾隆時代實施的土地政策，臺灣學者柯志明持肯定的觀點，他說：「乾隆中期以後熟番在土牛界沿邊與保留區的土地，直到清末並未再度流失。這恐怕得歸功於清廷當時（乾隆中期）在法規上與行政上積極落實的熟番族群重新配置與熟番地保護。」〔註9〕

　　但是筆者認爲，參與「番屯制」的「番丁」（全部爲平埔族群）只有區區四

〔註8〕 伊士俍：《臺灣志略》上卷，載《巡臺錄·臺灣志略》（合訂本），第122頁，李祖基點校，香港人民出版社，2005年。

〔註9〕 柯志明：《番頭家——清代臺灣族群政治與熟番地權》第359頁，中央研究院社會學研究所，2003年（第三版）。

千餘人，他們所分配的土地也僅有八千八百餘甲。以此肯定乾隆時代的土地政策，似有以偏概全之嫌。先從人口比例上分析，我們假設四千餘「番丁」均已成家立業，以一丁口之家有五口人計，四千「番丁」家庭計有二萬人口，與當時十餘萬平埔族人口相比，僅占五分之一到六分之一的比例。再從八千八百餘甲的土地與劉銘傳「開山撫番」清查出臺灣土地面積三十六萬餘甲（由於嚴重觸犯土地所有者的切身利益，清查工作並不徹底，所以這一清查數字水份很大。有人估計實際上臺灣土地面積達到六十六萬甲之多。）相比，只相當於全臺土地開墾面積四十五分之一。

由此可看出，平埔族群中尚有十來萬人無法享受到「番屯制」的土地分配，即便是享受到土地的，其面積也只有臺灣土地開墾面積的四十五分之一。顯然，另外佔有絕大部分臺灣土地的人是漢族而非少數民族。歷史事實也表明，面對處於絕對強勢地位的漢族開墾大軍的咄咄逼人態勢，臺灣少數民族的土地所有權在不斷的流失，他們生存的空間在不斷縮小，清政府所能保護的，只是那些被視爲「義番」的少數族群，而非全體少數民族。否則，我們就不能進一步解釋嘉慶、道光年間發生的臺灣中部平埔族群大規模遷徙的原因以及平埔族群於道光年間入墾埔里盆地的行爲。

至於嘉慶年間清政府在臺灣東北部宜蘭平原出臺針對噶瑪蘭族群的「有加有留」土地政策，據臺灣學者詹素娟研究，由於「番租入不敷出，造成生活貧困等原因」最終也以相似於臺灣西部其他平埔族群土地流失的方式流失到漢人手中。

所以，站在少數民族立場，清政府臺灣土地政策顯然是失敗的，因爲它並不能真正有效地遏制漢族對少數民族土地的侵佔。但站在漢族立場，清政府的臺灣土地政策卻取得相當的成功。一是達到了開發臺灣土地的面積的目的。終清之世，臺灣土地開發面積較清初增加三十多倍，除中部和東部後山外，臺灣西部、中部和東北部都得到全面的開發；二是儘管「漢番」圍繞著土地問題發生矛盾和衝突，但總體而言，清代臺灣土地所有權從少數民族手中轉移到漢族手中，絕大部分是通過契約形式以和平方式實現轉移的。這對維護臺灣社會穩定起著至關重要的作用。

導致這種結局的出現，原因固然很多，但我們認爲，隨漢族移民而來的大陸封建地主制土地制度的先進性才是這種結局出現的根本原因。換言之，這種結局即使是清政府所不願意看到的，但這種結局的出現仍然是必然的，是不以

清政府意志爲轉移的，因爲這是兩種不同性質且力量懸殊的土地制度較量的必然結果。如前文所述，漢族出於定耕農業生產的需要，必然要對臺灣大量空曠土地進行開發，土地的田園化，就能夠使同一單位面積的土地有更大的產出。精耕細作和強烈的土地佔有意識是封建地主制土地制度最大的特點。而在漢族大規模移民臺灣前，少數民族尚處原始社會發展階段，有的處於狩獵經濟階段，有的處於刀耕火種的原始遊耕農業階段，加上人少地廣，對土地缺少強烈的依附性。對狩獵經濟的族群而言，土地只是他們獵取獵物的「鹿場」；對原始遊耕農業族群而言，廣袤的土地只是他們輪耕休耕保持地力的生產場所。粗放經營和土地觀念淡薄是臺灣少數民族原始狩獵或遊耕農業土地制度的最大特色。顯然這種土地制度與漢族地主制經濟的土地制度角逐競爭，其結局只能是以失敗而告終。更何況，漢族還有清政府鼓勵開墾土地政策的支持。

雖然清政府土地政策在保護少數民族土地所有權方面是失敗的，但並不意味著這一土地政策就是一無是處。從大的方面來說，臺灣土地的開發，使臺灣迅速從原始蒙昧狀態進入封建文明時代，縮小臺灣與祖國大陸經濟發展水平差距，這對加強國家邊疆地區經濟建設，鞏固國家海防，維護國家統一都有積極意義。從小的方面說，對處於原始社會發展階段的少數民族來說，圍繞著土地問題，在與漢族不斷接觸與打交道的過程中，不僅培養了他們的土地意識，使之越來越重視對土地所有權掌控，而且也讓少數民族學會了漢族先進的定耕農業生產技術，從而擺脫原始社會生活方式，並爲最終融入漢族主流社會打下了經濟基礎。從這個意義上說，清政府臺灣土地政策卻是得大於失的。我們很難想像，假如沒有清代對臺灣土地的大規模開發，今天的臺灣又將是怎樣的一種情形？

第三節 「護番保產」政策的評價

「護番保產」是清代臺灣民族政策的核心內容。康熙統一臺灣後，如何處理好臺灣的「漢番」關係是清政府必須面對的問題。爲此，不少有良知的地方官員提出保護少數民族利益的主張。如高拱乾諭令禁勒索奴役少數民族，陳璸則直接提出「禁冒墾以保番產」的主張等等。這些觀點得到清政府的認可，從康熙到雍正、從乾隆以嘉慶，歷朝皇帝都認爲「番即吾民」，同爲大清赤子，均應受到皇恩庇護。從歷史事實看，清政府「護番保產」政策出

臺的動機遠不止於此。清政府何以不遺餘力，力行「護番保產」？最根本的原因還是在於保持臺灣社會的穩定，以確保清政府在臺灣的長治久安。

清政府統一臺灣前，鄭氏政權作爲南明流亡政權與清政府分庭抗禮二十餘年，歸清之後，臺灣遠離大陸，孤懸海外的特殊地理位置，使清政府不得不重視加強對臺灣的防範，以避免臺灣再次成爲反清淵藪。故相繼出臺許多目的在於防範、限制漢族的政策，如禁止非法偷渡臺灣、禁止攜眷來臺、禁止客家人來臺、禁止招募臺灣本地漢族充當兵丁、禁止「漢番」通婚等等。這些政策的出臺，說明清政府認識到，臺灣的漢族才是清政府的最大威脅，因而其治臺政策最初的內容大多都是針對漢族而非少數民族的。

隨著大量漢族不斷移民臺灣，臺灣土地的不斷開墾，臺灣漢族與少數民族間的交往越來越頻繁，民族關係開始複雜化，民族間的衝突也不斷出現。毫無疑問，新情況、新問題的出現是清政府所不願意看到的。因爲「漢番」間的衝突，矛盾的激化，不僅影響到臺灣社會的穩定，更有可能威脅到清政府在臺灣的統治，而且清政府也清醒地認識到，臺灣民族矛盾產生的根源在於處於絕對強勢地位的漢族移民群體對處於絕對弱勢地位少數民族構成的直接威脅，因爲漢族移民臺灣根本的目的就是開墾土地，增殖產業，將全新的大陸封建地主制經濟制度移植到臺灣去，大量漢族移民對臺灣土地的開墾強烈需求，必然對少數民族的生存空間構成威脅，圍繞著土地的開墾與反開墾，雙方矛盾衝突必然出現。如何化解矛盾？清政府的做法是「防漢護番」，採取「抑強護弱」方式緩和矛盾。

清政府之所以這麼做？主要是因爲處於原始落後狀態的少數民族根本不可能對清政府在臺灣的統治構成威脅，故對其保護，只會有利而無害；而且對少數民族的保護，還可以利用少數民族來對臺灣漢族力量進行牽制，達到「以番制漢」的目的，可謂一箭雙雕。

必須指出的是，清政府所謂的「護番保產」，其保護對象主要是歸附政府的「熟番」（平埔族群）而非「生番」（山地族群）。「護番保產」的內容主要包括對少數民族賴以生存的土地所有權進行保護，具體是能耕者自耕，不能耕者贌耕（即租給漢人耕種，收取「番大租」以維持生活），所有少數民族土地開墾之後還享受免報升科的優惠。漢人若利用各種不正當手段謀取少數民族土地，一經查實，一律勒令歸還少數民族等。加上康熙、雍正、乾隆時代田賦、「番餉」的不斷減免，使少數民族的負擔大大減輕。「護番保產」政策

的實施，對緩和民族矛盾，保護處於絕對弱勢的少數民族利益，起到積極的作用。乾隆時代以後，這一政策的社會效果開始顯現出來，民族矛盾大大緩和，「漢番」間的直接衝突大大減少，加速了民族融合。

受到政府政策恩惠的少數民族，轉而對政府忠心耿耿，積極為政府服務，成為清政府鎮壓反清勢力的重要輔助力量。有清一代，清政府比較成功的地利用少數民族對漢族進行控制，少數民族能夠成為清政府有效統治臺灣的殺手鐧。重要的原因就在於清政府實施的「護番保產」政策達到收買民心的目的，從而得到了少數民族的支持和擁護。臺灣歷史上發生的幾次大規模農民起義、無數次漢族間的「械鬥」以及其它社會動亂，「熟番」大都充當「打手」角色，積極參與政府的鎮壓活動。特別是乾隆末年林爽文起義期間，臺灣中部平埔族群，在通事、土官的帶領下，爭先恐後，出生入死，甘當清軍馬前卒，在鎮壓林爽文起義中發揮了重要作用，被清廷視為「義番」，而受到器重。

儘管如此，我們還是認為，清政府「護番保產」政策的實施，總的來說較好地解決了臺灣複雜的民族問題，對維護臺灣社會的穩定，加強「漢番」間的民族團結有著重要的意義，對其得與失的比較，這一政策顯然是得大於失，利大於弊的，甚至可以說這是清政府臺灣民族政策最大的亮點。

第四節 「生熟番」區別對待政策的評價

對待臺灣少數民族，清政府的政策歷來都是「剿撫兼施」，但具體在對待平埔族群和山地族群方面則側重點各有不同，這也是清政府民族政策的重要內容之一。清代的臺灣少數民族內部社會經濟發展不平衡，種類繁多，互不統屬，大體被分為三大類，即「熟番」（平埔族群）、「生番」（山地族群）和介於二者之間的「化番」。清政府對臺灣少數民族採取的是「生熟番」區別對待的政策。這一政策長期實施，可以說貫穿整個清代臺灣的歷史。

在清政府看來，歸附政府的「熟番」是大清子民，可以通過一系列的教化政策，達到「化番為民」的目的，因而對屬於平埔族群的「熟番」，清政府傾向於以「撫」為主；而對沒有歸附政府的「生番」則更傾向於以「剿」為主。對剛剛歸附，正從「生番」轉變為「熟番」的「化番」，清政府在剃髮留辮、繳納「番餉」、從漢俗等方面均持較寬容的態度。

清政府「生熟番」有別政策的推行，與清政府對「生番」的認識態度有

直接的關係。清政府認為「生番」是「化外」之地的野蠻人,「其性野蠻,怠非人類」。藍鼎元《東征集》中《復呂撫軍論生番書》一文所表述的內容可以說是清政府「生番」政策的濃縮。「生番殺人,臺中常事。此輩雖有人形,全無人理,穿林飛箐如鳥獸猿猴,撫之不能,剿之不忍。……惟有於出沒要隘必經之途,遊巡設伏,大張炮火,虛示吾威,使彼畏懼而不敢出耳。……然則將何以治之,曰以殺止殺,以番和番。征之使畏,撫之使順。闢其土而聚其民焉,害將自息,久之生番化熟,又久之為戶口貢賦之區矣。」〔註10〕一言以蔽之,對待「生番」只能以施以武力,「以番治番」,以殺止殺,以滅其威。在此前提下,才可以談招撫。正是基於這種認識,清政府對待所謂的「內山生番」,歷來採取井水不犯河水的「隔絕」政策,以求相安無事了之。但如果「生番」越界殺人,製造所謂的「番害」,或與官府作對,滋生事端,清政府的首選對策就是大軍壓境堅決予以鎮壓。

　　不過,清政府的「生番」政策並非鐵板一塊,對於「生番」歸附,清政府大體是持歡迎態度的。特別雍正時代,清政府更是要求當地官員主動入山招撫「生番」,態度十分積極。然而由於地方官府對新歸附的「生番」管理只注重形式,不重實效,很難讓歸附「生番」做到「實心向化」,以致「生番」叛服無常,與政府關係若即若離。乾隆時代,對雍正主動招撫「生番」政策作了改變,轉而強化「番界」政策,注重對「番界」內的「熟番」管理,「生番」與政府關係再次疏遠。後乾隆時代,特別是道光年間,清政府對待「生番」的政策更為消極被動,最典型的事例就是埔里盆地的「生番」、「化番」紛紛要求歸附政府,均被拒絕。這種情況一直持續到 1874 年清政府決定實施「開山撫番」後才發生改變。

　　我們認為,清政府「生熟番」區別對待政策是其消極治臺政策的重要組成部分。這一政策的實施有其客觀原因,那就是「生番」社會經濟發展水平遠遠落後於「熟番」社會,在社會生活習俗方面,與漢人社會甚至平埔族群社會有許多格格不入之處,最典型的就是「生番」地區普遍盛行「獵首」習俗,這一習俗雖是南島民族傳統習俗,但以階級社會的倫理觀、道德觀作為評判標準,顯然這是屬於陋習之列,因而一直為官府所禁止。直到 1874 年實施「開山撫番」,清政府均把革除「獵首」陋習作為招撫「生番」的首要內容嚴格推行。

〔註10〕藍鼎元:《復呂撫軍論生番書》,載《東征集》卷四,第 59～60 頁,臺灣文獻叢刊第種。

「生番」的風俗習慣、生活方式與漢人社會甚至平埔族群社會形成強烈的反差，成爲清政府「生熟番」區別對待政策的根本原因。這一政策的推行，人爲地堵塞了「生番」自然融入臺灣主流社會的渠道，違背了社會發展規律，不利於「生番」社會的進步與發展，進一步擴大了「生番」與「熟番」之間發展的差距，也不利於促進民族關係的友好發展。因而對這一政策我們應當加以全面的否定。

第五節 「開山撫番」的評價

「開山撫番」是清代臺灣民族政策發生重大轉變的標誌。十九世紀後半葉，爲防止外國侵略臺灣的圖謀再次發生，清政府決定在臺灣實施「開山撫番」。這一政策與原來清政府消極保守的治臺政策形成鮮明對比，也是對原來治臺政策的全面否定。所謂「開山撫番」實質就是打破原來「番界」封鎖政策，改變「漢番隔離」狀況，強制將原來屬於化外的「生番」地全部納入清政府政權的統治之下。

從 1874 年沈葆楨主持「開山撫番」工作起至劉銘傳於 1889 年迫使全臺「生番」一律歸化止，清政府的「開山撫番」前後持續整整十五年時間。在這十五年時間裏，清政府採取「以剿爲主，以撫爲輔」的政策策略，迫使全部「生番」迅速歸化。從整個「開山撫番」的過程看，武力的鎮壓遠遠多於和平的招撫，不論從清政府抑或是山地族群來說，都爲此付出了沉重的代價。在這種情況，如何正確客觀評價清政府的「開山撫番」政策顯得十分必要。

我們認爲，要正確評價「開山撫番」政策，最關鍵的問題是要對「開山撫番」的前因後果作認眞的討論，釐清問題的主次，才會得出公允的評價。如前文有關章節所述，清政府迫不得已做出「開山撫番」的重大決策，主要是因爲牡丹社事件的發生，由此引發日本派兵入侵臺灣。日軍侵臺對中國東南海防構成重大的威脅，也是對清政府二百年來臺灣民族政策的重大挑戰，基於「外侮重於內患」的認識，清政府才作出政策調整的重大決定。顯然，「外侮」的出現，也即國際形勢的突變，才是清政府政策調整的眞正原因。

前面我們已經說過，清政府第一階段（1683～1874 年）的臺灣民族政策並非一成不變，而是在不同時代背景下不時進行微調，以達到緩和民族矛盾，化解民族衝突，維護社會穩定的目的。儘管不同時期，清政府進行政策微調

的具體原因不盡相同，但都有一個共同的特點，那就是這些原因全部來自「內患」，要麼是農民起義發生、要麼是漢人內部械鬥、要麼是少數民族抗官或「番害」的出現等。對於這些內患，作為統治者清政府來說，只要對政策作適當的微調即可解決問題，達到目的，無須對原有的政策作全面的調整改革。因為內患是國家內部問題，對於清政府來說，更容易掌控防範。但相對於內患來說，外侮涉及的是國與國之間的關係問題，國際形勢的發展變化並不像內患那樣可以由清政府單方面來左右控制的。換言之，要解決問題，並不是在政策上作微調就能輕易解決，而是要對政策作全面的檢討，甚至對政策徹底改革方能解決問題。

　　日本人之所以出兵臺灣，其藉口就是「生番」地不屬於清政府的統治版圖，與清政府無干。這顯然就是在鑽清政府臺灣民族政策的空子，因為長期以來清政府實施的「番界」政策，就是把「生番」地視為化外之地，沒有進行有效的行政管理。「番界」政策對內可以有效阻止漢人或平埔族群違禁私入「生番」地，對外卻為日本人侵略臺灣大開方便之門，這是清政府所始料未及的。在外交談判桌上，清政府可以說是時時處於「啞巴吃黃連」的被動境地，雖然日本侵臺事件最終通過「和談」屈辱解決，避免了清政府與日本的軍事衝突，但此事發生，卻讓清政府不得不重新檢討其民族政策的利弊得失。毫無疑問，過去屢試不爽的政策微調此時再也行不通了，只能對其政策作重大的調整。這就是清政府「開山撫番」政策實施的前因。那清政府「開山撫番」的後果又是什麼呢？

　　清政府持續不斷十五年的「開山撫番」進程，將大片內山和後山「生番」地納入政府統治版圖。其結果就是屬行近二百年的「番界」政策被打破，「漢番隔離」政策被徹底否定，歷來被視為禁地的臺灣廣大後山大片地方得到全方位的開放，這對促進內山地區社會經濟的發展，消彌二百多年來「漢番隔離」所產生的「生番」與「熟番」以及漢人之間民族隔閡，打破臺灣前山與後山之間社會經濟發展嚴重不平衡的局面，都將起著積極的作用。在加強國家海防方面，「開山撫番」使過去「生番、熟番兩重天」的格局被打破，全臺連為一體，有效地堵塞了過去「番界」封鎖政策帶來的漏洞，徹底避免日本藉口「生番」地不屬清政府而大舉出兵臺灣類似事件的再次發生。維護了國家安全，保障了國家領土的完整。

　　當然，我們也必須認識到，任何改革都是要付出代價的，「開山撫番」也

不例外，面對清政府突如其來的「開山撫番」活動，「生番」平靜的生活被徹底打破，「開山撫番」所遭遇到的阻力可想而知。面對「生番」的反抗，清政府採取的對策就是大軍壓境，「以殺止殺」，不惜使用鐵血手腕方式迫使其就範。在「開山撫番」過程中，不僅讓許多「生番」付出慘重的代價，就是清政府本身也爲此付出巨大的代價。

相較「開山撫番」所付出的代價而言，我們認爲「開山撫番」是在國家領土主權受到嚴重威脅的情況下，所作出的目的在於防禦外侮重大決策，對保障國家安全和領土的完整發揮著至關重要的作用。因此，「開山撫番」所取得的成績是主要的，「開山撫番」過程中所帶來的負面影響則是次要的。「開山撫番」與過去長期實行的「番界」政策相比無疑具有進步意義

第六節　教化政策的評價

中國歷史上，歷代封建統治者爲更好地統治少數民族，實施「教化」是其最常用的政治手段之一，清代統治臺灣期間，對歸附的少數民族也不例外。如何評價這種「教化」政策，學者們的觀點分歧頗大。筆者認爲，要作客觀公允的評價，既要看過程，更要看結果，二者結合，觀察分析，才不致有失公允，片面下結論。

面對少數民族社會經濟文化水平與漢人社會的巨大落差，清政府認爲，唯有對其實施教化方能使迅速融入漢族主流社會之中，實現「番漢一道同風之美」。故在臺灣清政府一向注重對少數民族積極推行教化政策，其目的就是通過向少數民族灌輸封建禮教文化，使其向大陸主流漢文化靠攏，最終「化番爲民，使之與民人無異」。正如郁永河所說的那樣：對待少數民族「苟能化以禮義，風以詩書，教以蓄有備無之道，制以衣服、飲食、冠婚、喪祭之禮，使咸知愛親、敬長、尊君、親上，啓發樂生之心，潛消頑憨之性，遠則百年、近則三十年，將見風俗改觀，率循禮教，寧與中國之民有以異乎？」〔註11〕

清政府對少數民族的教化政策，最重要的舉措就是開辦「土番社學」，專門針對少數民族子弟開展教育活動。這種開辦「民族學校」的做法，也是借鑒大陸經驗而來。「臺灣義學之外，又有社學。蓋仿楚、粵、滇、黔等省邊隅州縣設學延師教訓苗蠻猺黎子弟之制，就歸化番社設立社學。……近來社學

〔註11〕郁永河：《裨海紀遊》卷下，第36～37頁，臺灣文獻叢刊第44種。

尤多，番童衣冠誦讀，與內地無異。」〔註12〕根據史料記載，從康熙時代起，就已開辦「土番社學」，到雍正時代，「土番社學」大興，使學校數增加到 47 所，乾隆時代增加到 51 所。需要指出的是，當時的「土番社學」教育的對象均爲歸附的平埔族群子弟。「開山撫番」後，爲對新歸附的「生番」實施教化，清政府把「土番社學」開辦到「生番」地區，其教育對象也由平埔族群子弟改爲「生番」子弟。

如何評價清政府的教化政策？我們認爲教化政策對推動臺灣少數民族文化教育事業的發展，影響極爲深遠。歸納起來主要表現在如下幾個方面：

1、大大加速臺灣少數民族特別是平埔族群的文化變遷

不同文化的接觸是文化變遷的重要前提，清政府治臺二百餘年間，出於維護其統治的需要，積極向臺灣少數民族傳播封建主義文化，從而大大加速了他們的文化變遷。乾隆朝以後，絕大多數平埔族群的傳統文化已開始消失，並逐漸融入漢文化之中，到清朝末年，除部分族群如噶瑪蘭、巴則海、邵等因爲分佈在較爲偏僻地區，仍保留部分傳統文化外，其它族群的民族特徵基本消失，融合到漢族之中。其文化變遷速度之快，傳統文化消失之徹底，是其它山地族群所不能相比的。平埔族群文化變遷的原因固然很多，但清政府長期以來堅持實施的教化政策，所起的作用是不可低估的。

2、在少數民族移風易俗方面發揮巨大的作用

包括平埔族群在內，臺灣所有少數民族都屬於南島民族，南島民族的語言、習俗等傳統文化特徵與漢文化完全不同。清政府統一臺灣後，在漢族文化中心主義觀念的影響之下，把少數民族傳統文化視爲「野蠻文明」而爲地方官府所禁止或廢除，當時的臺灣地方政府都以漢族封建禮教文化爲標準，積極在少數民族社會中倡導移風易俗。從「土番社學」所講授四書五經之類的課程看，其重要的目之一就是要對少數民族子弟灌輸所謂的廉恥、禮義、孝節等封建主義文化價值觀，其結果更是使這些少數民族子弟的思想意識形態越來越靠近漢文化而疏遠本民族的傳統文化，從而爲少數民族社會徹底地移風易俗掃平道路。根據史料記載，臺灣平埔族群傳統習俗中的獵首、文身、

〔註12〕唐贊袞：《臺陽見聞錄》卷下，《文教》第 87～88 頁，臺灣文獻叢刊第 30 種。

穿耳、打牙等在乾隆朝以後幾乎絕迹。這充分說明教化政策對其傳統文化的影響之深。「開山撫番」後，清政府如法炮製，把移風易俗，革除陋習作爲教化政策的重要內容灌輸到山地族群當中去，在山地族群社會中也產生積極的影響。

3、少數民族文化教育水平的提高，有利於緩和「漢番」民族矛盾

不可否認，因爲漢族移民不斷的開墾，臺灣少數民族的傳統生產、生活方式受到極大的衝擊，民族矛盾和衝突不可避免。但縱觀 1874 年「開山撫番」以前的臺灣民族關係發展史，我們卻發現漢族與平埔族群間的民族關係較漢族與山地族群之間的關係要平和得多。這顯然與平埔族群持久濡染漢文化有很大的關係。由於平埔族群文化教育水平的不斷提高，因而對漢族生產、生活方式很快實現從排斥到模仿接納的轉變。也因爲漢文化的認同，平埔族群與漢族移民之間的矛盾與衝突隨之緩和。相形之下，雖然「開山撫番」後，清政府也在「生番」地區開辦「社學」傳播漢文化，但由於山地族群長期與外界隔絕，加之推廣「社學」時間不長，致使絕大多數「生番」對漢文化缺乏瞭解，很少具有漢文化的認同心理，從而使得山地族群與漢族之間的關係要緊張得多。

清政府在臺灣少數民族中推行的「教化」政策，其主觀動機是爲維護臺灣地方統治服務，但客觀上有利於提高少數民族文化素質，推動少數民族社會的發展進步，促成少數民族對漢文化的認同，而這種文化的認同正是民族自然融合的先決條件。從平埔族群對漢文化認同心理遠遠高於山地族群的現實情況看，教化政策所起的積極作用是不容低估的。正因爲平埔族群比山地族群更早、更久地接受清政府教化政策的影響，其對漢文化認同心理也比山地族群牢固得多，因而與山地族群相比，平埔族群文化變遷是平和、理性而又徹底的。簡言之，平埔族文化變遷中的自然融合成分遠遠高於強制同化成分，那種把清政府實施的「教化」政策與以「種族滅絕」爲主要內容的強制同化政策等同起來的觀點顯然是不符合歷史事實的，也是站不住腳的。

結　語

　　政策是統治階級意志的體現。我們從清政府臺灣民族政策演變過程不難
看出，清代所有臺灣民族政策內容從醞釀製定到出臺實施，都是爲清政府在
臺的統治服務的，即爲其在臺灣統治的長治久安服務。不同時期，清政府臺
灣民族政策雖有調整變化，但其爲清政府統治服務的政治目的始終沒有改
變。第一階段（1863～1874 年）消極被動的民族政策如此，第二階段（1874
～1895 年）積極主動的民族政策也是如此。

　　清代的臺灣作爲一個多民族聚居地方，民族問題十分複雜。具體表現在：
1、少數民族間有矛盾衝突。從本島土著民族來講，各族群種類繁多，支系龐
雜，互不統屬，發展水平不一，族群間的矛盾衝突在所難免；2、漢族移民之
間也有矛盾衝突。從漢族社會來說，來自不同地域漢族移民，在鄉土觀念的
影響下，形成不同的族群觀念，爲了各自的經濟利益，漢族間的衝突也是此
起彼伏，接連不斷。3、漢族與少數民族之間也有矛盾衝突。面對如此複雜的
民族矛盾，作爲統治者的清政府，要想維護臺灣社會的穩定，鞏固自己在臺
灣的統治地位，就必須制定一系列的政策措施來約束矛盾各方的行爲，以達
到緩和矛盾，解決問題的目的。民族問題解決不好，就有可能威脅到清政府
在臺灣的統治地位，這是臺灣民族問題的複雜性所決定的。所以，保境安民，
確保在臺統治的長治久安是清政府臺灣民族政策實施的終極目標。故歷史學
家連橫曾有言「理番之事，臺灣之大政也，成敗之機，實係全局。」〔註1〕此
言極是。

〔註 1〕 連橫：《臺灣通史》卷十五，《撫墾志》第 415 頁，臺灣文獻叢刊第 128 種。

臺灣民族問題的複雜性，決定了清政府臺灣民族政策必然呈現出多樣性的特點。在第一階段，臺灣民族政策的內容主要體現在：通過強化「番界」的管理達到「漢番隔離」、「生熟番」區別對待的目的；通過限制漢人對少數民族土地的侵墾達到「護番保產」的目的；通過重用「熟番」守衛「番界」達到「以番治漢」、「以番治番」的目的。由此我們不難看出，作爲統治者的清政府在臺灣漢族、「熟番」（平埔族群）和「生番」（山地族群）三者之間所扮演的角色各有不同。對待漢人，清政府歷來是防範爲主，因爲漢人才是清政府在臺統治的最大威脅。對「熟番」，清政府歷來是以撫爲主，因爲他們不僅內附輸餉，同爲大清赤子，更因爲他們社會經濟文化發展水平落後，在強勢的漢人社會面前是十足的弱者，必須加以保護，方能維持生存。對待「生番」，因其「雖有人形，全無人理，穿林飛箐如鳥獸猿猴，撫之不能，剿之不忍」，故將其隔離於政府的統治之外，採取「井水不犯河水」策略，任其自生自滅。

顯而易見，清政府第一階段臺灣民族政策實主要是針對平埔族群和漢族而實施的，對於界外「生番」，則少有涉及。

清政府上述政策取向，以今天的標準看，存在著其歷史局限性是不可否認的，對於這些政策的成敗得失，上文我們已作討論。接下來我們要討論的重點是，如何對清政府第一階段的民族政策作一個全面的評價？

我們認爲，民族政策是清政府治臺政策的重要組成部分，與其他政策一樣，同樣要爲清政府統治臺灣的現實服務。綜觀第一階段臺灣民族政策的演變過程，我們不難發現，清政府臺灣民族政策的出臺與實施，都與臺灣時局的變化密不可分。當社會矛盾、階級矛盾、民族矛盾有所激化之時，清政府都及時對民族政策具體內容作調整，從而有效地避免臺灣本來就複雜的民族矛盾被再度激化，影響到社會的穩定，威脅到清政府的統治地位。所以，第一階段臺灣民族政策的重點在於消除內患。

臺灣社會的移民性特點，決定了各種矛盾十分尖銳，並導致臺灣社會的動蕩不安，「三年一小反，五年一大反」成爲臺灣歷史眞實寫照。我們研究臺灣民族問題時卻發現一個值得深思的現象就是，儘管臺灣社會經常動蕩不安，但由民族矛盾直接引發的社會動亂卻並不多見。有清一代，臺灣歷史上有名的「番亂」事件屈指可數，主要有康熙三十八年的「吞霄社之亂」、雍正四年水沙連「化番」骨宗父子抗官事件和雍正九年大甲西事件等少數幾起，而漢族與少數民族之間大規模的武裝衝突也很少發生，著名的只有嘉慶元年

的吳沙入墾噶瑪蘭事件以及嘉慶十九年的郭百年事件兩起。至於屬於地方社
會治安案件性質的「番害」，除在雍正年間和乾隆初期發生較多之外，後因清
政府強化「番界」管理，也大幅減少。與之形成鮮明對比的是，漢人社會中
漢族之間的發生的械鬥，不論是發生的次數，還是慘烈程度，都大大超過因
民族矛盾激化而引起的「番亂」、「番害」等事件。

　　從這個意義上說，儘管清政府第一階段的臺灣民族政策存在許多歷史局
限性，但從宏觀的角度看，清政府第一階段的臺灣民族政策還是取得相當成
效，在臺灣不斷得到開發的基礎上，漢族與平埔族群能夠友好相處，平埔族
群文化所發生的變遷，自然融合成分遠無高於強制同化成分，臺灣民族關係
得到良性發展，達到了緩和民族矛盾，鞏固了清政府在臺灣的統治的目的。

　　牡丹社事件發生後，清政府轉而在臺灣實施積極主動的「開山撫番」政
策，「開山撫番」成為清政府第二階段臺灣民族政策的核心內容。這一時期的
民族政策主要針對山地族群而非平埔族群。與過去的政策相比，這一階段的
民族政策的重點在於消除外患，而非內患。

　　「開山撫番」是清政府迫於國際形勢變化，為防止外國勢力覬覦和入侵
臺灣而實施的，旨在打破厲行近一個多世紀的「番界」政策，將原來被視為
化外之地的「生番」地區納入清政府的直接統治之下。在政策的實施過程中，
清政府因急於實現「民番聯絡一體，輶域悉除」的目標，在短短的十五年時
間裏，迫使全臺「生番」五百餘社，十數萬人歸附政府。這一「開山撫番」
成果的取得，主要是通過對「生番」的武力討伐取得的，這與過去政策主張
的和平招撫截然不同，因而遭到激烈的反抗，使山地族群和清政府本身都為
此付出慘重的代價。

　　然而，「開山撫番」的實施，使全臺融為一體，消除民族間、地域間的隔
離狀態，不僅有利於促進民族關係的友好發展，推動「生番」地區社會政治
經濟文化事業的進步，而且在鞏固臺灣海防，堵塞政策漏洞，徹底杜絕外國
覬覦、侵略臺灣之口實方面更起到積極作用。毫無疑問，在國家領土主權受
到重大威脅的情況下，「開山撫番」政策的實施，其深遠意義是不容否認的。

　　總之，有清一代，臺灣社會經濟有了長足發展，土地得到大面積開發，「番」
漢之間土地所有權基本依靠和平手段實現轉移，民族關係相對穩定，都與清
代臺灣民族政策有密切的關係。這些政策的實施，是清政府能夠有效統治臺
灣長達二百一十二年重要原因之一。從這個角度看，清代臺灣民族政策有可
取之處。

附　錄

清代臺灣民族政策大事紀

1、康熙二十二年，康熙統一臺灣，並在臺灣設置一府三縣，開始以臺灣長達 212 年的統治。

2、康熙二十五年，清政府在新港、目加溜灣、蕭壠和麻豆四社開設「土番社學」，教育少數民族子弟。

3、康熙三十一年，任臺廈道的高拱乾在任期間發佈《禁苦累土番等弊示》，主張對少數民族進行保護。

4、康熙三十八年，因通事黃申苛斂無已，致使吞霄社土官卓個、卓霧殺申以反，史稱「吞霄社之亂」。後在岸里社巴則海人幫助下，清軍將此次少數民族抗清事件鎮壓下去。

5、康熙四十九年，臺廈道陳璸提出《條陳經理海疆北路事宜》，全面闡述「護番保產」政策建議。

6、康熙五十三年，時任諸羅縣令的周鐘瑄上書閩浙總督覺羅滿保，揭示當時漢族開墾土地已威脅到少數民族生存空間。

7、康熙五十四年，周鐘瑄在諸羅縣內的諸羅山、打貓、哆囉嘓、大武壠四社創辦「土番社學」四所。

8、康熙五十五年，閩浙總督覺羅滿保上奏臺灣南北路有「生番」四千七百餘口歸化政府。同年，周鐘瑄向新歸附的岸里社巴則海頭人阿莫發放同意其開墾貓霧捒墾照，使其成為開發臺中的第一人。向少數民族發放土地開墾許可證其意義重大，說明臺灣少數民族土地意識增強。

9、康熙六十一年，朱一貴起義被鎮壓後，清政府首次強化「番界」政策，此後這一政策一值得到執行，直至 1874 年才被廢除。同年，清政府正式實施巡臺御史制度，定期派遣滿、漢各一員巡臺御史出使臺灣考察，反饋情報至清廷。

10、雍正元年，清政府在諸羅縣北部分設彰化縣。

11、雍正二年，臺灣南路有「生番」65 社，五千九百九十九口歸附政府。

12、雍正三年，清政府接受閩浙總督覺羅滿保建議，同意少數民族將鹿場等空曠之地租予漢人墾種，以增加收入。此政策出臺，對漢人入墾「番地」大開方便之門。同年，巡撫毛文銓建議加強「番界」管理，防止私自進入「生番」界內。

12、雍正四年，清政府武力討伐水沙連諸社，水里社頭人骨宗父子被捕殺。同年，清政府下令全部減免平埔族婦女丁餉。

13、雍正五年，巡臺御史史索琳等提議，爲防漢人侵墾少數民族土地，按大社五百甲，中社四百甲，小社三百甲的標準劃定保留地，作爲其生活來源。同年，福建總督高其倬爲防「番害」發生，再次強調「番界」管理。

14、雍正六年，南路山豬毛社「生番」越界殺害漢人二十二人，並釀成歷史上有名的「山豬毛事件」。

15、雍正九年底，淡水同知張弘章爲修建新衙署而濫派民力，引發臺中地區多個平埔族群的反抗，因最先抗官的是大甲西社，此事被稱爲「大甲西事件」。大甲西事件是臺灣歷史上，最大的一起少數民族抗官事件，前後持續近一年時間。

16、雍正十年，時任臺灣道的張嗣昌在「撫番」方面有所作爲，積極倡導少數民族移易俗，革除陋習，成效頗大。

17、雍正十一年，福建總督郝玉麟建議加強通事的選拔任用工作，強化對通事的管理。

18、雍正十二年，在張嗣昌的建議下，臺灣各地普遍設置「土番社學」，其中臺灣縣有 5 所、鳳山縣有 8 所、諸羅縣有 11 所、彰化縣有 17 所、淡水廳 6 所，「土番社學」總計達到 47 所。平埔族子弟入學就教機會超過以往任何時候。

19、乾隆二年，清政府下令臺灣少數民族與漢族一視同仁，每丁除繳納丁餉二錢外，其餘「番餉」一律裁減。大大減輕少數民族經濟負擔。同年，

巡臺御史白起圖奏請嚴禁私墾私賣少數民族土地，並規定嚴禁「漢番通婚」。同年，清政府嚴禁民人偷越「番界」，違者分別情節究治，並把「番界」的日常管理，防止漢人偷越「番界」納入臺灣地方官員的工作職責範圍，如有失察依律論處。

20、乾隆九年，清政府下令禁止在臺武官購置田產，設立官莊。並派出特使赴臺清查，規定「民產歸民，番產歸番」。

21、乾隆十年，布政使高山建議在臺灣推行土司制度，未獲批准。

22、乾隆十一年，清政府規定禁止私買少數民族土地，違者依律定罪。將「護番保產」上昇到法律的高度。

23、乾隆二十三年，清政府正式在臺灣平埔族群地區推行賜姓、剃髮制度。同年，閩浙總督楊應琚提出在條件成熟地方任命少數民族擔任通事的建議，得到清政府的批准。

24、乾隆二十五年，清政府在臺灣進行大規模的劃界工作，進一步加強「番界」政策。

25、乾隆三十一年，清政府在臺灣設置南北路理番同知，這是管理少數民族的專門機構，臺灣民族政策完善的重要標誌。

25、乾隆四十二年，閩浙總督鍾音提出全部革除漢人通事，改由任用少數民族擔任通事的建議，未獲批准。

26、乾隆五十五年，清政府正式在臺灣推行「番屯制」。

27、嘉慶九年，臺灣中部平埔族群首領潘賢文、大乳汗毛格率眾一千餘人長途遷徙至宜蘭平原一帶，與當地漢人爭奪土地開墾權。

28、嘉慶十六年，清政府正式在臺灣東北部設置噶瑪蘭廳。這是自雍正元年增設彰化縣後的重大突破。

29、嘉慶十七年，為保護當地少數民族的土地所有權，清政府在新設的噶瑪蘭廳東、西勢「番社」實施「有加有留」土地保護政策。

30、嘉慶十九年，水沙連隘丁首黃林旺勾結漢人陳大用、郭百年騙墾埔里盆地土地，招致當地少數民族的反對，並引發衝突，當地少數民族損失慘重，史稱「郭百年事件」。

31、嘉慶二十二年，臺灣地方官員查處「郭百年事件」，漢人被驅逐出埔里盆地。

32、道光三年，在當地少數民族的招募下，臺中平埔族群成功入墾埔里盆地。

同年，鹿港同知鄧傳安親歷埔里盆地視察，主張開放埔里盆地的禁墾政策。未獲批准。

33、道光十四年，閩浙總督程祖洛再次奏請嚴禁「漢番通婚」，違者重處。並要求將其處罰內容寫入刑部律例之中。

34、道光二十五年，北路理番同知史密再次來到埔里盆地視察，他提出開放埔里盆地禁墾政策，得到閩浙總督劉韻珂的認可。

35、道光二十六年底，閩浙總督劉韻珂親赴埔里盆地考察，再次提出開墾埔里盆地建議，被清政府拒絕。

36、1871 年底，一艘上貢清政府返航的琉球國船隻遭遇暴風雨失事，66 名船員上岸後被附近牡丹、高士佛社少數民族殺害 54 人，另有 12 人成功逃脫。

37、1874 年，日本以保護「琉球屬國」名義出兵臺灣，向牡丹、高士佛社少數民族興師問罪，釀成臺灣史上著名的「牡丹社事件」。同年，前往臺灣全權處理「牡丹社事件」的欽差大臣沈葆楨向清政府提出「開山撫番」建議，得到批准，清政府臺灣民族政策發生大逆轉。

38、1875 年，沈葆楨向清政府建議增設臺北府，下設淡水、新竹和宜蘭三縣，獲准。同年，福建巡撫王凱泰接替沈葆楨主持臺灣「開山撫番」工作。他上任後發佈《訓番俚言》，勸諭「生番」移風易俗。

39、1877 年，恒春縣令周有基前往紅頭嶼（蘭嶼）招撫，雅美族從此歸附清政府。同年，福建船政大臣丁日昌發佈《開山撫番善後章程二十一條》，成爲指導「開山撫番」工作的綱領性文件。

40、1879 年臺灣總兵吳光亮編寫《化番俚言》三十二條，頒發各社、各學校指導「生番」移風易俗。

41、1885 年 7 月，左宗棠向清政府提出臺灣建省的建議。經過有關部門討論之後，清政府於 10 月 12 日下詔同意臺灣建省。首任巡撫爲劉銘傳。

42、1886 年春，經過半年的「開山撫番」，全臺計有四百餘「生番」社，七萬餘人歸附清政府。同年 5 月，劉銘傳開始在臺灣進入丈田清賦工作。清理「屯租」和「番大租」也是其內容之一。使百年來「番屯制」的性質發生改變。同年，劉銘傳在大料崁設立撫墾總局，自任撫墾大臣，負責全臺的撫墾工作。

43、1887 年上半年，「生番」又有五百餘社，八萬餘人歸附清政府。同年，劉

銘傳奏請調整、增設臺灣行政機構，其行省規模初具。至此，全臺計有
三府十一縣四廳一直隸州。

44、1888 年南路後山卑南呂家望大社在漢人劉添汪的支持下四千餘人反清，
進而圍攻卑南廳治，後被清軍打敗。同年底，全臺計有八百餘社，二十
餘萬人就撫。

45、1889 年春，清軍以死亡數千人的代價，使全臺「生番」基本歸化。

46、1890 年春，劉銘傳在臺北設立「番學堂」，招收少數民族頭人子弟入學就
教。

47、1892 年，丈田清賦工作完成，共清出田園面積三十六萬餘甲，爲清丈前
的六倍多。田賦收入也由清賦前的 18 萬多兩，增加到清賦後的 67 萬餘
兩，淨增 49 萬餘兩。

48、1895 年，中日甲午戰爭爆發，清政府戰敗，被迫將臺灣割讓日本，臺灣
被淪爲日本殖民地。

參考文獻

一、歷史文獻類

1. 劉良璧：《重修福建臺灣府志》，臺灣文獻叢刊第 74 種。
2. 連橫：《臺灣通史》，臺灣文獻叢刊第 128 種。
3. 毓英等：《臺灣府志》（三種本），中華書局，1985 年。
4. 黃叔璥：《臺海使槎錄》，臺灣文獻叢刊第 4 種。
5. 周鍾瑄：《諸羅縣志》，臺灣文獻叢刊第 141 種。
6. 姚瑩：《東槎紀略》，臺灣文獻叢刊第 7 種。
7. 高拱乾：《臺灣府志》，臺灣文獻叢刊第 65 種。
8. 六十七：《番社采風圖考》，臺灣文獻叢刊第 90 種。
9. 沈茂蔭：《苗栗縣志》，臺灣文獻叢刊第 159 種。
10. 培元：《噶瑪蘭志略》，臺灣文獻叢刊第 160 種。
11. 陳淑均：《噶瑪蘭廳志》，臺灣文獻叢刊第 160 種。
12. 德福等：《閩政領要》，福建師範大學抄本。
13. 楊英：《從征實錄》，臺灣文獻叢刊第 32 種。
14. 陳璸：《陳清端公文選》，臺灣文獻叢刊第 116 種。
15. 郁永河：《裨海紀遊》，臺灣文獻叢刊第 44 種。
16. 藍鼎元：《東征集》，臺灣文獻叢刊第 12 種。
17. 周元文：《重修臺灣府志》，臺灣文獻叢刊第 66 種。
18. 《清高宗實錄選輯》，臺灣文獻叢刊第 186 種。
19. 《清聖祖實錄選輯》，臺灣文獻叢刊第 165 種。
20. 張嗣昌：《巡臺錄》，載《巡臺錄‧臺灣志略》（李祖基點校），香港人民出版社，2005 年。

21. 周璽:《彰化縣志》,臺灣文獻叢刊第 156 種。

22. 《新竹縣志初稿》,臺灣文獻叢刊第 61 種。

23. 藍鼎元:《平臺紀略》,臺灣文獻叢刊第 14 種。

24. 《清世宗實錄選輯》,臺灣文獻叢刊第 167 種。

25. 國立故宮博物院清代宮中檔奏摺臺灣原住民史料:《臺灣原住民史料彙編七》,臺灣省文獻委員會編,1998 年。

26. 范咸:《重修臺灣府志》,臺灣文獻叢刊第 105 種。

27. 朱仕玠:《小琉球漫志》,臺灣文獻叢刊第 3 種。

28. 尹士俍:《臺灣志略》,載《巡臺錄·臺灣志略》(李祖基點校),香港人民出版社,2005 年。

29. 王瑛曾:《重修鳳山縣志》,臺灣文獻叢刊第 146 種。

30. 《清會典臺灣事例》,臺灣文獻叢刊第 226 種。

31. 《清代臺灣大租調查書》,臺灣文獻叢刊第 152 種。

32. 《臺灣中部碑文集成》,臺灣文獻叢刊第 151 種。

33. 《清奏疏選彙》,臺灣文獻叢刊第 256 種。

34. 《清世祖實錄》,中華書局,1985 年。

35. 鄧傳安:《蠡測彙鈔》,臺灣文獻叢刊第 9 種。

36. 《清仁宗實錄選輯》,臺灣文獻叢刊第 187 種。

37. 《福建通志臺灣府》,臺灣文獻叢刊第 84 種。

38. 丁日健:《治臺必告錄》,臺灣文獻叢刊第 17 種。

39. 《清穆宗實錄選輯》,臺灣文獻叢刊第 190 種。

40. 羅大春:《臺灣海防並開山日記》,臺灣文獻叢刊第 308 種。

41. 沈葆楨:《福建臺灣奏摺》,臺灣文獻叢刊第 29 種。

42. 《清德宗實錄選輯》,臺灣文獻叢刊第 193 種。

43. 吳贊誠:《吳光祿使閩奏稿錄》,臺灣文獻叢刊第 231 種。

44. 《臺灣生熟番紀事》,臺灣文獻叢刊第 51 種。

45. 丁日昌:《丁禹生政書》,香港志濠印刷公司,1987 年。

46. 《劉銘傳撫臺前後檔案》,臺灣文獻叢刊第 276 種。

47. 《清宣宗實錄選輯》,臺灣文獻叢刊第 188 種。

48. 《光緒朝東華續錄選輯》,臺灣文獻叢刊第 277 種。

49. 俞樾編:《彭剛直公奏稿》,光緒十七年刻本。

50. 劉銘傳:《劉壯肅公奏議》,臺灣文獻叢刊第 27 種。

51. 程家穎編:《臺灣土地制度考察報告書》,臺灣文獻叢刊第 184 種。

52. 《福建省臺灣府》，臺灣文獻叢刊第 84 種。

53. 陳文達：《鳳山縣志》，臺灣文獻叢刊第 124 種。

54. 陳第：《東番記》，載沈有容《閩海贈言》，臺灣文獻叢刊第 56 種。

55. 陳盛韶：《問俗錄》，載《蠡測彙鈔‧問俗錄》全印本，書目文獻出版社，1983 年。

56. 朱景英：《海東札記》，臺灣文獻叢刊第 19 種。

57. 《苑里志》，臺灣文獻叢刊第 48 種。

58. 唐贊袞：《臺陽見聞錄》，臺灣文獻叢刊第 30 種。

59. 曹士桂：《宦海日記校注》，雲南人民出版社，1988 年。

60. 《明清史料》（戊編），中華書局，1987 年。

61. 《清代臺灣大租調查書》，臺灣文獻叢刊第 152 種。

二、臺灣學者著作

1. 尹章義：《臺灣開發史研究》，聯經出版事業股份有限公司，1989 年。

2. 李壬癸：《臺灣原住民史——語言篇》，臺灣文獻委員會，1999 年。

3. 李壬癸：《宜蘭縣南島民族與語言》，宜蘭縣政府，1996 年。

4. 李任癸：《臺灣平埔族的歷史與互動》，常民文化出版，1997 年。

5. 阮昌銳：《大港口的阿美族》，中央研究院民族學研究所專刊之十八，1969 年。

6. 衛惠林：《埔里巴宰七社志》，中央研究院民族學研究所專刊之二十七，1981 年。

7. 洪麗完：《臺灣中部平埔族：沙轆社與岸里社之研究》，稻香出版社，1997 年。

8. 凌純聲：《中國邊疆民族與環太平洋文化》（上下冊），聯經出版公司，1979 年。

9. 潘英海等：《重修臺灣省通志》卷三，《同冑志‧平埔諸族》，臺灣文獻委員會，1995 年。

10. 洪敏麟：《臺灣省通志》卷八，《同冑志》，臺灣省文獻委員會，1972 年。

11. 潘英：《臺灣平埔族史》，臺北南天書局，1996 年。

12. 劉枝萬：《南投縣志稿》，載《南投縣文獻叢輯》（6），南投縣文獻委員會，1978 年。

13. 潘大和：《平埔巴宰滄桑史》，南天書局，2002 年。

14. 柯志明：《番頭家——清代臺灣族群政治與熟番地權》，中央研究院社會學研究所，2003 年第三版。

15. 張德水：《臺灣種族、地名、政治沿革》，前衛出版社，1997 年。

16. 白棟梁：《平埔足迹：臺灣中部平埔族遷移史》，晨星出版社，1997 年。

17. 林江義：《臺東海岸加走灣馬卡道族的研究》，政治大學碩士論文（未刊稿），2004 年。

18. 顏愛靜、楊國柱：《原住民族土地制度與經濟發展》，稻香出版社，2004 年。

三、大陸學者著作

1. 《高山族簡史》，福建人民出版社，1982 年。

2. 林惠祥：《臺灣番族之原始文化》，上海文藝出版社（影印本），1991 年。

3. 陳孔立：《清代臺灣移民社會研究》，九州島出版社，2003 年。

4. 陳孔立：《簡明臺灣史》，九洲圖書出版社，1998 年。

5. 楊彥傑：《荷據時代臺灣史》，江西人民出版社，1992 年。

6. 徐萬民、周兆利：《劉銘傳與臺灣建省》，福建人民出版社，2000 年。

7. 李祖基：《臺灣歷史研究》，臺海出版社，2006 年。

8. 王尊旺：《清代臺灣理番政策初探（1683～1874）》，福建師範大學碩士論文（未刊稿），2001 年。

9. 陳孔立主編：《臺灣研究十年》，廈門大學出版社，1990 年。

10. 徐萬民、周兆利：《劉銘傳與臺灣建省》，福建人民出版社，2000 年。

11. 郭志超：《閩臺民族史辨》，黃山書社，2006 年 5 月。

12. 曾思奇：《臺灣南島語民族文化概論》，民族出版社，2005 年。

13. 許良國：《臺灣民族研究文集》，中央民族大學出版社，2006 年。

14. 羅春寒：《臺灣平埔族群文化變遷之研究》，民族出版社，2008 年。

四、外國學者著作

1. 伊能嘉矩：《平埔族調查旅行——伊能嘉矩〈臺灣通信〉選集》（楊南郡譯），遠流出版公司，1996 年。

2. 伊能嘉矩：《臺灣蕃政志》（溫吉譯），臺灣文獻委員會，1957 年。

3. 伊能嘉矩：《臺灣踏查日記》（上、下）（楊南郡譯），遠流出版公司，1996 年。

4. 森丑之助：《生蕃行腳——森丑之助的臺灣探險》（楊南郡譯），遠流出版公司，2000 年。

5. 鳥居龍藏：《探險臺灣——鳥居龍藏的臺灣人類學之旅》，遠流出版公司，1996 年。

6. 宮本延人：《臺灣的原住民族》，晨星出版社，1992 年。

7　Blust，Robert Beyond the Austronesian homeland：The Austric hypothesis and its implications for archaeology. In Ward H.Goodenough，ed.，Prehistoric Settlement of the Pacific. Transactions of the American Philosophical Society 86.5.Philadelphia：American Philosophical Society.

五、論文

（1）臺灣學者論文

1. 洪麗完：《從平埔原住民世界到漢人優勢社會的形成（史前時期～1900）》，本書爲作者 2005 年 3 月 9 日在臺北市立南港高級中學演講之講義。

2. 洪麗完：《臺灣古文書專輯》，臺中縣立文化中心，1996 年。

3. 黃素眞：《清代番屯政策與鹿谷鄉清水溝溪下游的區域性》，載（臺）《地理研究》第四十四期，2006 年。

4. 石弘毅：《清代康熙年間治臺策研究》，國立成功大學歷史研究所博士論文（未刊稿），2007 年。

5. 黃渙堯：《清季臺灣番患成因之探討》，載《臺北文獻》直字 77 期。

6. 翁佳音：《平埔族漢化史考略》，載《臺灣風物》34（1），1984 年。

7. 詹素娟：《有加有留——清代噶瑪蘭的族群土地政策》。載詹素娟等主編《平埔族與臺灣歷史文化論文集》，中央研究院臺灣史籌備外，2001 年。

8. 鍾幼蘭：《平埔族群與埔里盆地——關於開發問題的探討》，載劉益昌等主編《平埔族群的區域研究論文集》，臺灣文獻委員會，1998 年。

9. 陳坤秋：《平埔族岸里社潘姓經營地方的崛起，1699～1770》，載中央研究院《近代史研究所集刊》第 20 期，1991 年。

10. 陳炎正：《臺灣開發史上典型事例——以葫蘆墩圳開發爲例》，載廈門大學臺灣研究院《海峽兩岸臺灣史學術研討會論文集》，2004 年。

11. 施添福：《清代臺灣竹塹地區的土牛溝和區域發展：一個歷史地理學的研究》，載《臺灣風物》40（4），1990 年。

12. 施添福：《紅線與藍線：清乾隆中葉臺灣番界圖》，載《臺灣史田野研究通訊》第十九期，1991 年。

13. 施添福：《區域地理的歷史研究途徑：以清代臺灣岸里地域爲例》，載《空間、家、與社會》研討會論文，中央研究院民族學研究所，1994 年。

14. 施添福：《清代臺灣岸里地域的族群轉換》，載《平埔族研究學術研討會論文集》，中央研究院臺灣史研究所籌備處，1994 年。

15. 李紹盛：《臺灣的隘防制度》，載《臺灣文獻》24 卷 3 期，1973 年。

16. 郭美芳、徐明福：《臺灣望樓建築形制與轉化之研究：外來政權與原住民相對應之邊防建築》，載《國立臺灣大學建築與城鄉研究學報》第十三期，2006 年。

17. 施聖文：《土牛、番界、隘勇線：劃界與劃線》，臺灣社會學年會論文，2006 年。

（2）大陸學者論文

1. 李祖基：《論沈葆楨與清政府治臺政策的轉變——以大陸移民渡臺及理「番」政策爲中心》，載李祖基《臺灣歷史研究》，臺海出版社，2006 年。

2. 李祖基：《清代巡臺御史制度研究》，載《故宮博物院院刊》2003 年第二期。

3. 李祖基：《論清代移民臺灣之政策——兼評〈中國移民史〉之「臺灣的移民墾殖」》，載《歷史研究》2001 年第三期。

4. 李雲飛：《沈葆楨「治臺」政策述論》，載《南京政治學院學報》2004 年第三期。

5. 李雲飛：《清代臺灣少數民族政策之歷史考察》，載《民族研究》1998 年第六期。

6. 周翔鶴：《制度、地方官、「漢番關係」——關於清代「番政」形成的一些考察》，載《臺灣研究集刊》2004 年第三期。

7. 魏春初：《論清代臺灣的「開山撫番」政策》，載《紹興文理學學報》，2005 年第一期。

8. 鄧孔昭：《清政府禁止沿海人民偷渡臺灣和禁止赴臺者攜眷的政策及其對臺灣人口的影響》，載《臺灣研究十年》，廈門大學出版社，1990 年。

9. 孫清玲：《試述清前期臺灣番界的設防措施》，載《福建師範大學福清分校學報》2007 年第一期。

10. 羅春寒：《清代臺灣平埔族文化變遷之研究》，中央民族大學語言文學系博士論文（未刊稿），2005 年 5 月。

11. 羅春寒：《臺灣平埔族文化變遷及其原因試析》，載《貴州民族研究》，2005 年第六期。

12. 羅春寒：《清朝以來臺灣平埔族研究述評》，載《閩臺文化交流》，2006 年第一期。

13. 羅春寒：《羅大春在臺史事及其有關問題試探》，載《貴州社會科學》，2006 年六期。

14. 羅春寒：《歷史上臺灣平埔族的人口及其增長率滯緩原因試析》，載《民族史研究》第七輯，民族出版社，2007 年 3 月。

15. 羅春寒：《臺灣平埔族群的分類及「番」稱謂的辨析》，載《黔南民族師範學院學報》，2007 年第四期。

16. 羅春寒：《清代臺灣平埔族教育事業的發展及其影響》，載《廣東技術師範學院學報》，2007 年第六期。

17. 羅春寒：《清代臺灣「護番保產」與「簡經贌墾」案》，載《廣西民族大學學報》，2009 年第五期。

18. 羅春寒：《平埔族群的民族認同再論——以康雍乾時代臺灣土地開墾及民族政策爲討論中心》，載《貴州社會科學》，2012 年第九期。

19. 劉正剛：《清代移民開發邊疆與少數民族關係：以臺灣爲例》，載《中國邊疆史地研究》，2005 年第三期。

20. 郭志超、吳春明：《臺灣原住民「南來論」辨析——兼論「南島民族」起源》，載《廈門大學學報》，2002 年第二期。

21. 葉世明：《臺灣族群形成探析》，載《貴州民族研究》，2003 年第二期。

22. 廖楊：《臺灣族群文化分析》，載《貴州民族研究》，2000 年第四期。

23. 曾思奇：《臺灣南島語民族的分類沿革》，載《中央民族大學學報》，2005 年第三期。

24. 王文光、田琬婷：《臺灣少數民族識別問題述論》，載《思想戰線》，1999 年第六期。

25. 趙書剛：《清朝在臺灣的施政建設》，載《北京大學學報》（國內訪問學者、進修教師論文專刊），2004 年。

26. 周典恩：《清代臺灣拓墾中的族群關係研究——以「番」漢互動爲中心》，廈門大學博士論文（未刊稿），2007 年 6 月。

後　記

　　光陰荏苒，離開廈門大學人類學所已有六年多時間了。2008 年我從韓國講學回來後，先到廣東技術師範學院工作，旋即到家鄉凱里學院任教，2010年因工作需要，又調到黔東南州民族博物館任職。角色轉換，行政事務纏身，研究方向轉變，再加上苦於沒有出版經費，本書已漸漸被遺忘。2013 年 10 月底一天，突然接到一個電話，使我十分感動。電話的一方自稱是臺灣花木蘭文化出版社的楊嘉樂小姐，她說從我導師曾思奇處得知我的情況，並詢問我的博士論文出版沒有？我回答已出版，但我的博士後出站報告仍未公開發表。她問我是否可將出站報告的稿子發給她轉交由出版社初審一下，如可能臺灣花木蘭文化出版社願意免費資助出版。半個月後，出版社回覆可以出版。對我來說，這當然是件天上掉餡餅的好事，隨即根據出版格式，在增加一些內容基礎上又將書稿重新梳理一遍，並按照事先協商的時間將書稿交付出版社。

　　在此，我特別要向臺灣的花木蘭文化出版社以及楊嘉樂小姐表達謝意，如果沒有花木蘭文化出版社資助出版，本書還不知道何年何月才能夠與讀者相見？

　　多年來，夫人秀娥和女兒婧箸隨我四處奔波，爲我付出很多，以致她們工作或學業都受到很大的影響，我的愧疚和對她們的感激之情難以言表，本書能夠出版，算是她們那幾年爲我作出犧牲得到的一種精神補償吧。

　　不僅如此，我需要感謝的人還有很多很多。

　　首先要感謝的當然是我博士後的合作導師郭志超先生。我曾在我的博客說過，人的一生會遇到老師無數，但堪稱恩師的卻不多。我的一生有四位恩

師，分別是中學時代英語老師葉成城，沒有他，我不會考上大學；大學時代的許良國先生，沒有他，我不會步入少數民族歷史文化研究的殿堂；研究生時代的曾思奇先生，沒有他，我不可能再繼續我的專業研究；博士畢業後，郭志超先生成爲我的第四位恩師，沒有他，我不可能來到廈門大學從事博士後研究，現在的一切也就無從談起。這就是我爲什麼要對郭先生永遠深懷感恩之心的緣故。

我還要感謝廈門大學圖書館長陳明光先生，沒有他，我的夫人就無法借調到廈門大學圖書館工作。雖然只在這裡工作短短的兩年，但我夫人卻把廈門大學圖書館工作證珍藏起來，作爲永久的紀念。

我還要感謝廈門大學博士後工作辦公室的羅俊峰老師，她熱情周到，高效率的辦事作風，不僅使我能夠順利公費進入廈門大學博士後流動站，而且在她的熱情鼓勵之下，使我才有信心申請到第三十九批中國博士後科學基金項目的二等獎資助。

我還要感謝遠在臺北的國立政治大學教授林修澈先生及其助教何德隆先生，是他們爲我收集到相關重要資料，並寄來給我，使我能夠如期順利地完成本課題的研究。

六年了，景色優美的環島路、優雅別致的曾厝垵書法廣場、濤聲依舊的鼓浪嶼、肅穆莊重的陳嘉庚故居、香火旺盛的南普陀寺，一切景象歷歷在目……，校園內建南大禮堂恢弘鐘聲，似乎仍在耳畔久久回蕩……。一切彷彿就在眼前，一切卻又成爲過去，再見廈門，再見廈門大學……。

作者

2013 年初冬於貴州・凱里